AUF DEN SPUREN MEINER GEDANKEN

VON

DAVID L. LOMAX

Auf den Spuren meiner Gedanken (Trail of Thoughts)
Originally published in English as Trail of Thoughts.
Copyright © 2025 David Lomax.
Copyright © 2026 von David Lomax.
German translation / Deutsche Übersetzung: Lara Cantos.
Publisher / Verlag: David Lomax.
All rights reserved / Alle Rechte vorbehalten.

Kein Teil dieser Veröffentlichung darf ohne vorherige schriftliche Genehmigung des Autors in irgendeiner Form oder mit irgendwelchen Mitteln reproduziert, in einem Abrufsystem gespeichert oder übertragen werden, sei es elektronisch, mechanisch, durch Fotokopie, Aufnahme oder auf andere Weise.

Kein Teil dieses Buches darf in irgendeiner Weise verwendet oder reproduziert werden, um Technologien oder Systeme künstlicher Intelligenz zu trainieren. Bei der Abfassung oder Produktion dieses Buches wurde keine künstliche Intelligenz eingesetzt.

Um die Anonymität zu wahren, habe ich in einigen Fällen die Namen von Personen und Orten geändert, und es ist möglich, dass ich bestimmte identifizierende Merkmale und Details, wie körperliche Eigenschaften, Berufe und Wohnorte, angepasst habe. Diese Memoiren sind eine wahrheitsgetreue Erinnerung an reale Ereignisse aus dem Leben des Autors.

Dieses Buch ist dazu bestimmt, genaue und zuverlässige Informationen über das behandelte Thema bereitzustellen.

Veröffentlicht in den Vereinigten Staaten von Amerika durch Lomax Family, LLC.

Identifikatoren:

979-8-9944775-0-2 (Taschenbuch / Paperback)
979-8-9944775-1-9 (Gebundene Ausgabe / Hardcover)
979-8-9944775-2-6 (E-Book / E-Book)
979-8-9944775-3-3 (Hörbuch / AudioBook)

KARTE VON ALASKA

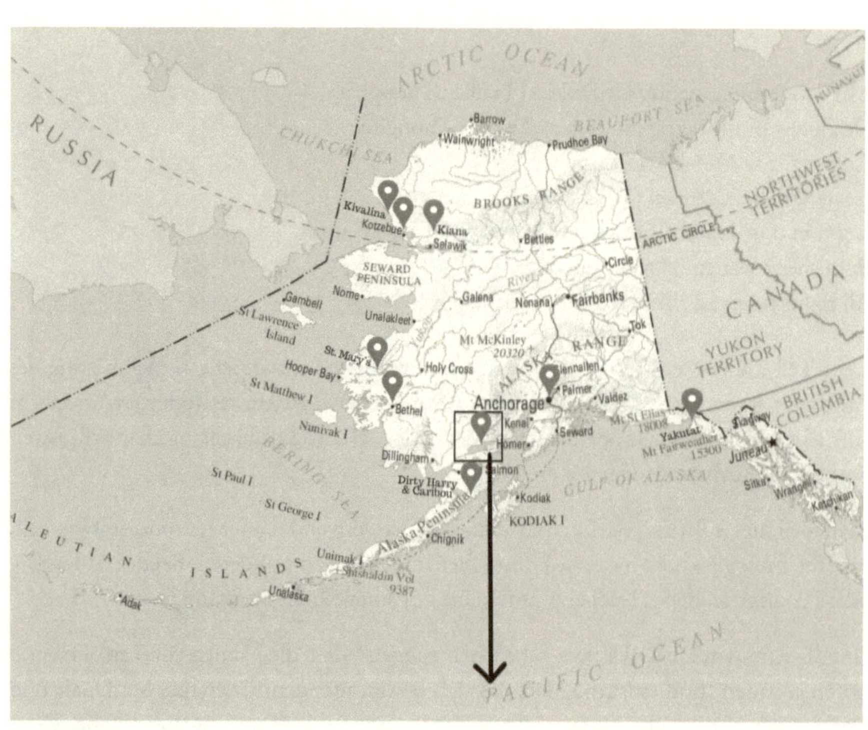

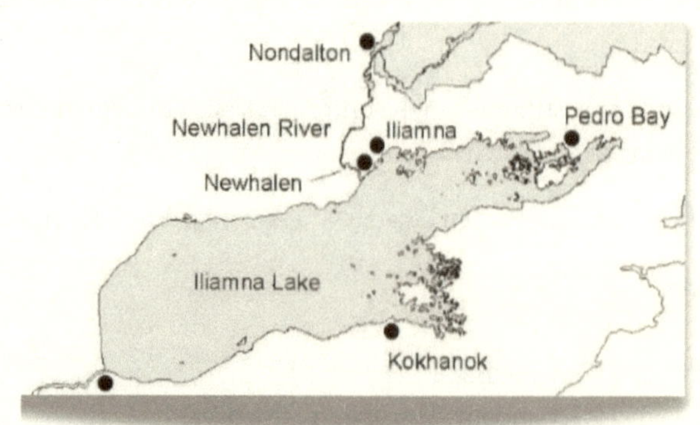

WIDMUNG UND DANKSAGUNG

Dieses Buch ist meinem geliebten Sohn Robert gewidmet. Seine sanfte Beharrlichkeit und seine aufrichtige Hoffnung, dass ich meine Gedanken teile, haben mir den Mut gegeben, diese Geschichte zu erzählen. Sein Glaube an mich, selbst als ich an mir selbst gezweifelt habe, war mein größtes Geschenk und Motivation.

Ich möchte auch meiner lieben Frau Marcela danken, deren unerschütterliche Liebe, Unterstützung und Hilfe bei der Produktion dieses Buch möglich gemacht hat.

INHALT

KAPITEL 1
Richtung Süden

W ie viele Kilometer würde ich noch fahren, bevor ich den Allradantrieb ausschalten konnte? Es musste bald soweit sein.

Ich hatte gerade die extreme Kälte hinter mir gelassen. Ich hatte Alaska verlassen und als ich mich auf den Weg in das wärmere Kanada machte, bemerkte ich schneefreie Stellen auf dem Boden, während ich Meile um Meile weiter nach Süden fuhr. Die Autobahn kam mir seltsam vor; soweit ich sehen konnte, war die Straße lehmfarben und sehr holprig. Die unebene Straße verursachte starke Vibrationen, die sich auf die Fahrerkabine und meinen ganzen Körper übertrugen. Ich kurbelte das Fenster des weißen Dodge-Trucks von 1995 herunter und spürte die kalte Luft an meinen Fingerspitzen, was mich erfrischt und lebendig fühlen ließ. Ich verspürte ein Gefühl von Freiheit.

Mein Herz war jetzt voller Freude, weil ich einen Pullover statt eines dicken Wintermantels trug. Die Winternächte waren so kalt gewesen, dass ich Angst hatte, der Kühler könnte einfrieren und den Motor beschädigen, wenn ich den Lkw abstellte, weil er keine Heizung hatte. Kaltstarts bei Minustemperaturen können Motoren enorm schaden. Als ich die Grenze zwischen Kanada und den USA überquerte, war es so kalt, dass ich im Lkw schlief und den Motor laufen ließ. Die ganze Nacht über überprüfte ich die Anzeigen. Tagsüber ging ich kein Risiko ein und fuhr vorsichtig, um die Mechanik des Lkws nicht zusätzlich zu belasten.

Während meiner Reise fiel mir auf, dass die Bäume voller und größer waren als weiter nördlich. Ich habe große Kiefern schon immer geliebt. Sie sind majestätisch, stehen hoch aufgerichtet da und blicken auf die Welt herab. Die langen, breiten Äste ragten bis zum Boden hinab, und die dichten grünen Nadeln ragten aus ihnen hervor und verliehen diesen Giganten Tiefe und Weichheit.

Ich war beeindruckt davon, wie alt einige dieser wunderschönen Riesen des Waldes waren. Sie haben so viel Geschichte. Ein Teil von mir wünschte sich, sie könnten sprechen. Stell dir vor, was wir von diesen Wächtern des Waldes lernen könnten. Es war wie ein Traum, und ich fühlte mich friedlich. Es war der 6. Januar 1998, die Sonne ging an einem wolkenlosen Himmel auf, und ich war gerade dreiunddreißig geworden. Es war ein guter Tag, um am Leben zu sein.

Allerdings hatte mir schon seit geraumer Zeit etwas gefehlt. Ich brauchte eine Pause von der Arbeit, dem Geschäft und dem dunklen, eisigen, schneereichen Winter, für den Alaska bekannt ist. Die Winter in Alaska sind lang, und ich hatte langsam Lagerkoller bekommen. Ich brauchte ein Rezept, um mich zu erholen, und Sonnenschein war genau das, was der Arzt verschrieben hatte. Als mein Stiefvater mich bat, ihm einen Gefallen zu tun und seinen Truck nach Mexiko zu fahren, wo er den Winter verbrachte, war ich mehr als bereit, ihm diesen Gefallen zu tun. Ich hatte gerade einen neuen Job beim Ministerium für Wohnungsbau und Stadtentwicklung (HUD) von Alaska bekommen. Der Job ermöglichte es mir, die meiste Zeit in der Stadt zu bleiben, was mir die Flexibilität und die Möglichkeit gab, weiterhin Immobilien zu entwickeln. Ich war meinem neuen Chef sehr dankbar, dass er mir Zeit für diese Reise gegeben hatte.

Der Plan war, Kratzer am Truck zu vermeiden, so viel Geld wie möglich zu sparen, indem ich die Reisekosten reduzierte, und meinem Stiefvater etwas von dem Geld zurückzuzahlen, das er mir gegeben hatte. Das würde eine Herausforderung werden, da ich alles, was ich hatte, in mein junges Unternehmen gesteckt hatte, was bedeutete, dass ich manchmal in der Kälte im Truck schlafen musste.

Als ich auf der Autobahn in Kanada fuhr, fragte ich mich, warum die Straße so holprig war, zumal die Kanadier wie die Alaskaner über hervorragende Geräte verfügen, um Eis und Schnee von den Straßen zu räumen. Ich reduzierte meine Geschwindigkeit auf 45 Meilen pro Stunde. Ich war schon lange genug gefahren und es war Zeit für einen Boxenstopp. Wenn ich anhalten würde, hätte ich die Möglichkeit, die Straße zu überprüfen. Als ich bremste, begann der Truck zu rutschen. Seltsam, ich sehe kein Eis.

Schließlich kam der Lkw zum Stillstand. Ich vergewisserte mich, dass er sicher auf dem breiten Seitenstreifen geparkt war, und sah mich vorsichtig um, ob jemand kam. Nein, es schien frei zu sein. Es war noch früh am Morgen, daher waren nur sehr wenige Fahrzeuge auf der Straße unterwegs. Als ich die Tür öffnete und auf die Straße hinunterblickte, sah ich, dass die Oberfläche mit einer dünnen Schicht Glatteis bedeckt war. Es wird so genannt, weil das Eis während der Fahrt schwer zu erkennen ist. Dies führt zu extrem gefährlichen Fahrbedingungen, insbesondere nachts.

Ich stieg aus dem Lkw aus und rutschte sofort auf der Straße aus. Ich begann herumzurutschen, verlor fast die Kontrolle und musste mich am Türgriff festhalten, um mich aufrecht zu halten. Verdammt, das ist glatt. Es war eine Herausforderung, mich auf die andere Seite des Lkws zu begeben, der auf einer leichten Steigung geparkt war. Nach kurzer Zeit schaffte ich es herum und erreichte endlich den Rand des Seitenstreifens.

Am nächsten Tag beschloss ich, dass ich nicht länger im Lkw schlafen konnte, und wollte ein Hotel oder etwas mit einer Parkgarage finden, damit *ich in einem warmen Bett liegen konnte. Glücklicherweise fand ich spät am Abend ein Bed & Breakfast. Die älteren Besitzer begrüßten mich mit der herzlichen Gastfreundschaft, für die die Kanadier aus der Region „ " bekannt sind. Ich hatte nicht nur ein warmes Zimmer zum Schlafen, sondern der Ehemann bot mir auch an, den Truck in ihrer Garage zu parken. Er sagte mir, dass es -31 Grad Celsius waren, genau wie in der Nacht zuvor, und dass es zu kalt war, um den Truck draußen stehen zu lassen. Ich war ihnen so dankbar.*

Ich WURDE im November 1964 IN DER BAY AREA GEBOREN, war ein kalifornischer Junge und mochte es dort. Damals war es das Paradies auf Erden. Ich meine, es waren nicht die guten alten Zeiten, es waren die „großartigen" alten Zeiten. Wir hatten super Schulen und gute Freunde, Little League Baseball, Skateboarden, Motorradfahren, einen Swimmingpool im Garten, den mein Großvater gebaut hatte, Bootfahren, Wasserski, Angeln, Autorennen, Live-Spiele der 49ers im Candlestick Park, und von Zeit zu Zeit flogen wir nach Baja, Mexiko, um Gelbflossenthunfisch zu angeln und vieles mehr.

Eine meiner Lieblingsbeschäftigungen war es, mit einer privaten Piper Twin Comanche vom Flughafen San Francisco zu starten oder dort zu landen und auf dem Weg dorthin oder zurück von unserer Hütte einen Blick auf die Golden Gate Bridge zu werfen. Ich liebte den schönen Nebel, der tief über den Bergen und der Bucht lag und sich sanft um die Brücke legte. Das gab mir immer ein Gefühl von Entspannung und Frieden, als wäre ich in einer anderen Welt. Ich konnte mich an diesem Anblick nie sattsehen.

Die Familie tat sich mit einer anderen Familie zusammen und entwickelte sich schnell zu einem großen, florierenden Bauträger für Wohnimmobilien, der hochwertige Eigentumswohnungen baute. Die Partner waren gute Freunde, und wir Kinder gingen auf die gleichen Schulen. Eines Tages beschlossen die Väter beider Familien, ihr Geschäft durch einen

Umzug nach Anchorage, Alaska, zu erweitern, und sie machten sich schnell einen Namen und prägten das Stadtbild.

Ohne zu wissen, was uns erwarten würde, landeten wir im Sommer 1975 in Anchorage. Meine Gedanken waren noch in Kalifornien. Elton John hatte gerade „*Captain Fantastic*" rausgebracht und *KISS* bereitete sich auf ihre großen Shows vor. Ich hoffte, dass sie im folgenden Jahr zur Zweihundertjahrfeier nach Alaska kommen würden. Als das Flugzeug landete, dachte ich an meinen besten Freund Jimmy. Wir hatten gerade die Filme „*Tommy*" und „*Der weiße Hai*" gesehen. Nach „Der weiße Hai" hatten wir zu viel Angst, um mit seinem Vater in der Bucht auf Haifischfang zu gehen. Ich vermisste ihn; wir waren wie Brüder. *Gott hab ihn selig.*

Alaska wird aus gutem Grund als „die letzte Grenze" bezeichnet. Mit einer Fläche von etwa 663.300 Quadratmeilen und über drei Millionen Seen gibt es jede Menge Platz zum Erkunden. Als größter Bundesstaat der USA ist es ein Fünftel so groß wie die 48 kontinentalen Bundesstaaten und doppelt so groß wie Texas. Es ist leicht zu erkennen, wie bedeutend dieser großartige Bundesstaat ist und wie viel Freiheit er bietet, die Freiheit, die grenzenlosen Grenzgebiete zu erkunden. Bei unserer Ankunft hatte der Bundesstaat nur etwas mehr als 400.000 Einwohner. Man konnte tagelang herumfliegen und nie eine andere Seele sehen. Zu dieser Zeit gab es noch Orte, an denen noch nie ein Mensch gewesen war. Vielleicht gibt es solche Gebiete auch heute noch. Die Weite des Landes und die Unabhängigkeit, die es erfordert, machen Alaska so geheimnisvoll und verlockend.

Das Land der Mitternachtssonne unterscheidet sich stark von Kalifornien. Die Sommer sind kurz und es gibt eine Mischung aus kühlem und heißem Wetter, das sich innerhalb von Augenblicken ändern kann.

Die grüne Waldwildnis, umgeben von großen schneebedeckten Bergketten, Seen, Flüssen, Wasserfällen und einer reichen Tierwelt, ist atemberaubend schön. Ich beziehe mich dabei speziell auf Anchorage, die größte Stadt des Bundesstaates mit etwa 174.000 Einwohnern und die drittgrößte

Stadt der USA, gemessen an der Fläche, die etwas mehr als 1.900 Quadratmeilen umfasst.

Die Cook Inlet-Gewässer, benannt nach Captain James Cook, der das
Gebiet 1778 erkundete, umgeben den größten Teil von Anchorage und
sind ein halbgeschlossenes Mündungsgebiet mit einer der höchsten Gezeiten
der Welt. Die Gezeitenhöhe beträgt durchschnittlich dreißig Fuß. Es ist
beeindruckend zu sehen, wie weit sich die Gezeiten vom Ufer aus erstrecken.

Da ich aus dem gemäßigten Klima Kaliforniens komme, musste ich mich
schnell anpassen und lernen, wie man in Alaskas kurzen Sommern und
langen, dunklen, eiskalten Wintern arbeitet und seine Freizeit verbringt.

Die Winter sind ein bisschen anders als die Sommer. Sie sind hart,
lang, dunkel, eiskalt, schneereich und stürmisch. Manchmal, vor allem in
Anchorage, gibt's ein Wetterphänomen, das als „Chinook-Stürme" bekannt
ist. Starke Winde blasen warme Luft, die den Schnee und das Eis schnell
schmelzen lässt, sodass der Boden nass und matschig wird und die Straßen
chaotisch sind. Sobald die Stürme nachlassen, gefriert der ganze Schlamm
und das Wasser wieder.

Wie viele andere Menschen auch, fand ich den Winter manchmal de-
primierend, aber meine Beschwerden rührten hauptsächlich daher, dass
ich bei Minustemperaturen und stockfinsterer Nacht draußen arbeiten
musste. Durch den Windchill-Faktor fühlte sich alles noch viel kälter an.
Aber egal, wie sehr ich mich auch beschwerte, ich hatte viel Spaß bei vielen
Wintersportaktivitäten.

Als ich jünger war, bin ich Ski gefahren, habe Langlauf gemacht, bin
Schneemobil gefahren und habe Hockey gespielt. Wenn es ein Wintersport war, habe ich höchstwahrscheinlich daran teilgenommen. Ich war
sogar im Langlauf-Team meiner Junior High School, das an den Landes-
meisterschaften teilgenommen und den 18. Platz belegt hat. Ich werde dieses Rennen nie vergessen, denn etwa fünfzig Meter vor der Ziellinie
rutschte mir mein Handschuh von der Hand und nahm meinen Skistock
mit, sodass ich das Rennen mit nur einem Skistock in der Hand beenden

musste. Der Sprecher sagte: „Hier kommt noch einer ohne Stock.“ Ich fing einfach an zu lachen, als ich die Ziellinie überquerte, weil ich dachte, ich wäre der Einzige, der an diesem Tag einen Handschuh und einen Skistock verloren hatte.

Der Wintersport, der mir am meisten Spaß machte, war Snowmobiling. Andere nennen es Schneemobilfahren, aber mir gefällt der Begriff Snowmobiling besser. Wann immer ich mit einem Freund mitfahren konnte, versuchte ich, das Angebot nicht abzulehnen. Natürlich waren meine Lieblingsaktivitäten in den Sommermonaten.

Ich liebte es, Boote auf Flüssen und Seen zu fahren, aber meine absolute Lieblingsbeschäftigung war das Fliegen mit Wasserflugzeugen. Es ist schwer, die Schönheit zu beschreiben, wenn man über die üppige Landschaft fliegt und die Freiheit hat, auf einem der Millionen von Seen und Flüssen unserer Wahl zu landen und zu starten. Selbst wenn man nur in der Bay Area herumfliegt, gibt es aufgrund der immensen Größe und landschaftlichen Schönheit Alaskas nichts auf der Welt, was damit vergleichbar wäre. Wenn man die Natur liebt, ist Alaska der ideale Ort für Outdoor-Aktivitäten.

KAPITEL 2
Das große Ganze

Ich wollte meine 4.000-Meilen-Reise genießen. Mann, ich muss pinkeln. Seit dem letzten Stopp habe ich es schon lange zurückgehalten. *Nachdem ich auf den Seitenstreifen gefahren war und ausgestiegen war, um mich zu erleichtern, schaute ich zum Himmel hinauf und starrte auf die großen, wunderschönen Bäume und Berge. Ich fühlte mich friedlich. Kanada ist so ein großes und schönes Land. Die Kanadier waren mir gegenüber meist höflich, freundlich und herzlich. Das Land und seine Menschen gaben mir ein Gefühl der Geborgenheit, fast so, als wäre ich zu Hause.* Ich sollte besser weiterfahren, wenn ich heute Abend noch den Bundesstaat Washington erreichen will, *dachte ich.*

Ich fing an, über mein Leben nachzudenken, das gleichzeitig ein Segen und ein Fluch war. Ich hatte viel gesehen und erlebt und seit meiner Zeit im Busch hart daran gearbeitet, mich zu verbessern, indem ich zwei Unterneh-

men leitete, einen Vollzeitjob hatte und abends die Uni besuchte. Ich versuchte ständig herauszufinden, warum mein Leben öfter in Gefahr war, als
ich mich erinnern konnte.

Während ich über die vereiste Autobahn holperte, ließ mich diese Frage
nicht los. Jemand oder etwas hatte mich immer wieder gerettet, aber wozu?
Was könnte der Grund dafür sein? Ich bin ein komplizierter Mensch mit
vielen Fehlern und Schwächen. Gott weiß, dass ich in meinem Leben viele
Fehler gemacht und viele dumme Dinge getan habe. Ich habe einige Brücken abgebrochen, einige davon bereue ich. Die meisten aber nicht. Ich
kämpfe für das, was richtig ist. Ich habe nicht immer Recht, aber wenn ich
von etwas überzeugt bin, versuche ich, für mich selbst einzustehen, auch
wenn es mich viel kostet.

Meine Gedanken kehrten zur Straße zurück, als ich aufs Gaspedal trat
und merkte, dass der Truck im Allradantrieb herumrutschte. Ich musste
weiter super langsam fahren, bis ich das Eis hinter mir gelassen hatte. Was
für eine Nervensäge, aber es war ja nicht mein Truck.

Es war fast Zeit fürs Abendessen. Ich suchte mir ein Restaurant und
fragte mich, ob sie Salate servierten und ein Telefon hatten. Es wäre gut,
mich bei einem Familienmitglied in Alaska zu melden, um ihnen mitzuteilen, dass es mir gut ging. Als ich in die Einfahrt einbog und das kleine
Schild des Restaurants sah, knurrte mein Magen noch lauter. Ich öffnete
die Tür des Trucks, stieg aus, rutschte auf die Knie und hatte Mühe, wieder
auf die Beine zu kommen. Der Boden war mit Eis bedeckt, und ich hatte
Glück, dass ich mich nicht verletzt hatte. Vor dem kleinen Restaurant gab
es ein Münztelefon, das ich benutzen konnte. Ich war froh, dass es nicht kalt
war, und rief an, um mich zu melden.

„Ist alles in Ordnung?", wurde ich gefragt.

„Bis jetzt gibt es keine Probleme", antwortete ich. „Ich habe in der eisigen
Kälte im Truck geschlafen, aber die Temperatur steigt schnell an. Das einzige wirkliche Problem, das ich habe, ist, den Sattelschleppern auszuweichen. Sie überholen mich mit ihren Doppelanhängern in scharfen, vereisten

Kurven. Damit habe ich seit Beginn meiner Reise in Alaska zu kämpfen. Der kanadische Zollbeamte, mit dem ich an der Grenze gesprochen habe, sagte mir, dass das nicht ihr Problem sei."

„Du musst ihnen einfach ausweichen. Wann denkst du, wirst du die Grenze zu den USA überqueren?", wurde ich gefragt.

„Wegen der eisigen Bedingungen muss ich immer noch langsam fahren. Ich denke, es sind nur noch etwa ein oder zwei Stunden bis zur Grenze zu Washington. Nachdem ich die Grenze überquert habe, werde ich mir ein Hotelzimmer nehmen."

„Bist du müde?"

„Nein, überhaupt nicht", sagte ich. „Ich möchte duschen."

„Fahr langsam. Pass auf dich auf und ruf mich an, wenn du die Grenze überquert hast." Ich legte auf. Oh Mann! Ich konnte es kaum erwarten, einen Salat zu essen.

Ich beschloss, so schnell wie möglich zu essen und mich dann sofort auf den Weg zu machen. Nachdem ich mich in Washington ausgeschlafen hatte, wollte ich früh aufstehen und versuchen, es bis nach Oregon zu schaffen. Als ich nach dem Abendessen zum Truck zurückging, rutschte ich auf dem Eis aus, während ich die Treppe hinunterging. Als ich zum Truck ging und die Straße hinunterblickte, fragte ich mich, ob die Kanadier diese Autobahn immer noch als „Alaska Highway" bezeichneten. Ich bemerkte, dass das Eis immer noch dieselbe graue Lehmfarbe hatte. Das war normal; es kann draußen warm sein, aber trotzdem kann Eis auf der Straße liegen bleiben. Die Temperatur schien bei etwa 30 oder 32 Grad Fahrenheit zu liegen.

Langsam, ich muss ganz langsam fahren, *sagte ich mir immer wieder.*

Die Autobahn war immer noch holprig, und es schien viel Verkehr zu geben, darunter auch weitere monströse Sattelschlepper. Ich schaute auf den Tacho, der 35 Meilen pro Stunde anzeigte.

Das ist lächerlich, so langsam auf einer großen Autobahn zu fahren, *dachte ich.* Es wird lange dauern, bis ich die Grenze erreiche.

Es kam mir komisch vor, dass ich mich nicht traute, schneller zu fahren, da ich immer ein bisschen hyperaktiv war, vielleicht sogar mehr als ein bisschen, aber ich fühlte mich sicher, mit dieser Geschwindigkeit zu fahren.

Als ich ohne Vorwarnung auf die Straße schaute, wurde es plötzlich dunkel.

ICH hätte NICHT glücklicher sein können, bei diesem eisigen Wetter frei zu haben. Während ich auf dem Alaska Highway am südlichen Ende Kanadas in Richtung Süden fuhr, dachte ich über die beiden kleinen, noch jungen Unternehmen nach, die ich gegründet hatte und die sich sowohl finanziell als auch emotional auszuzahlen begannen.

Mein Hauptgeschäft war die Renovierung und der Verkauf von alten Häusern, die umfangreiche Arbeiten erforderten. Selbstbestimmung und Unternehmertum gaben mir die Gewissheit, dass ich meinen Weg in dieser Welt gehen konnte. Ich hatte viel Leidenschaft, aber manchmal weiß man es erst wirklich sicher, wenn man auf die Probe gestellt wird. Ich war stolz auf mich selbst für das, was ich erreicht hatte, besonders unter den Umständen, mit denen ich zu kämpfen hatte.

Auf mein zweites Geschäft stieß ich zufällig, als ich eine meiner Immobilien renovierte. Als ich herausfand, dass sie sowohl für Wohn- als auch für Gewerbezwecke zugelassen war, nutzte ich schnell mein Glück und verwandelte sie und die anderen in Tagesmietobjekte. Die Häuser lagen in der Nähe des internationalen Flughafens und der größten Wasserflugzeugbasis der Welt, wo Jäger, Fischer und Touristen Wasserflugzeuge chartern. Das Konzept war einfach: Ich vermietete das ganze Haus statt nur ein Zimmer und bot einen kostenlosen Abholservice vom Flughafen an.

Ich bot meinen Kunden eine tolle Unterkunft. Es war ein Zuhause fern von Zuhause, mit allen Annehmlichkeiten, darunter Küchenutensilien, Faxgeräte, Videorekorder, Whirlpools im Freien, Garagen, Grillgeräte, Waschmaschinen, Trockner, Reinigungsservice und so ziemlich allem, was man sich nur wünschen konnte. Ich stellte auch ein Waschbecken im Freien zum Reinigen von Fisch und große Gefriertruhen zur Verfügung, um den Tagesfang aufzubewahren. Ich installierte sogar Putting Greens in den Hinterhöfen.

Die Unterkünfte waren privat, und die Gäste liebten ihre Privatsphäre. Ich wollte auch, dass sich die internationalen Gäste wohlfühlten, also hisste ich eine Flagge ihres Herkunftslandes. So fühlten sie sich willkommener und wie zu Hause. Wenn sie keine Lust zum Kochen hatten, konnten sie in nur wenigen Minuten zu Fuß zu einem legendären Restaurant in Alaska gehen. Ich hätte mir keinen besseren Standort wünschen können.

Broschüre für Graceland Cottages
Model, mein Hund Robert und ich

Wasserflugzeugbasis für Cottage-Häuser

Da die Häuser in einer Gewerbezone lagen, musste ich eine Bettensteuer zahlen, aber diese Zoneneinteilung legitimierte mein Geschäft und trug zu seinem Wachstum bei. Für einen College-Kurs schrieb ich einen Businessplan und war überrascht, dass mein Instinkt richtig war: Die Lage und die zusätzlichen Dienstleistungen verschafften mir einen Wettbewerbsvorteil gegenüber den Hotels in der Nähe.

Die Leute sagten mir, ich sei verrückt, meine Häuser an Touristen zu vermieten.

„Das ist verrückt!", sagten sie und kicherten.

Nachdem ich ihnen das Gegenteil bewiesen hatte, wollten einige von ihnen mitmachen.

Jahrelang fiel mir ein seltsames Muster auf: Je mehr ich erreichte, sei es durch den Besuch der Abendschule, den Kauf und Verkauf von Häusern oder die Beherbergung von Touristen, desto mehr Neid schien ich auf mich zu ziehen. Dieselben Leute, von denen ich wusste, dass sie sich vorher nicht für mich interessiert hatten, wurden noch wütender, als ich Erfolg hatte. Ich habe nie verstanden, warum. Ich habe nie jemandem seinen

Erfolg übel genommen; wenn überhaupt, fand ich ihren Erfolg motivierend. Er hat mich dazu gebracht, härter zu arbeiten, nicht verbittert zu sein.

Für mich war Geld nur ein Werkzeug, nicht anders als ein Hammer oder eine Säge, das nur dazu diente, etwas Sinnvolles aufzubauen. Im Geschäftsleben geht es, genau wie beim Surfen, um Timing und Position. Selbst die besten Surfer verpassen manchmal Wellen, aber sie geben nicht auf; sie passen sich an und versuchen es erneut. Manche nennen das Glück, aber ich sehe es als Chance.

Ich habe immer diejenigen respektiert, die scheitern und trotzdem weitermachen. Menschen, die nicht aufgeben, werden oft zu den größten Gewinnern. Ich habe viele Fehler gemacht, einige davon ziemlich dumm, aber seltsamerweise wurden diese Misserfolge zur Grundlage für meine größten Erfolge.

Aber ich schreibe nicht, um über das Geschäft zu diskutieren. Hier geht es nicht um Geld oder Strategie. Es geht um etwas Tieferes, das in einem vorgeht, wenn man für seine Bemühungen kritisiert wird, wenn man missverstanden wird und wenn man privat die härtesten physischen und psychischen Kämpfe ausfechten muss, die niemand sonst sieht. Manchmal können selbst die erfahrensten Surfer aus irgendeinem Grund eine Welle verpassen.

Eines Tages zeigte mein Fluglehrer, der mir das Fliegen beigebracht und mich mit fünfzehn mutig alleine mit seinem Flugzeug fliegen ließ, auf eine Luftfahrtkarte und sagte zu mir: „Betrachte das große Ganze. Konzentriere dich nicht auf kleine Ereignisse. Um die kleinen Details kümmern wir uns später. Mach dir keine Gedanken über kleine Seen oder niedrige Hügel. Schau dir die großen Berge und Seen an, die sind aus der Luft besser zu sehen." Weil er mein Mentor und Freund war, hörte ich ihm aufmerksam zu und nahm nichts, was er mir sagte, als selbstverständlich hin.

Der Mann, der mich großgezogen hat, versuchte mir dasselbe beizubringen. „Mach dir keine Gedanken über Kleinigkeiten", sagte er, aber das ging zum einen Ohr rein und zum anderen wieder raus, und ich habe nie verstanden, was er damit meinte, bis mein Fluglehrer es mir erklärte. Obwohl er nicht viele Lektionen formulierte, hatte ich das Glück und war dankbar, ihn genau beobachten zu können. Manchmal sagte er mir, er sei kein Lehrer. Das stimmte nicht. Ich habe unglaublich viel von ihm gelernt. Ich glaube, er hatte keine Ahnung, dass ich ihm aufmerksam zuhörte und seine Arbeitsmoral und seine Lektionen wie ein Schwamm aufsaugte.

Das Konzept, komplexe Gedankengänge zu vereinfachen, gab mir ein weiteres Werkzeug an die Hand, um bestimmte Situationen positiver anzugehen.

Die Anwendung solcher Lektionen baute langsam Barrieren in meinem Kopf ab, aber es dauerte einige Zeit, bis sie sich fest verankert hatten. Mein größtes Problem war die Art und Weise, wie ich mich selbst sah.

Als schüchternes, selbstzweifelndes Kind war das für mich eine ziemliche Herausforderung. Ich war mein schärfster Kritiker. Wenn ich bei etwas versagte, verspürte ich ein tiefes Gefühl des Verlusts.

Perfektionismus kann in vielen Bereichen des Lebens zu Schwierigkeiten führen und einem üble Streiche spielen. Ich wollte schon immer etwas Großartiges erreichen, etwas Fantastisches für mich und andere schaffen. In meiner Jugend dachte ich oft fälschlicherweise, dass ich nie viel Erfolg haben würde, vor allem, wenn ich lesen oder Schulaufgaben schreiben musste. Wenn meine Grundschullehrer mich baten, laut vorzulesen oder eine schriftliche Aufgabe abzugeben, zitterte ich und brach vor meinen Klassenkameraden in kalten Schweiß aus. Allerdings verstand ich mündliche Aufgaben und führte sie erfolgreich aus. Ich wusste nicht, warum ich so große Probleme mit Englisch hatte. Ich kannte keine Lernalternativen, die mir helfen konnten.

Erst in meinem letzten Schuljahr erfuhr ich, dass ich Legasthenie hatte. Ein Familienmitglied erzählte mir, dass es seit Jahren wusste, dass ich dieses Problem hatte, aber ich kann mich nicht daran erinnern, dass jemals jemand mit mir darüber gesprochen hätte. Ich habe ihnen nie erzählt, wie unglaublich frustriert, beschämt und gedemütigt ich mich wegen dieses Problems gefühlt habe. Was mich ausgeglichen hat, war, dass ich eine Kombination aus starken mechanischen Fähigkeiten und sportlichen Talenten hatte, die mir etwas Selbstvertrauen gegenüber meinen Freunden, Klassenkameraden und manchmal auch meiner Familie gaben.

Rückblickend denke ich, dass der Umgang mit dieser Art von Lernschwäche einer der Gründe war, warum ich zum Perfektionisten wurde. Ich wollte meine Unzulänglichkeiten ausgleichen. Ich wollte meiner Familie so sehr gefallen, dass ich bei jeder manuellen Arbeit, die ich verrichtete, übermäßig hart daran arbeitete, sie zu perfektionieren, was sich jedoch als sinnlos erwies. Ich habe hart gearbeitet und war sehr stolz auf meine Leistungen, aber ich hatte auch viele Zweifel. Der Versuch, ein Perfektionist zu sein, erscheint mir heute albern. Für wen und wofür?

KAPITEL 3

Kiana

Schmerz. Ich erinnere mich, dass ich Schmerzen hatte.

Gott, hilf mir! schrie ich in meinem Kopf.

Ich öffnete die Augen. Was war los? Ich hatte Schwierigkeiten beim At-men.

Was ist das?

Ich hatte ein komisches Gefühl in meiner linken Hand. Als ich meine Augen aufschlug, sah ich einen Mann vor dem weißen Dodge-Truck von 1995 stehen.

Es scheint kalt zu sein. Warum ist es kalt?

Ein fremder Mann streichelte meine blutige linke Hand, und ich hörte ihn sagen: „Du wirst leben."

„Nein, nicht wenn du dieses Lenkrad nicht von mir weg nimmst", antwortete ich mit schwacher, kraftloser Stimme, überzeugt davon, dass mein drei-unddreißigjähriges Leben schnell zu Ende gehen würde.

„*Die Polizei und der Krankenwagen sind unterwegs. Es sollte etwa zwanzig Minuten dauern, bis sie hier sind*", sagte er.

Ich dachte, Hilfe wäre schon da. Das Atmen fällt mir schwer. Zwanzig Minuten? So lange halte ich es unmöglich aus! Ich stecke fest.

Meine Gedanken schweiften zurück zu den Erinnerungen an die Sommer, die ich als Teenager nördlich des Polarkreises verbracht hatte. Obwohl diese Monate vor allem dadurch geprägt waren, dass ich schon lange vor meiner Teenagerzeit die Arbeit eines erwachsenen Mannes verrichten musste und unter Bedingungen lebte, die man bestenfalls als spartanisch bezeichnen konnte, gelang es mir, etwas Spaß zu haben, besonders wenn meine Cousins zu Besuch kamen. Diese Jungs waren cool. Ich war gerne mit ihnen zusammen. Wir hatten so viel Spaß. Manchmal gingen wir abends alle zur Müllhalde und schossen auf Flaschen. Ich liebte es, das Knallen des Gewehrs zu hören. In der Ferne sah man eine makellose Flasche stehen, die dann in tausend Stücke zerbrach. Cool!

Wenn der Dienst rief, flogen wir zu einem abgelegenen Ort und jagten Karibus und Elche, damit die Arbeiter meines Stiefvaters etwas zu essen hatten. Der Vater meines Cousins war professioneller Metzger und brachte uns bei, wie man die Tiere an Ort und Stelle ausbeint, damit das Fleisch leichter zu transportieren war.

Am meisten erinnere ich mich an Abenteuer in den Indianerdörfern nördlich des Polarkreises, die durch den 380 Meilen langen Kobuk River verbunden sind, und an Abenteuer in der Nähe und rund um den Lake Iliamna, den größten See Alaskas.

DIE PARTNERSCHAFT LÖSTE SICH SCHNELL AUF, und mein Stiefvater übernahm das Unternehmen allein. Als Mann der Tat wagte er mutig den Sprung und ging ein großes Risiko ein, um die Wohnverhältnisse der Ureinwohner Alaskas zu verbessern. Es dauerte nicht lange, bis er als größter Bauunternehmer für Ureinwohner im Bundesstaat neue Höhen erreichte.

Es gab viele Hindernisse zu überwinden. Das erste, das mir in den Sinn kommt, ist die Sicherheit der Arbeiter. Den meisten Dörfern fehlten damals angemessene medizinische Einrichtungen und . Die Kommunikationswege waren oft unterbrochen, und das Wetter war unvorhersehbar, was eine weitere Gefahr darstellte. Piloten, Flugzeuge und andere Transportmittel standen möglicherweise selbst bei gutem Wetter nicht zur Verfügung. Was macht man also, wenn man schwer verletzt ist? Man verblutet oder bekommt Wundbrand, während man auf Hilfe wartet. Ein weiteres Hindernis ist die Logistik.

Alle Baumaterialien, einschließlich Lebensmittel, Kleidung und Hygieneartikel, mussten per Flugzeug, Lastkahn und Boot herangeschafft werden. Viele Dörfer hatten keinen Zugang zu Straßen, Telefonen, Wasser, Kanalisation oder Gehwegen; Hubschrauber lieferten das Material zu den Grundstücken in diesen Wohngebieten ohne Straßen. Um die Komplexität der Logistik zu bewältigen, waren enorme organisatorische und transporttechnische Anstrengungen erforderlich, um die Häuser zu bauen. Das war die Realität der Arbeit in den Dörfern.

Als ich vierzehn war, verbrachte ich nach Schulschluss meinen ersten Sommer in Kiana, etwa 57 Flugmeilen östlich von Kotzebue und etwa 30 Meilen nördlich des Polarkreises. Der Name Kiana bedeutet „Ort, an dem drei Flüsse zusammenfließen". Der Ort liegt auf einer Klippe mit Blick auf die beiden Flüsse Kobuk und Squirrel. Derzeit gibt es dort etwa 360 Einwohner, von denen die meisten Iñupiat-Eskimos sind.

Im Sommer, von Ende Mai bis Anfang Oktober, liegen die Durchschnittstemperaturen zwischen 40 und 60 Grad Fahrenheit und die Niederschlagsmenge beträgt durchschnittlich etwa 16 Zoll pro Jahr. Da der Ort nördlich des Polarkreises liegt, können die Temperaturen natürlich extrem sein und zwischen 32 und -47 Grad Celsius schwanken. Wenn der Fluss für den Rest des Jahres zugefroren ist, fahren die Leute mit Schneemobilen von Dorf zu Dorf. Ich kannte sogar Leute, die mit Lastwagen auf dem gefrorenen Fluss unterwegs waren. Bei -47 Grad Celsius, ohne den Windchill-Faktor, würde ich lieber in einer beheizten Lkw-Kabine sitzen als draußen auf einem Schneemobil.

Als ich zum ersten Mal in Kiana ankam, traf ich Larry und seine Frau. Sie hatten zwei Kinder, Paula und Pat, die etwa in meinem Alter waren. Larry war ein professioneller Jagd- und Angelguide. Er war ein kleiner, stämmiger, halb Iñupiat-Eskimo, der in Kiana aufgewachsen war, und ein Mann mit vielen Talenten. Er wusste viel über die alten Bräuche der Ureinwohner von „ " und war stolz auf sein Volk und sein Erbe. Weil ihm sein Volk so sehr am Herzen lag, wurde er selbstlos Polizist, um ihm zu helfen.

Sein Vater wuchs auf einer Farm an der Westküste der „unteren 48" auf und zog nach Alaska, um den Kühen zu entkommen. Als junger Mann fand er einen Job als Goldgräber, was ihn nach Kiana führte. Er erzählte uns viele gefährliche und aufregende Abenteuer aus seinem Leben und meinte, er wüsste, wo sich in der Gegend viel Gold befände, aber ich glaube nicht, dass er jemandem verriet, wo genau. Sie waren eine angesehene Familie und besaßen sogar den einzigen Lebensmittelladen in der Gegend. Larrys Mutter war eine Iñupiat-Eskimo, und sein Bruder Vic war Bürgermeister. Vic, der immer sehr nett zu mir war, schien ziemlich glücklich zu sein, wenn ich mit ihm redete. Er erzählte uns, dass er Probleme hatte, einzuschlafen und aufzuwachen. Wir nannten ihn liebevoll den schlafenden Bürgermeister. Ich mochte die ganze Familie.

Wegen der großen Schwierigkeiten beim Bauen in der Arktis, den innovativen Entwürfen meines Stiefvaters und der Tatsache, dass er die Einstellung von lokalen Arbeitskräften zur obersten Priorität machte, wurde *National Geographic* auf ihn aufmerksam und schrieb einen Artikel über das Unternehmen und seinen Partner Vic.[1] Im Sommer 1981 wurden 26

Einheiten in Kiana und den umliegenden Dörfern Noorvik, Selawik, Ambler, Shungnak und Kobuk gebaut, insgesamt 170 Einheiten.

Mein Stiefvater engagierte einen Filmemacher und drehte für das HUD Kurzfilme über den Bau seiner Häuser, die er nach Washington, D.C. schickte. „Zeig die Isolierung, achte darauf, dass du zeigst, wie dick sie in den Decken und Böden ist", rief Larry, während ich dem Regisseur half, seine Ausrüstung zu den Drehorten zu tragen. Nach meinem Schauspieldebüt lernte ich schnell, wie hart Hollywood war. Mit vierzehn war ich bereits ein „Has-been".

Ein paar Tage vor den Dreharbeiten hatte Larry mich gefragt, ob ich Wasserski fahren wolle. „Du wirst der erste weiße Junge sein, der auf dem Kobuk River Ski fährt." Das war mir egal; meine größte Sorge war, wie kalt das Wasser sein würde. Larry überredete mich weiter, und ich sagte widerwillig zu, nur weil ich die Hitze der sengenden Sonne auf meinem Körper spürte. Die Temperatur lag bei knapp 30 Grad. Die Sonne war intensiv, weil die Erdachse die Nordhalbkugel der „ " in Richtung Sonne verschiebt. Man würde nicht denken, dass man sich nördlich des Polarkreises einen Sonnenbrand holen kann, aber viele tun es. Das war mir egal. Ich fand es toll, dass es nicht mehr kalt war.

Ich wollte einfach loslegen und Spaß haben. Vor diesem Tag hatte ich ein- oder zweimal versucht, meine Zehen in den Fluss zu tauchen, aber weiter war ich nicht gekommen. Ich weiß, was die Leute über mich sagen, wenn es um kaltes Wasser geht: „Er ist ein Weichei." Was soll ich sagen? So ist mein Körper nun mal gebaut. Natürlich wird der Fluss auch nach dem Winter nicht besonders warm. Trotzdem war ich fest entschlossen, es zu versuchen.

Als ich in dem blauen Jetboot saß, erinnerte ich mich an die schönen Zeiten meiner Jugend, als ich in Kalifornien aufgewachsen bin. Wir verbrachten viele Wochenenden in unserer kleinen Hütte. Dort habe ich zwischen sechs und acht Jahren Wasserski fahren gelernt. Damals hatten wir ein leistungsstarkes Wasserski-Jetboot. Es war mit einem massiven Big

Block Ford 460 Dual 4-Barrel Carburetors-Motor ausgestattet. Es war laut, schnell und wir hatten viel Spaß damit. Ich half dabei, das Boot gut zu pflegen, indem ich es ständig wusch und wachste, und half bei der mechanischen Wartung.

Ich habe diese Tage auf dem See geliebt. Vor allem, weil das Wetter in Kalifornien fast das ganze Jahr über fantastisch war und das Wasser auch warm war. Ich erinnere mich, dass ich vom Steg aus Barsche, Sonnenbarsche und Welse gefischt habe, aber meistens Sonnenbarsche. Mit meinem Onkel habe ich meistens spät abends Welse gefangen. Manchmal sind wir sogar auf Froschjagd gegangen. Froschschenkel schmecken wie Hähnchen. Sie sind ziemlich lecker, aber ich würde sie nicht ständig essen wollen.

Das blaue Jetboot, das mich auf dem Kobuk River zog, war ein bisschen anders als die Jetboote, die ich bisher gesehen hatte. Dieses Boot war eher wie ein Arbeitstier, das für das Angeln und Jagen ausgerüstet war, auch in schwierigen Gewässern fahren konnte und überraschend schnell war.

Larry kannte den Kobuk sehr gut. Ich wusste, dass ich mich auf ihn verlassen konnte, um mich auf dem Fluss, der zu den längsten im Nordwesten gehört, sicher zu halten. Er ist bis zu 1.500 Fuß breit und mündet in die Tschuktschensee. Der Fluss ist voller Sheefish, Weißfische, Lachse und der großen nördlichen Hechte „ ". Beim Fahren auf dem Fluss muss man vorsichtig sein, um nicht versehentlich auf einer der vielen unter Wasser liegenden Sandbänke auf Grund zu laufen. Freiliegende Sandbänke waren über den ganzen Fluss verstreut und verliehen ihm ein majestätisches Aussehen, besonders wenn der Fluss an senkrechten Klippen vorbeifloss.

Meine größte Sorge war, wie ich in den kalten Fluss springen konnte, ohne mich vor allen anderen wie ein Baby zu benehmen. *Oh Mann, das wird verdammt kalt werden.* Larry lachte. „Spring ins Wasser. Es ist nicht kalt", sagte er.

„Mach dir keine Sorgen wegen der Fische. Hechte beißen nur, wenn man stillsteht."

Wovon redet er denn da? Klar, ihm ist nicht kalt. Er ist Temperaturen von bis zu -50 Grad Celsius gewohnt. Kalt oder nicht, jetzt musste ich mir Sorgen machen, von einem Hecht gebissen zu werden. *Was soll das denn? Ich glaube nicht, dass er scherzt, weil vor ein paar Tagen Larrys Tochter Paula etwas zugestoßen ist.* Ich hatte in Sicht- und Hörweite von Paula und ihren Freunden, die lachend im Kobuk schwammen, nach Felchen geangelt. Plötzlich hörte ich Paula schreien: „Ein Fisch hat mich gebissen, HEILBUTT, HEILBUTT!" Ich sah, wie die Kinder schreiend zum Ufer zurückschwammen, während sie noch im Fluss war und „HEILBUTT!" schrie. Sie watete zurück zum Ufer, und als sie aus dem Wasser kam, sah ich Blut an ihrem Unterschenkel herunterlaufen. *Ich dachte, Hechte würden nur in Ufernähe angreifen, nicht mitten im Fluss.*

Der Körper des Hechts ist seltsam geformt. Klar, er hat Flossen und Kiemen wie andere Fische, aber seine Gesichtszüge sehen eher aus wie eine Entenschnabel. Laut Alaska Fish and Game sind der Oberkiefer, der Gaumen und die Zunge mit Hunderten von kurzen, nach hinten geneigten Rasiermesserschneiden bewaffnet, und der Unterkiefer hat längere Zähne, um seine Beute am Entkommen zu hindern. Ihr Körper hat sich mit einer stromlinienförmigen, einstrahligen Rückenflosse entwickelt, die weit hinten sitzt, sodass sie schnelle Geschwindigkeitsschübe erreichen können, um ihre Beute zu überfallen. Zwanzig Pfund sind etwa die durchschnittliche Größe, aber sie können bis zu achtunddreißig Pfund schwer und über vier Fuß lang werden.[2] Sie sind Süßwasser-Killermaschinen, ähnlich wie Haie.

Ich kannte Hechte aus Flüssen und Seen, weil ich, als ich noch etwas jünger war, kleine Exemplare in Seen in der Nähe von Anchorage gefangen hatte und gelernt hatte, mich vor ihren scharfen Zähnen in Acht zu nehmen. Allerdings handelte es sich dabei nur um kleine, 30 bis 40 cm lange Hechte, die niemandem wirklich Schaden zufügen konnten, obwohl sie einem beim Entfernen der Haken aus ihrem Maul die Finger bluten lassen können. Schon früh lernte ich, mit einer Zange die Haken aus ihrem Maul zu entfernen, sie am Schwanz hochzuheben und dann zurück ins Wasser zu werfen. Ich hatte Geschichten über große Hechte gehört, aber so große hatte ich noch nie gesehen. Larry erzählte mir, dass sie dafür bekannt sind, Enten im Wasser anzugreifen. Ich schätze, sie müssen sehr heimlich sein, um sich an eine Ente heranzuschleichen. Das ist ein fieser Fisch.

Oh toll! dachte ich. *Hmm, der erste weiße Junge, der im Kobuk Wasserski fährt – wen interessiert das schon? Ich hatte Wichtigeres zu tun, zum Beispiel ins Wasser zu springen.*

Irgendwie fasste ich den Mut, ins Wasser zu springen. Zu meinem Glück landete ich in einem wärmeren Wasserbecken. Ich wollte die kalten Becken, von denen ich wusste, dass es sie gab, nicht spüren. Ich wollte nur auf die Skier steigen und mich von der Sonne wärmen lassen.

„Bist du bereit?", rief der Spotter George.

Spotter helfen den Wasserskifahrern, sagen den Fahrern, was die Skifahrer brauchen, und geben Tipps, ob sie schneller oder langsamer fahren sollen, während sie auch auf andere Boote achten. George war ein junger Iñupiat-Eskimo und ein echt netter Typ. Larry fuhr das Boot langsam herum, während George mir das Seil zuwarf.

„Komm schon, David, du schaffst das!", rief Larry. „Bist du bereit?"

Ich konnte den Motor schnurren hören. Mein Körper war komplett im Wasser und ich zeigte auf das Boot, das ungefähr zehn Meter vor mir war. Die Skispitzen waren aus dem Wasser und bewegten sich ganz langsam. Ich hatte seit unserer Abreise aus Kalifornien nicht mehr auf einem Paar Skiern gestanden. *Ich hoffe, ich schaffe das.* Ich fing an, vor Kälte zu zittern. Ich wollte einfach nur aufstehen.

„Ja", rief ich und gab ihm ein Daumen-hoch-Zeichen.

Der Motor sprang mit einem Brüllen an. Ich spürte, wie das Seil zog und das Wasser um mich herum rauschte. Ich musste meine Skispitzen gerade halten und durfte meine Skier nicht ausbrechen lassen. Wenn ich dem Wasserdruck der Skier nicht widerstehen konnte, würden sich meine Füße nach außen drehen und meine Beine wie beim Spagat spreizen, wodurch ich stürzen würde, und das wollte ich auf keinen Fall. Ich spürte den Druck auf meinen Beinen und Händen, als das Boot mich durch das Wasser zog. Plötzlich war ich sehr schnell unterwegs. *Ich stehe, ich habe es geschafft! Ich stehe tatsächlich aufrecht auf den Wasserskiern! Gott sei Dank bin ich nicht wieder ins Wasser gefallen.*

Was für ein berauschendes Gefühl! Die warme Luft, die durch meine Haare wehte und mich umhüllte, bedeckte mich wie eine warme Decke. Ich konnte es kaum glauben. Da war ich nun und fuhr an einem warmen, sonnigen Tag auf dem großen Kobuk River nördlich des Polarkreises Wasserski. Als ich hinter mich schaute, konnte ich das Dorf Kiana auf dem Hügel sehen. Was für eine Aussicht! Es schien unwirklich, als wäre ich in einer anderen Welt.

Das Dröhnen des Außenbordmotors ließ mich erschauern. Es war, als hätte ich eine spirituelle Erfahrung. Ich bewegte mich von einer Seite zur anderen und versuchte, über die Heckwelle des Bootes zu springen, während ich ständig nach Baumstämmen und anderen Trümmern Ausschau hielt. Es wäre echt blöd gewesen, wenn ich irgendwo gegen gefahren wäre.

Larry fuhr mich zu den Klippen, von denen aus man den Fluss und große Sandbänke sehen konnte. Ich hatte das Gefühl, mit hundert Meilen pro Stunde zu fahren, obwohl wir wahrscheinlich nur zwanzig oder dreißig Meilen pro Stunde schnell waren. Nach einer Weile sah ich George mit der Hand winken, um mir zu sagen, dass es Zeit war, das Seil loszulassen. *Oh Mann, nicht jetzt.* Ich hatte mich gerade aufgewärmt und hatte Spaß. Ich wollte nicht loslassen und in den kalten Fluss sinken. Plötzlich schoss mir eine Erinnerung aus einigen Jahren zuvor durch den Kopf. Als ich in den warmen Gewässern von Clearlake, Kalifornien, wo sich unsere Hütte befand, Wasserski fuhr, zog mich ein Mann, der mich hinter seinem V-Antriebs-Schnellboot her zog, zu nah an einen Steg heran und bumm! Ich prallte direkt dagegen. Ich war bewusstlos und erinnere mich, wie ich im Wasser herumtrieb und Leute schreien und hinter mir her springen hörte und sah. Sie zogen mich auf den Steg und fuhren mich ins Krankenhaus, das ziemlich weit entfernt war. Ich hatte mir den Arm gebrochen. Schließlich heilte der Arm, und ich hatte nie große Probleme mit meinem linken Arm, selbst nachdem mein Onkel auf die geniale Idee gekommen war, meinen Gipsverband mit einer Metallsäge und einer Zange zu entfernen. Ich beobachtete ihn gespannt, wie er weiter sägte, während wir beide uns kaputt lachten. In dieser Nacht gingen wir bis fünf Uhr morgens auf Welsfang.

Zumindest gab es hier keine Docks, sondern nur Sandbänke und Boote, die am Ufer lagen. Diesmal würde ich auf keinen Fall irgendwo gegenfahren. Selbst wenn ich eine Sandbank rammen würde, glaubte ich nicht, dass ich mich verletzen würde, aber ich wollte nicht dumm dastehen. Dann müsste ich in diesem kalten Fluss gegen die Strömung zurück zum Ufer schwimmen, und das würde ich auf keinen Fall tun. Das wäre nicht besonders klug. Ich musste nur ein wenig vorsichtig sein, weil hier und da kleine Fischerboote auf dem Fluss lagen, und ich wollte auch keines davon rammen.

Die Lektion, die ich aus meinem früheren Unfall gelernt hatte: Das Loslassen des Seils würde kein Problem sein. Es war nur eine Frage des Ortes und des Zeitpunkts. Ich ließ das Seil weit genug vom Ufer und von den kleinen Fischerbooten entfernt los. Ich tauchte in den kalten Fluss ein. Larry drehte sein Boot um. Ich konnte sehen, wie er lachte.

„Du hast es geschafft! Du hast es geschafft!"

Ja, ich habe es geschafft, als erster weißer Junge. Ich wollte nur schnell aus dem Fluss raus. Die ersten 60 cm des Wassers waren einigermaßen warm. Unterhalb meiner Taille und bis zu meinen Füßen war das Wasser eiskalt. *Wie man so schön sagt, gab es eine Schrumpfung.* Das kalte Wasser erinnerte mich an vergangene Tage, an denen ich im eisigen Wasser des Lake Tahoe geschwommen bin. Ich kann dir sagen, dass ich nicht lange in diesem See geschwommen bin, weil ich ein Feigling war.

Ich machte mich schnell auf den Weg zum Ufer und war dankbar, dass es draußen warm war. Während ich mich abtrocknete, konnte ich in der Ferne Kinder hören, die schwammen und Spaß hatten. Warum auch nicht? Die Sommer nördlich des Polarkreises sind kurz. Die Menschen sollten Spaß haben, bevor die Temperaturen unter null Grad fallen. Ich war froh, dass ich im Winter nicht dort lebte; Anchorage war schon kalt genug.

Nachdem ich mir das Wasser und den Sand abgewischt hatte, war es Zeit für einen Snack am späten Nachmittag. Der Aufstieg auf der steilen Straße vom Kobuk River zum Kochbereich war keine leichte Aufgabe. Es kostete mich viel Energie, diesen Hügel zu erklimmen. Als ich oben ankam, sah ich das erste von vielen Häusern, die gerade gebaut wurden. Als ich am ersten Haus vorbeiging, wanderten meine Gedanken schnell zu meinem Magen.

Ob Rhoda wohl Schokoladenkekse gebacken hat? fragte ich mich. Mein Stiefvater hatte sie angeheuert, um für die Crew zu kochen. Sie war eine kleine, kräftige Iñupiat-Eskimoin, die warmherzig und freundlich war und jedes Mal zu lächeln und zu lachen schien, wenn ich sie sah. Sie war eine ausgezeichnete Köchin. Sie lachte und erzählte mir, dass sie eines Tages Fischkopf-Eintopf zum Abendessen kochen würde. Sie sagte, dass die Wangen und Augen ihr am besten schmeckten. Schließlich, eines Abends vor dem Abendessen, warf ich einen heimlichen Blick in einen großen, dampfenden Topf auf dem Herd und sah Fischköpfe im kochenden Wasser auf und ab schwimmen. Nun, sagen wir mal so: An diesem Abend habe ich nichts gegessen. Stattdessen stopfte ich mich mit ihren köstlichen Keksen und einem Snickers-Riegel voll, der mich an zu Hause erinnerte. Rhoda hob mir immer ein paar ihrer Kekse auf, die sie vor dem Rest der Crew versteckte. Ich war der Einzige, der wusste, wo sie waren. Ihr Geheimnis war bei mir sicher.

Später am Abend erfuhr ich, dass die Ureinwohner großen Respekt vor den Wildtieren hatten, die sie aßen, und keinen Teil des Tierkörpers verschwendeten. Es gibt einen tief verwurzelten Respekt vor der Tierwelt, die sie ernährt und die in ihrer Kultur verankert ist. Viele in unseren nicht-indigenen Kulturen haben schlechte Gewohnheiten gelernt, und wir sind als „Wegwerfgesellschaft" bekannt. Ich fand ihre Kultur und ihren Glauben an die Harmonie mit der Natur schön und faszinierend. Was könnte liebevoller sein als das?

Als ich in dieser Nacht im Bett lag, fragte ich mich, was der nächste Tag wohl bringen würde. Ich hatte keine Ahnung, was mich erwarten würde.

KAPITEL 4
Bautechniken

Wenn du die Geschichte weiterlesen willst, blätter einfach zu Kapitel 5, es sei denn, du interessierst dich für eine Beschreibung der Bautechniken in der Arktis.

DAS BAUEN IN GRÖẞEREN STÄDTEN ist schon unter den besten Bedingungen kompliziert. In den Dörfern ist es aber echt hart. Die Kosten können total steigen, wenn man sich bei den Vorräten, Materialien und dem Ersatz von Werkzeugen verrechnet. Je weiter weg von den größeren Städten, desto höher die Kosten und desto größer das Risiko.

Die Entwürfe meines Stiefvaters erwiesen sich als effektiv und relativ kostengünstig, vor allem im nördlichen Teil des Polarkreises. Er hatte ein verstellbares Fundament entworfen, das die Häuser etwa einen Meter über dem Boden hielt. Die Basis des Fundaments bestand aus 1,20 m x 1,20 m großen Holzplatten, die auf der arktischen Tundra platziert wurden.

Die Tundra ist ein Biom, das durch niedrige Temperaturen und kurze Vegetationsperioden gekennzeichnet ist, was das Wachstum von Bäumen behindert. Sie wirkt wie eine Isolierdecke, die den Untergrund bedeckt und ihn während der glühend heißen Sommer permanent gefroren hält. Gefrorener Boden wird auch als Permafrost bezeichnet. Deshalb musste bei der Installation der Fundamentplatten große Sorgfalt walten, um die empfindliche Tundra nicht zu stören, obwohl die Oberfläche der Tundra abgekratzt werden musste, um die Platten zu verlegen und zu nivellieren.

Die Häuser mit zwei, drei und vier Schlafzimmern wurden so konzipiert, dass sie in der Arktis gut funktionieren. Jedes Haus hatte in der Regel sechs bis acht Fundamente, je nach Größe. Ein vertikales, zwei Zoll großes Rohr, das in der Mitte des Fundaments angebracht war, stützte das Fundament. Dann wurde eine kürzere Metallhülse über das Gewinderohr geschoben, wodurch die Böden angepasst werden konnten. Die Rohrgrößen reichten von sechzehn bis vierundzwanzig Zoll, je nach Gelände.

Die Eckenden des Fundaments wurden mit verstellbaren seitlichen Stahlstreben versehen, die an der Basis befestigt und an der Unterseite der Fundamentbalken verankert wurden. Das Geniale an diesem System war, dass der Hausbesitzer sein Haus mit einer Rohrzange ausrichten konnte, wenn der Permafrost unter den Fundamentplatten schmolz und sich das Haus nach oben oder unten verschob.

Die Häuser wurden absichtlich hoch genug über dem Boden gebaut, damit der Permafrost unter den Fundamentplatten an heißen Sommertagen nicht schmolz. Allein die Bodensysteme hatten eine R-36-Isolierung.

Die Häuser ragten außerdem über die Fundamentplatten hinaus, um sicherzustellen, dass diese im Schatten lagen und das Gewicht des Hauses den Permafrostboden komprimierte, was dazu beitrug, den Boden gefroren zu halten.

Es gibt zwar bessere und effektivere Fundamente, aber dieses verstellbare Fundament war der Schlüssel zur Kostensenkung.

Hochwertige Handwerkskunst und innovative Ideen, die in den Häusern umgesetzt wurden, wurden zum Markenzeichen meines Stiefvaters. Die Isolierung und Dampfsperren in den Häusern waren super wichtig. Es wurden dreifach verglaste Fenster eingebaut, die für die extremen Bedingungen im Norden super geeignet waren. Er verwendete eine R-49-Isolierung in den Decken, die etwa 15,5 Zoll dick war. Das Gewicht und die Holzqualität waren entscheidend, daher verwendete er kammergetrocknete 2x6- und 2x4-Ständer, die im Abstand von 60 cm an den Außen- und Innenwänden angebracht wurden. Die Kosten für das kammergetrocknete Holz waren deutlich höher. Dennoch konnte er aufgrund des geringeren Feuchtigkeitsgehalts Hunderttausende Dollar an Transportkosten für Flugzeuge und Hubschrauber einsparen.

Er hat die Ständer aus zwei Hauptgründen im Abstand von 60 cm angebracht: wiederum die Transportkosten und die Verringerung des Eindringens von kalter Außenluft durch die einzelnen Holzbauteile. Um die Dämmeigenschaften der Ecken zu verbessern, wurde die California-Corner-Technik angewendet. In jede offene Zelle wurde sorgfältig eine R-19-Dämmung eingebaut.

Der Isolierer musste sicherstellen, dass keine Lücken offen blieben. Dies wiederum verbesserte die Dämmeigenschaften des Hauses erheblich und sparte dem Hausbesitzer Tausende von Dollar an Heizkosten.

An allen Außenwänden, Deckenbalken und Fußböden im Haus wurden Dampfsperren angebracht. Diese waren entscheidend für die Verhinderung des Eindringens von Luft. Eine Dampfsperre ist ein Kunststoffmaterial, das in langen Rollen geliefert und an die Außenwände und Deckenbalken getackert wird. Die Dampfsperre musste versiegelt werden; Überlappungen und Löcher wurden mit Klebeband abgeklebt, um sicherzustellen, dass die Außenwände und die Decke luftdicht waren.

Jetzt war der einzige Bereich des Hauses, der für Luftinfiltration anfällig war, der Boden, der abgedichtet werden musste. Irgendwie kam er auf die Idee, dass Vinyl die Lösung sein könnte. In der Branche wird es als „elastischer Bodenbelag" bezeichnet; es ist robust und dichtet den Boden ab, ähnlich wie die Dampfsperre an Außenwänden und Decken. Er sorgte dafür, dass das Vinyl verlegt wurde, bevor die Innenwände gebaut wurden, um die Anzahl der Schnitte im Vinyl zu minimieren und zu verhindern, dass es sich an den Rändern wellt.

Das Vinyl wurde in langen Rollen geliefert und war so schwer, dass sich einer der Arbeiter beim Tragen einer Rolle die Schulter ausgerenkt hat. Nachdem das Vinyl geklebt worden war, wurden die Innenwände sorgfältig gebaut und installiert, um zu vermeiden, dass „ " den elastischen Bodenbelag zerkratzen. Man könnte sagen, dass es sich um grüne Häuser handelte, aber der Begriff „grünes Bauen" war damals noch nicht gebräuchlich. Diese Häuser waren so luftdicht, dass sie einen Luftaustausch von außen benötigten, da sonst die Bewohner Gefahr liefen, zu ersticken und/oder dass sich Bakterien bildeten. Dieses System erwies sich als äußerst effizient für die Produktivität beim Hausbau.

Es gab mehrere Gründe, warum die R-49-Dämmung in den Decken eingebaut wurde. Erstens: Die dickere Dämmung würde helfen, die Heizkosten zu senken.

Zweitens: Die Isolierung verhinderte die Bildung von Eiszapfen an den Dachrändern, indem sie die Wärme im Haus daran hinderte, durch die Decke aufzusteigen und den Schnee auf dem Dach zu schmelzen, was sonst zu Vereisung geführt hätte. Mit der Zeit kann das ständige Aufheizen und Gefrieren zu erheblichen Schäden am Dach führen.

Die Sonne kann Schnee schmelzen lassen und Eiszapfen bilden. Um der Sonnenenergie entgegenzuwirken, wurde im gesamten Dachsystem eine ausreichende Belüftung installiert. Das Belüftungssystem musste korrekt installiert werden, da der Dachboden und das Dach den ganzen Winter über gefroren bleiben mussten.

Die Deckenbalken waren aufgrund der extremen Temperaturen sowohl außerhalb als auch innerhalb des Hauses problematisch, sodass eine weitere innovative Lösung erforderlich war. Das Problem war die massive Ausdehnung und Kontraktion der Deckenbalken. Wenn die Außentemperatur eisige -54 Grad Fahrenheit erreicht und die Innenraumtemperatur des Hauses angenehme 70 Grad Fahrenheit beträgt, dehnen sich die Deckenbalken aus. Die Decke würde sich manchmal um bis zu anderthalb Zoll oder mehr ausdehnen. Die Lösung bestand darin, vor dem Verlegen des Vinylbodens eine Paneeldecke zu installieren. Nach Abschluss der Installation wurde die Paneeldecke gestrichen, ohne dass man sich um Spritzer auf den Innenwänden sorgen musste, da die Innenwandverkleidung zu diesem Zeitpunkt noch nicht angebracht war.

Kurz nach dem Streichen der Decke brachten die Arbeiter die Verkleidung an den Außenwänden an. Er verwendete Verkleidungen aus zwei Gründen: Erstens waren sie stabil und langlebig und hielten viel aus, und zweitens mussten sie nicht gestrichen werden, wodurch die Kosten für den Anstrich entfielen.

Die Befestigung der Wand am Boden erfolgte einfach durch Einschlagen von 16-Penny-Nägeln durch die Bodenplatte in den Unterboden. Die Befestigung des oberen Teils der Decke war jedoch etwas anders. Aufgrund der extremen Ausdehnung und Kontraktion der Decke mussten spezielle Durchbiegungsklammern an den Wänden angebracht und an der Decke befestigt werden, damit die Decke unabhängig von den Wänden schwimmen konnte. Anschließend wurden die Ständerwände mit Verkleidungen versehen und der obere Teil der Leisten nicht an den Wänden, sondern an der Decke befestigt, damit sie schweben konnte. Wäre sie an der Wand befestigt worden, hätte sich die Leiste zusammen mit der Decke bewegt und wäre zerbrochen.

Eine weitere faszinierende Innovation, die er entwickelte, war die Inneninstallation. Damals hatten viele Dörfer keine Inneninstallationen, ein Luxus, den die meisten von uns heute für selbstverständlich halten. Der Plan war einfach, aber äußerst effektiv und effizient. Er entwarf ein spezielles Innenwandsystem, das ein Sanitär-Abflussrohrsystem aus Kupferrohren trug, das auf dem Boden lag und parallel zur Küche, den Badezimmern und dem Ölkesselsystem verlief. Da sich die gesamte Sanitärinstallation im Inneren des Hauses befand, konnten Reparaturen leicht durchgeführt werden, ohne nach draußen gehen zu müssen. Der Klempner konnte das Rohrsystem an beliebiger Stelle aufbauen und es zur Endmontage zwischen das Wandsystem schieben.

Öl war der wichtigste Rohstoff, den die Dorfbewohner zum Heizen ihrer Häuser verwendeten. Trotzdem wollten sie, dass die Hausbesitzer eine alternative Heizquelle hatten, falls der Heizkessel kaputt ging, kein Öl geliefert werden konnte oder es zu einer Ressourcenknappheit kam. Er installierte einen Holzofen im Wohnzimmer, um sicherzustellen, dass die Menschen in den harten Wintern nicht frieren mussten. Er war sehr sicherheitsbewusst, und ich vermute, dass er das aus der Luftfahrt gelernt hatte.

Der Ölheizkessel sorgte für die Zentralheizung und das Warmwasser. Eine Mischung aus Wasser und Glykol oder Frostschutzmittel floss durch die Rohre und sorgte für eine konstante, gleichmäßige Wärme im Haus. Ich hab ihn nie gefragt, warum er keine Zwangsbelüftung benutzt hat; er muss einen guten Grund gehabt haben, denn Kupferrohre, Materialien und Transport waren teuer. Vielleicht dachte er, dass das das effektivste Heizsystem war, oder er musste die HUD-Vorschriften einhalten.

Anstelle von Standard-Sperrholz, Teerpappe und Asphaltschindeln wurden Stahldächer in die Häuser eingebaut. Da Stahldächer langlebig und stabil waren, konnten sie Undichtigkeiten durch Regen, Schnee und Eis verhindern und erforderten daher kein Sperrholz oder Teerpappe. Stattdessen wurden leichte 2x4-Pfetten verwendet, um die Transportkosten zu senken und den Zimmerleuten einen Sicherheitsvorteil zu verschaffen. Sobald die Pfetten an den Dachstühlen befestigt waren, konnten die Arbeiter wie auf einer Trittleiter auf ihnen auf- und absteigen, ohne Angst vor Stürzen haben zu müssen.

Allerdings stellten Schnee und Eis immer noch ein Problem dar, da das Begehen von Stahlplatten bei Schneefall tödlich sein kann. Ein Ausrutscher und es ist vorbei.

Die gute Nachricht für die Zimmerleute war, dass sie jede Platte einzeln anbringen konnten, während sie auf den Pfetten standen, und sie vollständig verschrauben konnten, ohne sich allzu große Sorgen um einen Sturz machen zu müssen. Selbst nachdem das Dach verlegt und gesichert war, mussten noch andere Teile installiert werden, wie z. B. der First, die Giebelkappen und anderes Zubehör, was bei Schnee und Eis problematisch sein konnte. Daher mussten die Zimmerleute besonders vorsichtig sein und sich überlegen, wie sie einen Sturz vermeiden konnten.

Die gute Nachricht für Hausbesitzer ist, dass Stahldächer Schnee effektiv abweisen. Er wollte nicht, dass sie ihr Leben riskieren, indem sie auf Dächer klettern und gegen die brutalen Elemente kämpfen, um Schnee zu entfernen. Ideen wie diese mögen einfach erscheinen, aber zu dieser Zeit waren sie mutige neue Ideen, die dazu beitrugen, die Revolution des grünen Bauens oder, genauer gesagt, energieeffizientes Wohnen voranzutreiben.

Der Bau der Häuser ähnelte einer Fließbandfertigung in einer Fabrik. Am Ende des Projekts produzierte er zwei Häuser pro Tag, eine beeindruckende Leistung angesichts der Lage nördlich des Polarkreises. Die Häuser waren so konzipiert, dass sie extremen Temperaturen, starken Schneelasten und starken Windlasten standhalten und nur minimalen Energie- und Wartungsaufwand erfordern, wodurch die Eigentümer erheblich an Betriebskosten sparen konnten. Witzigerweise beschwerten sich die Hausbesitzer nicht über die Qualität, sondern sagten, die Häuser seien zu warm. Sie mussten mitten im Winter die Fenster öffnen, um sich abzukühlen. Das ist mal eine Bewertung! Ich frage mich, wie viele Sterne er heute auf Yelp bekommen würde. Ich würde ihm auf jeden Fall fünf geben.

Leser, die mehr erfahren möchten, können meine PowerPoint-Präsentation „SJCC Construction Tech VDC" lesen, auf die in den Anmerkungen am Ende dieses Buches verwiesen wird.[3]

KAPITEL 5
Klare Luftturbulenzen

„Y Du schaffst das“, sagte ein Polizist.

„Nein, du musst das Lenkrad von mir wegnehmen. Ich krieg keine Luft.

Ich hab irgendwo einen Woofer. Den brauch ich“, sagte ich mit schwacher Stimme.

Ab und zu hatte ich eine allergische Reaktion, die leichtes Asthma auslöste, deshalb hab ich vom Woofer gesprochen. Da ich die Schwere meiner Situation nicht ganz begriffen hab, dachte ich, ich hätte eine allergische Reaktion.

Ich konnte nur den Nachthimmel auf der rechten Seite mit meinem peripheren Sehen sehen. Von der Straße blinkten Lichter, aber niemand versuchte, mich herauszuholen.

Kalt, mir ist so kalt. Dad! Dad! *Ich dachte an meinen leiblichen Vater Gordon, der gestorben war, als ich noch klein war, und rief nach ihm. Mir ist eiskalt.*

Ich konnte meinen Kopf nicht drehen, nur meine Augen bewegen. Als ich mich umsah, sah ich, dass die Fahrerkabine des Lastwagens um mich herum völlig zerquetscht war. Ich fragte mich, ob ich meine Füße bewegen konnte. Hoffentlich bin ich nicht gelähmt. Ich wackelte ein paar Mal mit den Zehen. Oh ja, Gott sei Dank, ja! Ich glaube nicht, dass ich gelähmt bin, jedenfalls noch nicht.

Als ich mit den Füßen wackelte, hörte ich, wie der Polizist hinter mir herumfuchtelte. Was wollte er wohl machen? Er hatte kein Wort mehr gesagt. Ich spürte seine Hände auf meinem Rücken. Irgendwas bewegte sich. Ich spürte Druck auf meinem Rücken und hörte reißende Geräusche und sein schweres Atmen, während er weiter zerrte und zog.

Was macht er da? Er schneidet mich doch nicht heraus.

„Kannst du jetzt besser atmen?", fragte er.

Keuchend und flach atmend blieb ich still und konzentrierte mich auf meine Atmung. Bald wurde mir klar, dass er den Schaumstoff aus der Rückenlehne herausschnitt, um den Druck des Lenkrads zu verringern, das meine Lungen zusammendrückte. Ich spürte, wie er immer tiefer griff und den Schaumstoff aus dem Sitz herauszog, um mir etwas mehr Platz zu verschaffen.

„Kannst du atmen?", fragte der Polizist erneut.

Ich dankte ihm dafür, dass er den Druck ein wenig von mir genommen hatte, merkte aber an, dass das nicht ausreichte. Ich weiß nicht, ob er mich gehört hat.

Meine linke Hand baumelte aus dem vorderen Fenster, und ich sah, wie Blut aus ihr tropfte. Ich fragte mich, ob ich gestorben und wieder aufgewacht war. Ich wusste, dass ich noch am Leben war, aber als ich bewusstlos war, hatte ich nichts gesehen: kein weißes Licht, keine Dunkelheit, nichts. Es war völlig leer. Vielleicht war ich gestorben, hatte mit jemandem gesprochen, und sie hatten mich wieder hierher zurückgebracht.

Ich wusste, dass ich schwer verletzt war, aber ich wusste nicht, wie schlimm es war. Ich muss aus diesem Lkw raus, *dachte ich immer wieder. Ich rang immer noch nach Luft. Ich konnte nur weniger als die Hälfte meiner Lungenkapazität einatmen, wenn überhaupt. Es fühlte sich an, als würde ich ersticken. Ich versuchte, tiefer zu atmen, aber der starke Druck vom Lenkrad ließ das nicht zu. Jeder Atemzug war wie ein kleiner Schluck Wasser, der intensive Konzentration erforderte. Meine Augen und Zehen waren die einzigen Körperteile, die ich bewegen konnte, also wackelte ich weiter mit den Zehen und rollte mit den Augen, um meine Situation einzuschätzen. Ich sah überall um mich herum verbogenes Metall.*

Es gab keinen Ausweg. Oh Mann, lass mich nicht hier sterben, nicht hier, vor allem nicht mitten im Nirgendwo. Ich wollte überhaupt nicht sterben. Ich hatte noch Ziele, die ich erreichen wollte, wie heiraten und eine Familie gründen.

Aus irgendeinem Grund blieb ich unheimlich ruhig. Irgendwie wusste ich, dass Panik für mich und die Leute, die mir helfen wollten, katastrophal gewesen wäre. Ich machte mir mehr Sorgen um die Leute, die mir helfen wollten. Ich wollte ihnen nicht noch mehr Stress machen, indem ich ständig schrie, dass ich Schmerzen hatte. Außerdem konnte ich nicht so viel Schmerz spüren und wusste auch nicht, wo genau der Schmerz war, außer dass er in meiner Brust war. Selbst meine blutige linke Hand, die immer noch aus dem Fahrerfenster des Lastwagens hing, tat nicht weh. Trotzdem wusste ich, dass ich schwer verletzt war, ich meine, wirklich schlimm.

Ich hätte wahrscheinlich Angst haben müssen, aber das hatte ich nicht. Ich konzentrierte mich nur darauf, jeden Atemzug zu kontrollieren, meine einzige Hoffnung zu überleben. Ich geriet nicht in Panik, vielleicht wegen des Schocks oder weil ich wie eine Sardine eingeklemmt war und mich nicht bewegen konnte. Oder vielleicht lag es daran, dass ich keine Jacke trug und bei Temperaturen um die minus 5 Grad fror. Ich weiß es einfach nicht.

Ich glaube, ich habe kein Glück mehr. Meine Tage sind gezählt. Papa, hilf mir! Das dachte ich immer wieder, als ich wieder wegdriftete.

MEIN LEBEN WAR manchmal echt schwierig und ist nicht so gelaufen, wie ich es mir vorgestellt hatte. Zunächst mal hätte ich nie gedacht, dass ich ab meinem 14. Lebensjahr die meisten Sommer damit verbringen würde, im Busch zu arbeiten, aber so kam es dann doch. Die Erfahrungen dort waren unvergesslich. Mit den harten, die meine Seele gezeichnet haben, kämpfe ich immer noch. Andere hingegen haben mich mit Staunen erfüllt.

Ich hatte die Nordlichter/Aurora Borealis schon oft in und um Anchorage gesehen, aber als ich sie in Kiana sah, war ich überwältigt. Die Farben waren so leuchtend und brillant: grün, blau, rot und gelb. Ich sah zu, wie sie tief am Mitternachtshimmel tanzten. Es fühlte sich an, als könnte ich sie berühren, obwohl sie sich in einer Höhe von etwa 60 Meilen in der Atmosphäre befanden. *Gott, sind sie schön.*

Am nächsten Morgen erzählte ich Rhoda, der Camp-Köchin, beim Frühstück, was ich gesehen hatte und wie schön der Himmel aussah. Sie starrte mich mit erschrockenen Augen an und erzählte mir dann, dass die Ureinwohner verschwinden, wenn die Nordlichter leuchten.

„Wenn Menschen sie alleine sehen, werden sie von den Lichtern mitgenommen, und viele Ureinwohner sind verschwunden", sagte sie. „Geh nicht alleine nach draußen, wenn sie erscheinen." Ich merkte, dass sie sich wirklich Sorgen um mich machte, also erwähnte ich nicht, dass ich in der Nacht zuvor zwanzig Minuten lang alleine dagestanden und sie beobachtet hatte.

Im Laufe der Jahre sollte mir mein Wahlheimatstaat ähnlich bewegende Erlebnisse bescheren. Mein Großvater sagte uns immer: „Alaska ist ein großartiger und wunderschöner Ort. Ein Land, das so weitläufig und unberührt von Menschen ist. Wenn dir das Wetter nicht gefällt, warte fünf Minuten. Ein Land voller Wunder. Ein Land ohne Gnade." Diese Worte habe ich nie vergessen. Mein Großvater war ein großartiger und weiser

Mann, der im Zweiten Weltkrieg gedient hatte. Er liebte es, lange Gedichte auswendig zu rezitieren, insbesondere das Gedicht „The Cremation of Sam McGee" von Robert W. Service, das dieser 1907 geschrieben hatte. Seltsamerweise besuchte ich genau dort die Highschool, die nach ihm benannt war: die Robert Service High. Mein Großvater war ein begeisterter Leser, Handwerker und Naturliebhaber. Er war wirklich ein Renaissance-Mensch. Für mich war er der Beste. Ich habe ihn verehrt. Ich war froh, dass er da war, als ich ein kleines Kind war. *Gott gebe seiner Seele Frieden*.

Bevor ich vier wurde, zogen meine leiblichen Eltern wegen der Arbeit oft um, und ich wurde oft bei Verwandten untergebracht. Besonders gerne war ich bei meinen Urgroßeltern. Ihr Haus war blitzsauber, voller kleiner Schätze, denen ich nicht widerstehen konnte, und sie waren immer so nett zu mir.

Der letzte Ort, an dem ich mit meinen leiblichen Eltern und meinem etwa zwei Jahre jüngeren Bruder lebte, war ein kleines, heruntergekommenes Haus mit abgenutztem Teppich und alten Rollos. Vor dem Haus stand ein großer Baum mit einer Reifenschaukel. Ich spielte stundenlang darauf und wartete gespannt darauf, dass mein Vater nach Hause kam. Ich konnte es kaum erwarten, ihn zu sehen.

Aber wir blieben nicht lange dort. Schließlich wurden mein Bruder und ich zu einem netten Verwandten geschickt, bei dem ich mich sicher fühlte. Dann wurde mir eines Tages gesagt, dass mein Bruder bei ihnen bleiben würde, während eine andere Familie mich adoptieren würde. Obwohl sie auch Verwandte waren, wusste ich nicht, wer sie waren. Jahre später erfuhr ich, dass wir uns schon einmal begegnet waren, aber ich hatte keine Erinnerung daran. Damals hatte ich große Angst. Würde ich meinen Bruder jemals wiedersehen? Die Ungewissheit erschütterte mich. In dieser Nacht konnte ich nicht schlafen. Ich lag wach und weinte, während ich meinen Bruder beobachtete, der neben mir schlief.

„Bruder, ich hoffe, du hast ein gutes Leben", flüsterte ich. „Ich werde versuchen, dich zu holen."

Mit vier Jahren wurde ich adoptiert, bekam einen neuen Namen und sollte meine neuen Eltern Mama und Papa nennen. Sie kümmerten sich um mich und ermöglichten mir ein Leben voller hart erkämpfter Privilegien, für das ich bis heute zutiefst dankbar bin. Trotzdem sehnte ich mich nach meinem kleinen Bruder und meinen leiblichen Eltern. Gott, ich vermisste sie so sehr.

Da ich in der neuen Familie immer ein Außenseiter war, konnte ich nie herausfinden, wo ich bei einem der Familienmitglieder stand; die Kommunikation zwischen uns war bestenfalls schwierig. Vom ersten Tag an und mein ganzes Leben lang musste ich mich in der Nähe dieser Person wie auf Eierschalen bewegen.

Unsere Interaktion blieb ein ständiger Stressfaktor, bis es schließlich keine Eier mehr gab, die man zerbrechen konnte.

Jahr für Jahr wurde es für mich immer schwieriger, meinen Adoptiveltern meine Ziele, Träume und vor allem meine Ängste zu vermitteln. Oftmals stotterte ich und hatte Mühe, mich an Einzelheiten zu erinnern, wenn ich über stressige Themen sprach.

Ich wurde oft als überempfindliches Kind abgetan oder missverstanden. „Was im Leben passiert, ist eben Leben“, wurde mir gesagt, was mich im Laufe der Jahre immer unsicherer und schüchterner machte. Da ich nicht darüber reden konnte und Ereignisse in meinem Leben vor meiner Familie und meinen Freunden verbergen musste, fiel es mir extrem schwer, meine Gefühle im Alltag zu verarbeiten und zu bewältigen. Im Alter von etwa sechs Jahren glaubte ich, dass ich die Tür zur Kommunikation mit meiner Familie öffnen könnte, wenn ich mich nur genug anstrengen würde. Damals wusste ich noch nicht, dass es trotz aller Anstrengungen ein schmerzhaftes, unerreichbares Ziel in meinem Leben bleiben würde.

Mein Stiefvater war ein Workaholic; es war normal für ihn, zehn bis zwölf Stunden am Tag, sieben Tage die Woche zu arbeiten und monatelang im Busch zu sein. Mit etwa zehn Jahren verglich ich mich mit ihm und hielt mich für etwas faul. Das machte mir Sorgen, weil ich nicht wollte, dass er oder seine Mitarbeiter mich als Faulpelz ansahen. Also musste ich in meinen Augen meine Anstrengungen verdoppeln und versuchen, doppelt so hart zu arbeiten wie jeder seiner Mitarbeiter, um ihn nicht in Verlegenheit zu bringen. Schließlich war er mein Held.

Meine Stiefeltern waren sehr nette Leute, aber mangelnde Kommunikation lässt die Hoffnung schwinden, egal wie sehr man sich auch bemüht. Zum Glück fand ich in Kiana einen Spielkameraden: einen großen Deutschen Schäferhund namens King. Die Mutter von Larry, einem Freund unserer Familie, besaß den Hund und hielt ihn hinter ihrem Haus in einem kleinen, gassenartigen Bereich angebunden. Für mich war er damals das Tollste auf der Welt. Vielleicht sogar mehr als die Kekse; ja, viel mehr. Ich konnte mich verstecken und stundenlang mit diesem Hund spielen. Wir hatten so viel Spaß zusammen. Er war wirklich ein guter Begleiter. Oft versuchte ich, mich an ihn heranzuschleichen, aber wenn ich um die Ecke spähte, sah ich King aufrecht stehen und darauf warten, mit mir zu spielen. Woher wusste er, dass ich um die Ecke kam?

„Hallo, King! Wie geht es meinem Kumpel heute?", sagte ich mit spielerischer Stimme.

Er streckte seine lange, rosa Zunge aus dem Maul, sprang auf mich zu und sprang mir auf die Brust. Ich versuchte, ihn wegzuschubsen, aber er drückte mich zu Boden und leckte mir das Gesicht.

„Runter! Runter, Junge! Runter, King! Komm schon, runter", rief ich fröhlich. Ich war ein dünnes Kind, das damals etwa 85 Pfund wog, und ich bin mir sicher, dass King mindestens 75 Pfund wog. Wegen seiner Größe und Kraft war es schwer für mich, ein solches Tier unter Kontrolle zu halten.

Er strahlte vor Glück, außer wenn die einheimischen Kinder in seine Nähe kamen. Dann senkte er den Kopf, legte die Ohren an, starrte sie böse an und zog die Lefzen zurück, sodass seine scharfen weißen Zähne zum Vorschein kamen. Er stürzte sich auf die Kinder, bis die fünf bis sechs Meter lange Stahlleine vollständig ausgestreckt war. Nur seine Leine hielt ihn davon ab, sich auf die Kinder zu stürzen. Er bellte weiter und zog an der

Leine, bis er auf seinen Hinterbeinen stand und mit den Pfoten nach ihnen schlug, als wolle er sie packen. Wow, ich meine, dieser Hund war wütend, fast außer Kontrolle.

„King! Runter, Junge! Runter!", rief ich ihm zu.

Die Kinder waren blass, als sie an Kings Revier vorbeigingen. Larrys Mutter erzählte mir, dass einige Kinder gemein zu King waren, Steine nach ihm warfen und ihn mit Stöcken schlugen. Kein Wunder, dass King sauer auf sie war. Ich war froh, dass King mich von Anfang an mochte. Er knurrte mich nie an. Nachdem die Kinder weg waren, beruhigte sich King schnell und fing an, mit mir zu spielen.

„King, ich muss jetzt zur Arbeit. Wir sehen uns später", sagte ich an diesem Morgen.

Als ich durch die Gasse ging und links in die unbefestigte Straße einbog, die zu einem der neuen Häuser führte, bei deren Bau ich helfen sollte, sah ich, dass der Klempner fleißig bei der Arbeit war.

„Hey, James, wie läuft's?", fragte ich.

„Gut, ich arbeite an den Sanitärbäumen", antwortete James.

„Kann ich helfen?"

Ich war ein Kind, das auf Erwachsene hörte. Ich nahm Anweisungen gut an und war bereit, hart zu arbeiten. In diesem Alter konnte ich aufgrund meiner Größe und meines Gewichts nur begrenzt mithelfen. Aber ich war mehr als bereit, zu lernen und mich an meine Grenzen anzupassen. Ich fand die Idee faszinierend, Rohre zu verbinden und sie dann mit Wasser zu füllen, um eventuelle Lecks zu erkennen. Der Klempner, ein Vietnamveteran, war ein leise sprechender, stämmiger Mann mit Bart. Wenn er sprach, musste man genau zuhören. Er wirkte sanftmütig, aber es konnte gefährlich sein, ihm zu widersprechen. Ich mochte ihn, und er war nett zu mir, also tat ich aus Respekt alles, was James mir auftrug, auch wenn mir einige der Aufgaben, die ich für ihn erledigte, nicht gefielen.

„Willst du die Rohre eine Weile abschleifen?", fragte er.

„Klar. Wie viele?", fragte ich.

„Wir müssen all diese Dörfer versorgen. Es liegt viel Arbeit vor uns, und alle Enden der Rohre müssen gereinigt werden, damit ich sie verlöten kann." „Okay, klar, wo fange ich an?", antwortete ich begeistert.

Es gab viele verschiedene Größen und Stärken von Kupferrohren, von drei Viertel Zoll bis vier Zoll, die überall verstreut lagen. James hatte auch die Rohre für das Heizungssystem vorgeschnitten und sie in separaten Stapeln abgelegt.

Ich setzte mich rittlings auf einen Hocker, legte das dicke Kupferrohr zwischen meine Beine und begann zu schleifen. Das Schleifpapier, das ich benutzte, hieß „Klempnerleinen" und war ein starkes Material. Ich saß den ganzen Tag über einen Eimer gebeugt und schleifte Rohre. Schließlich schmerzten meine Handgelenke und meine Hände wurden taub, aber das machte mir nichts aus. Ich machte eine wichtige Arbeit. Ich glaubte, dass ich etwas bewegte; schließlich würden die Rohrleitungen, an denen wir arbeiteten, noch viele Jahre lang genutzt werden. Ich schleifte die Verbindungsstellen und sorgte dafür, dass sie gut geschliffen waren, damit sie nicht undicht wurden, wenn James sie zusammenschweißte.

Während ich schleifte, hörte ich, wie James Rohre zersägte und noch mehr Rohre für mich zum Schleifen stapelte. Am Ende des Tages sah ich, dass ich nicht einmal einen kleinen Teil geschafft hatte. *Oh Mann, das wird eine Menge Arbeit.* Ich war stolz darauf, diese Rohrbäume zu schleifen, Stunde um Stunde, Tag für Tag, bei Regen oder Sonnenschein, schleifen, immer schleifen, während meine Finger und Handgelenke verkrampft waren und ständig schmerzten.

Ich sah, wie James Flussmittel auf die Verbindungsstellen auftrug und die Kupferrohre verlötete. Ich war stolz, zu sehen, wie all diese Teile zusammenpassten. Es war wie ein großes Puzzle.

Der Rohrbaum war ein Sanitärkreislauf (Abwasserleitung), der in die Sanitärwand passte. Wir haben die Rohrbäume für alle Häuser an einem Ort zusammengebaut.

Ab und zu ließ James mich die Rohre schneiden. Das fand ich echt spannend. Er zeigte mir, wie man das Rohr richtig misst und den manuellen Rohrschneider sicher benutzt. Um den Rohrschneider zu benutzen, musste ich ein Ende des Kupferrohrs mit der linken Hand festhalten, während ich den Rohrschneider mit der rechten Hand drehte und den Schneidmechanismus mit Gewinde drehte. Das erforderte viele Drehungen und Verdrehungen, bevor das Rohr geschnitten war. Natürlich war es viel einfacher, das Dreiviertel-Rohr zu schneiden als das Vier-Zoll-Rohr. Das Schneiden des Vier-Zoll-Rohrs war viel schwieriger, weil sowohl das Rohr als auch das Schneidegerät groß und schwer waren. Ich musste viel Kraft und Energie aufwenden, um die Stücke zu schneiden. Als ich endlich das erste Stück durchgeschnitten hatte, hörte ich das überschüssige Kupfer auf den Boden klirren.

„James, diese Bäume sehen toll aus", sagte ich stolz.

„Ja, wenn sie nicht undicht sind", sagte er leise.

„Wann wirst du sie installieren?", fragte ich.

„Ich denke, das erste Haus wird morgen fertig sein", sagte er mit einem Grinsen. Ich nahm mir vor, ihm dabei zu helfen, und ging an diesem Abend früh ins Bett.

In den Sommermonaten in Alaska kann es schwierig sein, einzuschlafen, weil das Sonnenlicht in die Schlafzimmer scheint. Am Polarkreis war es aber noch schwieriger. Man muss alles tun, um das Licht abzublocken, und Vorhänge reichen dafür vielleicht nicht aus. Ich habe Leute gesehen, die Folie und Papier an ihre Fenster geklebt haben. Zum Glück hat mich das Sonnenlicht nie gestört, weil ich von der Arbeit immer müde war.

Ich schlief mit James in einem Zimmer, und er schrie oft jemanden im Schlaf an. Viele Nächte weckte er mich mit den Worten: „Komm zu mir, komm zu mir, es ist okay."

„James, geht es dir gut?", fragte ich dann.

„Schlaf weiter, mach dir keine Sorgen", sagte er mir immer.

Aber ich machte mir Sorgen. Ich glaube, er hatte Albträume vom Vietnamkrieg. Ich weiß es nicht, aber so sah es aus.

Am nächsten Tag stand ich früh auf, weil ich James beim Einbau des ersten Sanitärbaums helfen wollte, aber er war schon weg. Ich zog mir schnell meine Hose an und schlang mein Frühstück runter, ohne mir die Zähne zu putzen.

„Mach mal langsam, David. Warum hast du es so eilig?", fragte Rhoda.

Ich musste zum Laden gehen und einigen anderen Teams mit Werkzeugen und Materialien helfen, bevor ich James helfen konnte. Ich brauchte einige Zeit, um diese verdammten Besorgungen zu erledigen, also rannte ich von Ort zu Ort im ganzen Dorf. Später an diesem Morgen in der „ " machte ich mich endlich auf den Weg zum ersten Haus. Es war leicht zu finden, da es auf einem V-förmigen Grundstück stand und ich immer daran vorbeiging, wenn ich zum Fluss ging, um zu angeln oder bei den Vorräten zu helfen. Ich war so stolz auf das, was mein Stiefvater erreicht hatte. Ich dachte immer wieder daran, wie sehr diese prächtigen Gebäude den Menschen vor Ort helfen würden.

Draußen war alles ruhig, und ich sah James nicht. Ich fragte mich, wo er wohl war. Die Rohrleitungen und andere Baumaterialien lagen unter dem Haus verstreut und waren so vor dem morgendlichen Regen geschützt.

Vielleicht ist er drinnen und installiert die Rohrleitungen, dachte ich, aber ich hörte auch keine Geräusche aus dem Haus. Als ich die Treppe hinaufging, fing es an zu regnen, also hoffte ich, drinnen arbeiten zu können, bis der Regen aufhörte. *Hoffentlich bleibt King trocken.*

Ich schlängelte mich um die Materialien und Werkzeuge herum und achtete darauf, nicht auf hervorstehende Nägel zu treten, die aus Brettern und anderen Gegenständen ragten.

Die Arbeiter hielten die Baustelle größtenteils ordentlich und sauber. Oben angekommen, sah ich James.

„Hey James, sieht so aus, als hättest du den ersten Sanitärbaum ohne mich installiert", sagte ich mit aufgeregter Stimme.

„Ja, schau mal", sagte er. Er hatte bereits an den anderen Sanitärsystemen gearbeitet und installierte nun die Rohrleitungen für die Heizungsanlage.

Wow, Mann, ist der schnell. Es ist noch nicht mal neun Uhr, dachte ich, als ich mir den Rohrbaum genauer ansah.

Dank des genialen, gut durchdachten Designs meines Stiefvaters konnte James den Kupferrohrbaum zwischen die Ständerwände schieben, sodass er leicht zugänglich war. „Dein Vater macht mir meine Arbeit echt leichter", meinte James.

Sehr cool!

Ich half ihm den Rest des Tages weiter und war froh darüber, da ich nicht in den Regen hinausgehen wollte. Nach einem langen Arbeitstag ließ der Regen endlich nach und die Sonne strahlte hell am Abendhimmel. Ich war müde, aber draußen war es schön, und ich wollte noch ein paar Fische fangen, solange ich noch etwas Energie hatte. Ich beschloss, nach dem Abendessen loszugehen und ein paar zusätzliche Kekse mitzunehmen. Meine Angel war normalerweise für Weißfische ausgerüstet und einsatzbereit. Ich habe schon als kleines Kind immer sehr schnell gegessen, so war ich einfach. Nach dem Abendessen schnappte ich mir meine Angel und meine Angelkiste und rannte zum Fluss, aber nicht ohne vorher King Hallo zu sagen.

Der Blick auf den Kobuk River von der Spitze des Dorfes aus war wunderschön, und ich konnte es kaum erwarten, ein paar Fische zu fangen. Der Feldweg von der Spitze des Hügels zum Fluss war ziemlich steil. Ich meine, Dreiräder und Fahrzeuge konnten die Straße hinauf- und hinunterfahren, aber es war trotzdem ein steiler Hügel, und ihn hinaufzugehen machte nicht viel Spaß, besonders wenn man Sachen trug. Dieser Hügel raubte mir den Atem, obwohl ich noch jung war. Eine kiesige Sandbank, die senkrecht zum Fluss verlief, war der Ort, an dem ich meistens angelte. Viele Boote der Dorfbewohner lagen auf dieser Sandbank, darunter auch das Wasserflugzeug meines Stiefvaters.

Der Ort lag in der Nähe des Hauses, in dem wir wohnten. Ich ging oft mehrmals am Tag oder in der Nacht dorthin, um ihn zu treffen, wenn er für einen Tag vorbeiflog. Er nutzte Kiana als Basislager und flog täglich zu den anderen Dörfern, um die übrigen Wohnprojekte zu überprüfen.

Normalerweise habe ich von dieser Sandbank aus Weißfische gefangen, aber ab und zu habe ich auch Arktische Äschen und Saiblinge gefangen. Äschen und Forellen waren meine Lieblingsfische, vor allem Äschen, weil sie super kleine Kämpfer sind und echt lecker schmecken. Jede Fischart zu fangen war auf ihre eigene Art eine Herausforderung. In dieser Nacht habe ich hauptsächlich Weißfische gejagt. Sie haben Spaß gemacht, waren tolle Kämpfer und relativ leicht zu fangen. Ich liebte es, in einer sonnigen Nacht lange aufzubleiben, mit meiner Angelschnur im Wasser auf den Fluss zu blicken, die Vögel fliegen zu sehen und den Geräuschen des Flusses zu lauschen. Während ich in die Ferne blickte, hatte ich immer wieder das Gefühl, in der Zeit zurückgereist zu sein.

Die meisten Fische, die ich gefangen habe, habe ich nicht behalten. Mein Stiefvater wusste viel über die Natur und hatte mir schon früh beigebracht, wie wichtig es ist, sie zu schützen. Er sagte mir immer wieder: „Wir müssen die Tiere schützen und sie wieder in die Wildnis zurücksetzen, damit sie noch da sind, wenn wir das nächste Mal zum Angeln kommen. Vielleicht fängst du sogar denselben Fisch." Diese Regel halte ich bis heute ein. An diesem Abend waren die Fische sehr aktiv. Ich fing und ließ eine ganze Reihe von ihnen frei, ohne einen einzigen zu verletzen.

Ein paar Tage später, am späten Nachmittag, spielte ich in der Unterkunft, in der ein Teil der Crew wohnte. Dort gab es eine alte Stereoanlage und einige große Fenster, und ich hatte Spaß, kümmerte mich um meine eigenen Angelegenheiten und machte kindische Dinge. Fliegen landeten auf einem Fenster, und ich schlich mich an sie heran und schnippte sie mit meinem Mittelfinger vom Fenster. Ich wollte sie nicht töten, sondern nur herunterstoßen. Nachdem sie auf den Boden gefallen waren, bückte ich mich und blies sie an; plötzlich wachten sie auf und flogen unverletzt davon.

Ich hatte das ein paar Mal gemacht, als ich leise eine Frau um Hilfe rufen hörte.

Was ist los? fragte ich mich.

Als ich mich dem vorderen Fenster näherte, sah ich eine Frau auf die Vorderseite des Hauses zugehen. Irgendetwas an ihr stimmte nicht.

„Hilfe! Hilfe! Bitte! Hilfe!", schrie sie.

Was? Was ist das?

Ich spürte, wie mein Herz immer schneller schlug. Meine Beine fingen an zu zittern und mein Körper verkrampfte sich.

Was ist hier los?

Die Frau ging langsam weiter auf mich zu.

Was soll ich tun? Ich weiß nicht, was ich tun soll. Oh Gott, bitte hilf mir. Was soll ich tun?

Ich rannte zur Haustür. Die Zeit schien still zu stehen. Ich bewegte mich wie in Zeitlupe. Als ich nach dem Türgriff griff, konnte ich sehen, wie meine Hand sichtbar zitterte.

Oh mein Gott! Ich muss diese Tür öffnen.

„Hilf mir, bitte, hilf mir!", schrie sie weiter.

Ich starrte absichtlich auf den Boden, als ich die Haustür öffnete, zu verängstigt, um aufzublicken. Ich schaute immer noch nach unten, während ich die Verandatreppe zu ihr hinunterging, und schließlich fasste ich genug Mut und schaute langsam zu ihr auf. Mit schwacher Stimme flüsterte sie: „Hilf mir! Hilf mir!"

Ich war entsetzt. Ich konnte meinen Augen nicht trauen! *Oh mein Gott! Bitte nicht. Oh mein Gott! Bitte nicht.* Ich schnappte nach Luft und konnte kaum sprechen. Die Haare in meinem Nacken standen mir zu Berge. *Nein, bitte nicht!* „Hilf mir, bitte! Ich brauche Hilfe", rief sie.

Sie war eine kleine, dünne Frau. Ihr Gesicht war blass, und ich werde ihre Augen nie vergessen. Sie starrte mich mit diesen leeren Augen an. Es schien, als würde sie direkt durch mich hindurchsehen. Es war seltsam und jagte mir einen Heidenangst ein. Als vierzehnjähriges Kind hatte ich noch nie so viel Blut und Gemetzel gesehen. Es kostete mich große Mühe, mich nicht zu übergeben. Es war schrecklich, einfach unfassbar schrecklich.

Sie war voller Blut. Überall war Blut. Ihr Haar war voller Blut und klebte an ihrem Schädel. Blut tropfte in ihre Augen, ihren Mund und ihre Ohren, auf ihre Arme, Hände und Schuhe. Ihre Kleidung war blutgetränkt.

Oh Gott, nein! schrie ich in meinem Kopf. *Nein, nein, nein!*

Blut spritzte in langen, dünnen Strahlen aus der Seite ihres Kopfes. Strahl für Strahl spritzte das Blut bis zu zwei bis drei Fuß weit von ihrem aufrechten Körper entfernt auf die unbefestigte Straße. Das Blut prallte von dem feinen, pulverigen Schmutz ab und wirbelte kleine Staubwolken auf, während Blutstropfen auf den Boden und ihre Füße und Beine zurückspritzten.

„Hilf mir! Hilf mir!", schrie sie.

Ich hatte keine Ahnung, was ich tun sollte.

„Es wird alles gut", sagte ich ihr. Ich konnte kaum sprechen, geschweige denn Hilfe holen.

„Hilf mir, bitte hilf mir", schrie sie immer wieder mit gebrochener Stimme.

„Oh, okay, halt durch", antwortete ich.

Ich versuchte zu verhindern, dass ihr Blut weiter aus der rechten Seite ihres Kopfes spritzte, und kam ihr schließlich näher, obwohl mir bei diesem Anblick übel wurde.

Oh Gott! Papa, hilf mir! Obwohl mein leiblicher Vater verstorben war, bat ich ihn immer um Rat und Schutz. Ich schrie, als ich auf das erste Haus zulief, in dem wir die Wasserleitung installiert hatten. Aus dem Augenwinkel sah ich die Arbeiter auf uns zukommen.

„Hilfe! Hilfe! Da ist eine Frau, die blutet! Hilfe!", rief ich den Arbeitern zu.

Mir war total schwindelig. Der Anblick des vielen Blutes machte mich fast krank. Das Nächste, woran ich mich erinnere, ist, dass ich am Flussufer neben dem Wasserflugzeug Cessna 185 meines Stiefvaters stand und zusah, wie die arme Frau an Bord gebracht wurde. Jemand hatte ihren Kopf mit Bandagen umwickelt, was aber nicht viel half. Das Blut hatte die Bandagen komplett durchtränkt. Sie sah aus wie eine blutige Mumie. Mein Stiefvater half ihr verzweifelt ins Flugzeug. Ich bin mir nicht sicher, ob er die Vorflugkontrolle durchführen konnte, weil er es so eilig hatte, diese Frau ins nächste Krankenhaus in Kotzebue zu bringen. Ich stand einfach hinter dem Flugzeug und zitterte.

Als ich zum Hügel hinaufblickte, sah ich einen kleinen Jungen von etwa vier oder fünf Jahren, der neben mir stand, weinte und zitterte.

„Mama, Mama", schrie er.

Später an dem Tag erfuhr ich, dass das Kind gesehen hatte, wie seine Mutter brutal geschlagen und erstochen wurde.

„Mama, Mama", schrie es immer wieder.

Ich konnte kaum atmen. Die weiß-grüne Cessna 185 stand auf dem Wasser und war wie ein Boot am Ufer festgemacht. Ich machte das Flugzeug los und schob es ins Wasser. Ich hörte, wie die Kraftstoffpumpe ansprang, dann das Knirschen des Anlassers, als sich der Propeller drehte, gefolgt vom Dröhnen des 300-PS-Motors, der zum Leben erwachte. Der Propellerwind und die Abgase trafen mein Gesicht, und der kühle Wind wehte um mich herum.

Sobald es sicher war, drehte mein Stiefvater das Flugzeug in den Wind und gab Vollgas für den Start. Das Wasserflugzeug schaukelte auf dem Kobuk River hin und her. Das durchdringende Geräusch des leistungsstarken Motors war fast ohrenbetäubend. Das Flugzeug kam schnell in Fahrt, und bevor ich mich versah, war er in der Luft und flog diese arme Frau ins Krankenhaus.

Als ich dort stand und dem Flugzeug zusah, wie es am Horizont verschwand, fragte ich mich, warum das alles passierte. Ich drehte mich um und sah den Jungen, der nach seiner Mutter rief, Tränen liefen ihm über das Gesicht. Ich hoffte, dass die Frau überleben würde, aber das schien ziemlich unwahrscheinlich, da sie so viel Blut verloren hatte. Außerdem dauert der Flug nach Kotzebue etwa fünfundzwanzig Minuten.

Der Kobuk River floss ruhig dahin, die Vögel flogen und die Tierwelt schien in ihrer ganzen Pracht unberührt, als wäre nichts passiert. Ich schätze, die Natur hat eine Art, Schmerz zu absorbieren. Ich wusste, dass die Erde selbst nichts fühlen kann, aber Menschen können es auf jeden Fall. Ich denke, das ist es, was das Leben für jeden von uns so schwer macht.

Als ich auf die Klippen von Kiana zuging, fiel mir ein kleiner bis mittelgroßer Felsen auf. Ich setzte mich darauf und schaute auf den schönen, friedlichen Kobuk River. Ich weiß nicht, wie lange ich auf diesem Felsen saß. Ich saß einfach da und schaute hinaus und fragte mich, warum.

In dieser stressigen Situation dachte ich an meinen Vater Gordon. Ich hatte nur Gerüchte darüber gehört, was für ein Mensch er war, aber er war mein Vater, und ich erinnere mich gerne an die Momente, in denen ich ihn gesehen habe. Ich erinnere mich, dass ich jedes Mal Spaß hatte, wenn ich ihn sah. Er gab Gas und fuhr mit seinem roten Cabrio schneller unter den Unterführungen hindurch, während wir zusammen lachten. Ich erinnere mich an sein Lachen. Ich habe ihn so sehr vermisst! Nach der Adoption hatte ich keinen Kontakt mehr zu ihm.

Irgendwann im Sommer 1972, als ich sieben Jahre alt war, starb mein Vater. Eine Person, deren Name ungenannt bleiben soll, erzählte mir, dass er sich das Leben genommen hatte, weil er ohne meinen Bruder und mich nicht leben konnte. Ich gab mir die Schuld an seinem Tod. Ich empfand große Traurigkeit und Schuldgefühle, die mich überwältigten und mir das Vertrauen in einen bestimmten Erwachsenen raubten, der eigentlich Kinder beschützen sollte.

Papa, ich wünschte, du wärst noch am Leben. Ich vermisse dich. Ich hoffe, du bist im Himmel und dass es dir gut geht. Hilf mir bitte. Ich brauche jemanden, mit dem ich reden kann. Ich will keine Gewalt mehr sehen.

Ich blieb eine Weile da und wartete darauf, dass mein Stiefvater zurückkam. Ich hoffte, dass es der Frau gut gehen würde. Ich erinnere mich, dass mein Körper taub wurde und dass diese Taubheit fast unerträglich war. Das Nächste, woran ich mich erinnere, ist, dass ich King in der Gasse streichelte. Ich schien die Zeit verloren zu haben. Ich habe in dieser Nacht versucht zu schlafen, aber jedes Mal, wenn ich meine Augen geschlossen habe, war sie da. Die blasse Frau kam immer näher und näher zu mir, als wäre es ein sich wiederholendes Muster. Ihre Augen waren mattweiß, und ihre Kleidung war blutgetränkt, das Blut tropfte auf den Boden. Blut spritzte und sickerte aus ihrem Kopf und bedeckte ihr Gesicht, ihre Hände und ihre Füße vollständig. Ein ständiger dünner Blutstrahl spritzte aus der Seite ihres Kopfes und spritzte über den feinen, pulvrigen Schmutz. „Hilf mir, bitte hilf mir", schrie sie immer wieder, und ich konnte den kleinen Jungen sehen, der nach seiner Mama schrie. Die endlosen Bilder schienen so echt. Mir wurde schlecht, als ich diese Bilder in meinem Kopf sah. Ich wollte, dass sie verschwanden. Ich versuchte zu schlafen.

Ich hatte niemanden, mit dem ich über dieses Ereignis sprechen konnte. Man sagte mir: „So ist das Leben", aber es fiel mir schwer, das Geschehene zu verarbeiten. Ich glaube, selbst die stärksten Gemüter hätten Schwierigkeiten, mit etwas so Schrecklichem fertig zu werden. Ich meine, wie zum Teufel soll ein Kind mit solchen Gewaltszenen umgehen?

Am nächsten Tag, nach einer unruhigen Nacht, lag ich im Bett und hatte keine Lust aufzustehen. Ich wollte an einem Ort bleiben, der mir irgendwie sicher erschien. Ich wollte so lange wie möglich dort bleiben, bevor ich mich in die grausame reale Welt begab. Ich erinnere mich nicht, an diesem Tag etwas gegessen zu haben, aber ich ging zur Arbeit, ohne mit jemandem darüber zu sprechen, was ich am Tag zuvor gesehen hatte.

Ein paar Tage später, nach einem anstrengenden Arbeitstag, hörte ich zufällig ein Gespräch mit, in dem es darum ging, dass der Mann der Frau sie brutal angegriffen hatte. Anscheinend hatten sie und ihr Mann an diesem Tag getrunken, was mich verwirrte, da die Dörfer eigentlich trocken sein sollten, was bedeutete, dass Alkohol verboten war. Zu dieser Zeit war Kotzebue die einzige Stadt, in der man Alkohol kaufen konnte. Mir wurde erzählt, dass ihr Mann sie geschlagen und ihr vor den Augen des kleinen Jungen mehrmals mit einem Ulu auf den Kopf geschlagen hatte.

Ein Ulu ist ein gebogenes Allzweckmesser, das traditionell von den amerikanischen Ureinwohnern benutzt wird. In der Mitte der Klinge ist ein kleiner Griff angebracht. Der Griff ist entweder aus Holz, Knochen oder Elfenbein. Ich dachte, das Metall für die Klinge würde aus alten Handsägen geschnitten und geformt, so wie man sie in jedem Baumarkt finden kann. Ulus sind vielseitige und effiziente, scharfe Werkzeuge, mit denen man Tiere häuten und ausnehmen, Haare schneiden, und sogar Schnee- und Eisblöcke für den Bau von Iglus zurechtschneiden kann. Ich glaube nicht, dass der Erfinder des Ulus vorhatte, Menschen damit zu verletzen.

Zur Überraschung aller überlebte die Frau tatsächlich. *Gott sei Dank.* Niemand weiß genau, wie sie diese schreckliche Tortur überlebt hat, vor allem angesichts des hohen Blutverlusts. Ich habe gehört, dass ihr hoher Alkoholkonsum ihr möglicherweise das Leben gerettet hat. Es ist ironisch, dass etwas so Destruktives Leben retten kann. Sie muss sehr betrunken gewesen sein, um all die Schmerzen der tiefen, durchdringenden Wunden ertragen zu können. Meines Wissens nach hat sie nie Anzeige gegen ihren Mann erstattet. Ich hätte das getan, aber wer bin ich, dass ich darüber urteilen könnte?

Ich hatte großes Mitleid mit dem kleinen Jungen, der mit ansehen musste, wie seine Mutter von seinem Vater brutal angegriffen wurde. Ich fragte mich, wie er dieses schreckliche Ereignis in seinem Kopf verarbeiten würde. *Ich bin schockiert von dem, was ich gesehen habe, aber mein Gott, wie geht er damit um? Ich weiß es einfach nicht.*

Wie sich herausstellte, hatte ich lange Zeit damit zu kämpfen, das Gesehene zu verarbeiten.

KAPITEL 6
Entfernte Gefahren

„Feuerwehr und Krankenwagen sind da", meinte der Polizist. Gott sei Dank! Endlich komme ich hier raus. Jetzt müssen sie nur noch das Lenkrad von mir wegbekommen. Ich kann meine Zehen noch bewegen. Das ist gut. Ich bin noch nicht gelähmt.

Ich fragte mich, wie nah ich daran war, meine Füße oder Beine nicht mehr benutzen zu können. Meine blutige linke Hand hing immer noch aus dem vorderen Fenster. Ich konnte meine Hand nicht bewegen, aber das machte mir keine großen Sorgen. Meine Gedanken waren hauptsächlich auf meine Beine und Füße gerichtet und darauf, einfach nur zu atmen. Während ich keuchte und mich abmühte, Luft in meine Lungen zu bekommen, hörte ich Sirenen und Menschen im Hintergrund reden. Ich konnte die blinkenden roten und blauen Lichter der Fahrzeuge sehen.

Oh ja! Sie sind da, es ist wahr. Bald werde ich aus diesem Stahlkäfig befreit werden. Ich bin wie ein gefangenes Tier eingeklemmt.

Alles war ein wenig verschwommen. Was war mit der Windschutz-
scheibe passiert? War sie beim Aufprall zerbrochen? Oder hatten sie sie
von mir weggeschnitten? *Seltsamerweise konnte ich mich nicht daran erinnern, Glas um mich herum gesehen zu haben. Obwohl die Windschutz-
scheibe aus Sicherheitsglas bestand, war ich mir sicher, dass überall Glas
sein musste. Ich wusste nur nicht, wo.*

*Ich hatte Mühe zu atmen. Manchmal kam es mir vor, als würde das
Ein- und Ausatmen von Sauerstoff eine Ewigkeit dauern.*

Verdammt, ich werde das nicht überstehen. Auf keinen Fall, keine
Chance.

*Ich war mir sicher, dass ich gleich ersticken würde. Das heißt, wenn ich
nicht vorher erfrieren würde.*

„Wir holen dich bald hier raus“, sagte der Polizist.

„Kalt, mir ist kalt, sehr kalt.“

DIE MEISTEN KINDER UND JUGENDLICHEN müssen sich nicht mit der Gewalt auseinandersetzen, die im Busch an der Tagesordnung war. Andererseits dürfen die meisten Kinder auch nicht als Copiloten in Flugzeugen
mitfliegen. Durch meine Arbeit im Busch sammelte ich praktische Erfahrungen mit schwerem Gerät, Flugzeugen, Booten, Lastkähnen und sogar
Hubschraubern. Wow, wer würde das nicht mögen?

Die Firma meines Stiefvaters flog rund 14 Millionen Pfund Material
vom Anchorage International Airport in den Norden des Polarkreises.
Mir wurde gesagt, dass es sich um die größte Luftbrücke in Alaska zu dieser Zeit handelte. Ich weiß es nicht, aber viele behaupteten, dass das
stimmt. Er setzte verschiedene Flugzeugtypen ein, darunter die Short SC.7
Skyvan, C-119, Aviation Traders ATL-98 Carvair, die einer 747 mit Propellern ähnelte, und zahlreiche andere Arten von Lufttransportmitteln.

Diese Flugzeuge waren so alt, dass die Piloten und Mechaniker sie scherzhaft als „fliegende Särge" bezeichneten. Sie bauten sogar ein Düsentriebwerk auf die C-119, nicht aus Sicherheitsgründen, sondern weil die Sternmotoren aufgrund des Gewichts der Materialien nicht genug Schubkraft für den Start hatten. Als ob das noch nicht genug wäre, spritzten sie Wasser in die Zylinder, um die Schubkraft beim Start um bis zu 30 % zu erhöhen. Ja, das war riskant, keine Frage. Sobald die Materialien am Dorf abgeladen oder per Lastkahn angeliefert worden waren, transportierte ein UH-34D Seahorse-Hubschrauber die Materialien, indem er die Ladung unter sich einhängte und sie zu den abgelegenen Baustellen flog.

Als Kind hab ich in Anchorage dabei geholfen, Flugzeuge mit Sperrholz, Fundamentplatten, Dachblechen und verschiedenen Baumaterialien zu beladen. Während meiner Arbeit im Norden bin ich mit dem Hubschrauber zu anderen Dörfern wie Selawik geflogen und hab zusammen mit dem Piloten die gleichen Materialien verteilt, die ich zuvor in Anchorage verladen hatte.

Sobald die Materialien angekommen waren, steuerte der Pilot das Flugzeug zu den Materialien und schwebte über ihnen, wobei er eine Schlinge in Reichweite des Handlers unten baumeln ließ. Der Handler hängte die Materialien sicher an die Schlinge und signalisierte dem Piloten, dass die Ladung gesichert war. Nachdem der Pilot bestätigt hatte, dass alles in Ordnung war, stieg er langsam und vorsichtig senkrecht auf, um andere Objekte nicht zu treffen, und flog zum vorgesehenen Grundstück.

Über dem Grundstück angekommen, setzte der Pilot die Fracht vorsichtig ab, um eine Beschädigung der Materialien zu vermeiden, und löste dann den Haken, sodass die Schlinge herunterfallen konnte. Ein Arbeiter am Boden ging über die unebene Tundra zu den Schlingen und bereitete sie vor, um sie wieder am Hubschrauber zu befestigen. Der Pilot kehrte dann zurück und schwebte über der Person in Reichweite, die sich streckte und ein Ende der Schlinge am Hubschrauber befestigte. Der Pilot stieg langsam senkrecht auf, zog die Schlingen unter der Ladung hervor und kehrte dann zurück, um die nächste Ladung zu holen. Dieser Vorgang wurde den ganzen Tag lang wiederholt, bis die Lastkähne oder der Sammelplatz leer waren.

Jemand hat mich als Helfer auf den Grundstücken eingesetzt. Es war aufregend und hat Spaß gemacht, aber gleichzeitig hat es mich auch nachdenklich gemacht, weil diese großen alten Hubschrauber mit Kolbenmotor, die in Vietnam eingesetzt wurden, jetzt über meinem Kopf schwebten. Sie waren nicht mit einem zuverlässigen Düsentriebwerk ausgestattet. Ein Düsentriebwerk hat eine etwa 117-mal geringere Ausfallwahrscheinlichkeit als ein Kolbenmotor. Das ist also schon mal klar. Ich war kein überempfindliches Kind, das sich unnötig Sorgen machte, weil ein Hubschrauber nur einen Armlänge über meinem Kopf schwebte.

Schon in diesem Alter wusste ich ziemlich viel über die Zuverlässigkeit von Kolbenmotoren. Bevor ich Kalifornien verließ, brachte mir mein Onkel bei, wie kleine und große Fahrzeugmotoren funktionieren und wie man sie repariert und überholt. Ich wusste viel darüber, wie sie funktionierten. Ich dachte immer wieder: Was ist, wenn dieser alte Kolbenmotor ausfällt? Ich meine, du solltest mal hören, wie er beim Starten klingt. Aus meiner Sicht schien an diesem Hubschrauber nichts flugtauglich zu sein. Wie soll man entkommen, wenn er über deinem Kopf schwebt und plötzlich vom Himmel fällt? Glaub mir, das ist nicht so einfach, wie du denkst. Es ist eine riesige Maschine, die direkt über deinem Kopf schwebt. In welche Richtung soll man da laufen? Windrichtung und -geschwindigkeit waren Faktoren. Ist man schnell genug, um der Länge des Hubschraubers und den langen Rotorblättern zu entkommen? Diese Dinger waren riesig, es gab kein Entkommen. Oh, und vergessen wir nicht, dass man auf der unebenen Tundra laufen musste. Ich wusste, dass ich erledigt wäre, wenn dieser Hubschrauber über meinem Kopf einen Unfall hätte.

Wenn es regnete, erzeugten die Rotorspitzen statische Elektrizität, die zu den Metallhaken hinunterfloss. Beim Ein- und Aushängen der Schlin-

gen bekam ich manchmal einen Stromschlag. Der Schlag war unangenehm und tat meistens weh. Wenn ich so darüber nachdenke, wollte ich
diese Aufgabe nicht bei Regen erledigen und habe es auch nie wieder getan. Lektion gelernt.

Neben meiner Aufgabe als Handler musste ich auch den Hubschrauber betanken. Da der Hubschrauber nur ein bestimmtes Gewicht heben
konnte, wurden mir jedes Mal, wenn der Pilot landete, 55 Gallonen Treibstoff zugeteilt, die etwa 330 Pfund wogen. Das Gesamtgewicht des Hubschraubers wurde bis an seine Grenzen ausgereizt. Der Pilot musste alle
paar Flüge landen und auftanken, und ich rannte zwischen den Parkplät-
zen und dem Hubschrauber hin und her, um ihn zu betanken. So müde
ich auch war, war ich doch dankbar, dass die Kraftstoffpumpe im Gegensatz zu den alten Handpumpen batteriebetrieben war.

Ich habe noch etwas über Hubschrauber gelernt. Eines Winters zeigte
mir der Hubschrauberpilot, dass man einen Schneeball formen und ihn
durch die rotierenden Rotoren werfen konnte, ohne dass er aufgrund des
Tragflügel-Effekts die Rotoren traf. Dieser Trick war faszinierend. Wir
fingen die Schneebälle auf, wenn sie zwischen den Rotoren herunterfielen.

Als ich in Selawik arbeitete, ging ich mit einem Außenbordboot angeln. Ich traf einen super netten älteren Herrn, der schon in Rente war.
Keine Ahnung, was er so weit im Norden machte, aber er hatte ein Haus-
boot, und ich folgte ihm über den ganzen Selawik-See, um Fische zu fangen. Unser Ziel war es, einen großen Hecht zu fangen. Zu meiner Überraschung war sein eigentliches Ziel, einen zu essen, weil er wissen wollte, wie
er schmeckt. Igitt, dachte ich, wie eklig. Später an diesem Tag briet er einen
Hecht, den er gefangen hatte, der für mich nicht besonders appetitlich
aussah. Das Fleisch sah matschig aus und hatte eine gelbliche Färbung. Außerdem war es voller kleiner Gräten. Danke, aber nein danke. Ich wollte
diesen Fisch nicht essen. Auf keinen Fall. Wenn ich hungrig gewesen wäre,
hätte ich es vielleicht getan, aber glaub mir, an diesem Tag war ich nicht
hungrig genug.

Der Wind war völlig ruhig und der See lag flach da. Allerdings regnete es in Strömen und die Mücken waren brutal, selbst mitten auf dem See während eines Regengusses. Es gab kein Entkommen. Irgendwie schaffen sie es, auch bei starkem Regen zu fliegen. Mücken sind bei Regen besonders nervig, weil jedes Mal, wenn man Mückenspray aufträgt, der Regen es vom Körper abwäscht. Dann hat man keinen Schutz mehr und sie greifen mit aller Macht an. Sie können nicht nur bei strömendem Regen fliegen, sondern jagen einen auch um kleine und große Seen herum. Mit einer Länge von 31 Meilen und einer Breite von etwa sechs bis acht Meilen ist der Selawik-See der drittgrößte See in Alaska.

Ich habe gehört, dass Mücken Menschen töten, und ich glaube das. Sie sind die Vampire des Nordens. Von diesen kleinen Insekten angegriffen zu werden, kann dazu führen, dass man den Verstand verliert, in Seen rennt und ertrinkt. Egal, wohin man geht, sie finden einen. Beim Angeln warf ich ein paar Mal meine Angel aus, und irgendwie fanden sie mich und griffen mich sofort an. Ich bin dann schnell zum Motor gelaufen, habe ihn gestartet und bin so schnell wie möglich zu einer anderen Stelle am See gefahren, habe zwei oder drei Mal ausgeworfen, nur um wieder angegriffen zu werden; dann bin ich so schnell wie möglich zu einer anderen Stelle gefahren, um dort zu angeln. Das habe ich den ganzen Tag lang gemacht. Was für hartnäckige Jäger! Ich fragte mich, wie diese kleinen Mistviecher so weit vom Ufer wegkommen konnten. Waren sie nicht zu müde, um Blut zu saugen? Die Natur ist erstaunlich, und zu lernen, in den abgelegenen Gebieten Alaskas zu überleben, war eine wertvolle Lektion.

Und Mann, waren wir abgelegen! Ein Großteil von Alaska ist nur mit dem Flugzeug erreichbar, weil es kein Straßennetz gibt. Ich ging oft zum Fluss und lauschte dem Geräusch des Motors meines Stiefvaters. Ich kannte seine weiß-grüne Cessna 185 gut, weil er das Flugzeug gekauft hatte, als wir nach Alaska gezogen waren. Normalerweise klingen 185er in der Luft alle ziemlich gleich, aber aus irgendeinem Grund hatte sein Flugzeug einen einzigartigen, quietschenden Klang. Niemand konnte uns sagen, warum sein Motor so unverwechselbar klang, aber mein Onkel und ich konnten es immer als sein Flugzeug identifizieren, selbst wenn es außer Sichtweite war.

Er hatte das erste Wasserflugzeug nördlich des Polarkreises, weil er es für seine Arbeit brauchte. 185er können mit Rädern, Skiern oder Schwimmern ausgestattet werden und haben einen 300-PS-Motor. Beim Start durchbrechen die Propellerspitzen die Schallmauer und erzeugen ein unverwechselbares, durchdringendes Dröhnen, das man unmöglich verwechseln kann.

Als wir nach Alaska zogen, benutzte er dasselbe Wasserflugzeug vom Typ 185, um Baumaterialien für eine Hütte zu transportieren, die wir am Trapper Lake, etwa 30 Minuten nördlich von Anchorage, bauten. Wir haben viele verschiedene Arten von Baumaterialien und -zubehör in das Flugzeug geladen, von 2x6-Balken, Nägeln und Dämmstoffen bis hin zu fast allem, was man zum Bau eines Hauses braucht, außer Sperrholz und dem Boot. Wegen der Größe musste er ein größeres Flugzeug, ein sogenanntes Beaver, mieten und diese Gegenstände außen an den Schwimmern festschnallen.

Wir starteten vom Spenard Lake in Anchorage, flogen etwa 30 Minuten lang nach Norden und landeten auf dem See in der Nähe der Hütte. Wir flogen den ganzen Tag hin und her und luden die Materialien an Land. Dann trug ich die Materialien eine fünf Meter hohe Steilwand hinauf zum Standort der Hütte. Es war eine tolle Zeit, weil ich so Zeit mit meinem Stiefvater verbringen und etwas über die Luftfahrt lernen konnte.

Er war nicht der Einzige, mit dem ich geflogen bin. Ein freundlicher, kräftiger Mann mit rundem Gesicht namens Jimmy arbeitete als Pilot für meinen Stiefvater, der kürzlich eine Cessna 207 gekauft hatte, um seine Crews, Vorräte und Baumaterialien in die Dörfer zu fliegen. Flugzeuge waren ein wichtiges Werkzeug für sein Geschäft, aber auch eine teure und riskante Angelegenheit, vor allem in der rauen Landschaft des ländlichen Alaska.

Jimmy hatte in Vietnam Hubschrauber geflogen und hatte eine Instrumentenflugberechtigung, die schwer zu bekommen war. Er erzählte mir Geschichten vom Fliegen um die großen Pyramiden in Ägypten. Wie cool ist das denn! Mein Stiefvater hatte aber Bedenken, ihn einzustellen. So talentiert Jimmy auch war und obwohl er mehrere begehrte Flugberechtigungen hatte, war er besorgt, dass Jimmy zu viele unbeabsichtigte Risiken eingehen und die Flugzeuge überlasten könnte, was zu höheren Wartungs- und Ersatzkosten führen könnte, ganz zu schweigen vom Risiko für Menschenleben. Ich glaube, dass er nach einer langen Diskussion von Jimmy die Zusicherung erhielt, dass er keine Risiken eingehen und die Konstruktionsgrenzen der Flugzeuge nicht überschreiten würde.

In meinem zweiten Sommer, in dem ich im Busch arbeitete, war ich in Kotzebue stationiert. Zu meinem Glück flog Jimmy von Kotzebue aus und lieferte Baumaterialien für das neue Wohnungsbauprojekt in mehreren Dörfern auf kurzen Strecken. Nach meinem langen Arbeitstag ging ich zum Verkehrsflughafen, traf mich mit ihm und half ihm beim Beladen des Flugzeugs. Wenn ich Glück hatte, durfte ich mit ihm fliegen. Meistens hatte ich Glück.

Auf dieser Reise hatten wir die Aufgabe, Fundamentmaterialien und -zubehör zu liefern. Wir luden schwere, druckimprägnierte Fundamentbretter mit einer Dicke von drei Zoll, einer Breite von acht Zoll und einer Länge von vier Fuß. Wir hatten 50-Penny-Nägel und ein paar Dachschrauben dabei. Das Flugzeug hatte zusätzlichen Laderaum vor der 207, hinter der Motorhaube. Das Flugzeug ist für sieben Sitze ausgelegt, aber wir haben die Sitze außer denen für den Piloten und den Copiloten rausgenommen, um Platz für die Materialien im Flugzeug zu schaffen, genau wie bei der 185.

Nachdem der Hauptteil des Flugzeugs verladen war, bemerkte ich, dass das Heck auf dem Boden auflag und das vordere Lenkrad in der Luft hing. Es war kaum genug Platz für uns, um ins Flugzeug zu steigen. Ich dachte, dass *wir wohl aus dem Gleichgewicht geraten waren, da 207er über ein Dreiradfahrwerk verfügen, zwei Räder für die Haupträder und eines für die Lenkung. Ich schätze, wir werden das Flugzeug nicht zur Landebahn lenken können.*

Ich fragte den Piloten, ob das Flugzeug es schaffen würde. Piloten sind dafür verantwortlich, dass Fracht und Passagiere korrekt geladen werden. Das Flugzeug darf die vom Hersteller empfohlenen Gewichts- und Gleichgewichtsanforderungen nicht überschreiten. Eine Überschreitung dieser Anforderungen kann dazu führen, dass sich das Flugzeug während des Fluges unberechenbar verhält, was zu einem Absturz führen könnte.

„Keine Sorge", sagte er. „Wir müssen noch das vordere Fach beladen." *Okay, das leuchtete mir ein.*

Wir haben vorne viel zusätzliches Gewicht hinzugefügt, aber das Vorderrad ging nicht runter. Ich fragte mich, ob wir immer noch aus dem Gleichgewicht und überladen waren. Vielleicht würde die Nase nach unten gehen und das Steuerrad den Boden berühren, wenn wir beide im Flugzeug wären. Immerhin war der Pilot ein schwerer Mann. *Würden wir überladen sein, wenn wir beide eingestiegen wären,* fragte ich mich. *Flog er immer so?*

Selbst nachdem wir uns beide hingesetzt hatten, ging die Nase des Flugzeugs noch ein bisschen runter, aber das Vorderrad berührte den Boden nicht. Ich hörte ihn sagen: „Okay, Dave, bist du bereit? Sicherheitsgurte angelegt? Alles checken?" Er drehte den Schlüssel, um den Motor zu starten. Der Motor sprang an, und ich sah, wie sich die dreiflügeligen Propeller im Uhrzeigersinn drehten. Als der Motor im Leerlauf lief, ging das vordere Bugrad des Flugzeugs endlich runter und berührte den Asphalt. Ich war zu Recht nervös, weil ich dachte, dass das Flugzeug aus dem Gleichgewicht geraten war und die zulässige Gesamtmasse überschritten hatte. Das erinnerte mich an eine ähnliche Situation, die mich vor ein paar Jahren ziemlich erschreckt hatte.

Auf einem unserer Flüge mit derselben Cessna 185, bei dem wir Vorräte zu unserer Hütte transportierten, hatten das Gewicht und die Balance die Vorgaben des Herstellers überschritten. Wir hatten zu viel Gewicht im Heck des Flugzeugs, was zu Problemen bei der Landung führte. Wir hüpften mehrmals hart auf dem Wasser auf und ab, und mein Stiefvater hatte Mühe, das Flugzeug unter Kontrolle zu halten. Zum Glück konnte er das Flugzeug ohne Zwischenfälle landen. Wäre jemand mit weniger Erfahrung am Steuer gewesen, hätte das tödlich enden können.

Ich hoffe, alles ist in Ordnung, dachte ich.

Jimmy begann mit seiner Vorflugkontrolle. Die Motoranzeigen waren von seinem vorherigen Flug bereits im grünen Bereich. Er ließ mich zur asphaltierten Startbahn rollen; die Sonne stand noch über dem Horizont. Oh, was für ein schöner Anblick! Bei klarem Himmel und ruhigem Wind sollte es ein ruhiger Flug werden. Nach der Startfreigabe drückte er den Gashebel in Richtung Brandschott, und der Motor sprang an, während das Flugzeug auf etwa 70 Meilen pro Stunde beschleunigte. Er zog das Steuerhorn sanft zurück, und das Flugzeug hob vom Boden ab und stieg in die Luft.

Die 207 war ein laufruhiges und relativ leises Flugzeug, selbst für einen Kolbenmotor. Der dreiflügelige Propeller reduzierte die Geräusche und Vibrationen des Motors. Ich mochte dieses Flugzeug, weil es einen Turbomotor hatte, der ihm mehr Leistung verlieh. Außerdem hatte es elektrische Klappen und Trimm-Systeme. Es war ein ausgezeichnetes Flugzeug.

Von unserem Aussichtspunkt in der Luft aus konnte ich Flüsse, Seen und Tundra sowie überwiegend flaches Land sehen. Ich erinnere mich, dass ein Teil der Landschaft wie ein Sumpf mit kleinen Büschen aussah. Gelegentlich sahen wir Elche mit großen Geweihen herumlaufen. Am liebsten habe ich natürlich Schwäne gesehen. Schwäne gehören zu den prächtigsten Geschöpfen auf Gottes grüner Erde. Ich habe es immer geliebt, über Seen zu fliegen und Schwäne beim Schwimmen zu beobachten. Diese großartigen Vögel verleihen der Weite Alaskas eine besondere Schönheit.

Schwäne sind dafür bekannt, dass sie sich ein Leben lang paaren. Normalerweise sieht man zwei Schwäne zusammen.

Es war ein ruhiger Flug. Ich lehnte mich einfach zurück und nahm alles in mich auf, während ich auf das grüne Gelände und die gewundenen Flüsse hinunterblickte. Es schien, als lägen die meisten der Millionen Seen des Bundesstaates nördlich des Polarkreises. Wir sahen einen See nach dem anderen. Als ich auf die Seen und Flüsse hinunterblickte, konnte ich sehen, wie sich die Sonne hell auf dem Wasser spiegelte. Was für ein Anblick! Manchmal kam mir die Landschaft nicht real vor, sondern eher wie ein Gemälde. Andererseits kann Schönheit trügen. Ich hörte meinen Großvater in meinem Kopf sagen: „Ein Land ohne Gnade." Man muss hart sein, um in der Weite der Natur dieses Bundesstaates zu überleben.

Als ich mich zur rechten Seite des Flugzeugfensters drehte, konnte ich die Vogelschwärme sehen, die nach Süden zogen. Was für ein Anblick! Es schien, als würden Tausende von Vögeln fliegen. Das sind die Schlauen. Menschen können viel von Vögeln und Tieren im Allgemeinen lernen, wenn wir uns die Zeit nehmen, sie genau zu beobachten. Sie ziehen in Richtung Wärme. *Oh, die Glücklichen*, dachte ich. *Sie kommen im Sommer in den Norden, um das gute Leben zu genießen, und fliegen im Winter nach Süden, um ein anderes gutes Leben zu führen.*

Manchmal, wenn wir Glück hatten, sahen wir prächtige, blonde Grizzlybären. Von oben sieht man, wie sich ihr Fell wie hohes Gras im Wind wellt und ihre Muskeln bei jedem Schritt spielen. Mann! Die sind riesig. Groß und kräftig, können sie kurzzeitig bis zu 49 Meilen pro Stunde laufen. Sie können problemlos auf trockener oder sumpfiger Tundra laufen oder schwimmen; sie sind ein beeindruckender Anblick. Man sagt, dass ein Bär auf der Suche nach Nahrung bis zu 20 bis 40 Meilen pro Tag laufen kann.

Ein indianischer Freund von uns hat mir mal erzählt, dass Bären Linkshänder sind. Wenn sie also nach dir schlagen, solltest du versuchen, dich mit ihnen zu rollen, dann überlebst du vielleicht. Ich weiß nicht, ob sie Linkshänder sind, aber ich wollte mich nie mit einem Bären anlegen, um das herauszufinden.

Der Pilot hat meine Tagträumereien über Bären unterbrochen. „Hey Dave, wir nähern uns dem ersten Dorf. Mach dich bereit, gib mir zehn Grad Klappen."

Dieser nette Mann ließ mich das Flugzeug zu unserem Ziel fliegen und gab mir Anweisungen, wie weit ich die Klappen für den Sinkflug ausfahren sollte. Klappen an einem Flugzeug verändern die aerodynamische Form der Tragflächen. Sie werden je nach den Anforderungen des Piloten an die Flugleistung nach oben oder unten bewegt. Wir nutzten die Klappen wie eine Luftbremse, um das Flugzeug für die Landung abzubremsen.

„Zehn Grad Klappen", sagte er erneut.

Gleichzeitig zog er den Gashebel zurück, und ich spürte, wie das Flugzeug langsamer wurde. Als ich geradeaus schaute, kam die Landebahn schnell in Sicht. An der Seite sah ich, dass viele neue Häuser gebaut wurden.

Es sah so aus, als kämen sie gut voran.

Cool, dachte ich. *Dieses Dorf habe ich noch nie gesehen.*

„Mehr Klappen", wies der Pilot an.

Während ich den elektrischen Klappenhebel auf die zweite Stufe drückte, verlangsamte er das Flugzeug und reduzierte die Leistung leicht.

„Kurzer Endanflug", sagte der Pilot.

Kurz vor der Landung zog er die Nase nach oben und flog das Flugzeug zur Landung aus. Es gab ein leichtes Quietschen, und die Haupträder berührten die Schotterpiste. Das Flugzeug sprang nicht. Zu meiner Erleichterung gelang ihm eine sanfte, sichere Landung.

Nachdem der Motor aus war, sind wir sofort aus dem Flugzeug gesprungen, und die Nase des Flugzeugs hob sich, wobei das Vorderrad hoch über dem Boden schwebte. Der Pilot öffnete die vordere Ladetür, holte ein paar Kisten mit Dachschrauben raus und lud einige Fundamentplatten aus dem hinteren Teil des Flugzeugs aus. Zu meiner Erleichterung senkte sich das Vorderrad und berührte die Landebahn. Ich war total begeistert, dass wir das Gewicht reduziert hatten und das Flugzeug wieder im Gleichgewicht war. Dadurch verschwand meine Nervosität und ich freute mich darauf, zum nächsten Dorf zu fliegen.

„Okay, los geht's", sagte der Pilot.

„Wohin fliegen wir?", fragte ich.

„Nach Kivalina."

„Oh, dieses Dorf liegt am Meer", sagte ich.

„Ja. Warte, bis du die Landebahn siehst. Die ist ziemlich cool", meinte der Pilot.

„Bereit zum Abheben?"

Nachdem er das Flugzeug auf der Schotterpiste ausgerichtet hatte, drückte der Pilot den Gashebel bis zum Anschlag durch. Ich sah, wie die Drehzahlanzeige stieg. Der Motor brüllte laut auf. Wir rollten los und beschleunigten auf Startgeschwindigkeit.

Kiespisten verursachen tendenziell mehr Widerstand an den Rädern des Flugzeugs, was die für den Start erforderliche Strecke verlängern kann. Obwohl unsere Landebahn aus Kies bestand, war das Flugzeug jetzt leichter, und wir waren viel schneller in der Luft und benötigten weniger Landebahn als am Flughafen von Kotzebue. Ich bemerkte, dass der Pilot den Motor viel länger mit voller Leistung laufen ließ als mein Stiefvater. Jeder Pilot hat seinen eigenen Flugstil. Mein Stiefvater gab Vollgas und reduzierte die Leistung innerhalb von Sekunden nach dem Start, bis die Zeiger im grünen Bereich waren. Ich fragte ihn, warum er die Leistung so zurücknahm. Seine Antwort war kurz und bündig. Er sagte, um den Motor zu schonen, dessen Reparatur oder Austausch teuer ist. Einige Piloten ziehen es jedoch vor, die Propellerleistung beizubehalten, um so schnell wie möglich an Höhe zu gewinnen, bevor sie die Leistung reduzieren. Daran ist natürlich nichts auszusetzen. Es ist clever, das Flugzeug so hoch wie möglich zu bringen, bevor man die Leistung reduziert, aber das bedeutet auch mehr Verschleiß für den Motor.

Das Fliegen in Alaska ist von Natur aus gefährlich, aber das Fliegen nördlich des Polarkreises, besonders zu dieser Zeit, birgt noch größere Risiken. Piloten müssen weite Strecken durch Tundra, über Seen, Flüsse, Sümpfe, durch dichte Wälder und über zerklüftete Berge navigieren, oft bei extremen Wetterbedingungen und weit entfernt von jeglicher Zivilisation. Wenn das Flugzeug technische Probleme hat, kann es extrem schwierig sein, einen sicheren Landeplatz zu finden. Und wenn man den Absturz überlebt, ist man mit neuen Gefahren konfrontiert: Dehydrierung, Verletzungen, Hunger, wilde Tiere (einschließlich unerbittlicher Mücken) und unerbittliches Wetter, um nur einige zu nennen.

Ich habe gehört, dass die Versicherungsgesellschaft meinem Stiefvater gesagt hat, dass er aufgrund der vielen Flugstunden und Kilometer, die er nördlich des Polarkreises zurückgelegt hat, statistisch gesehen eigentlich tot sein müsste. Ich war erschüttert und traurig zu hören, dass er auf geliehener Zeit lebte. Ich hatte bereits einen Vater verloren, und nun würde ich vielleicht einen weiteren verlieren. Hinzu kam, dass ich kürzlich Zeugin geworden war, wie er eine blutüberströmte Frau gerettet hatte, indem er sie nach Kotzebue flog. Mein Stiefvater war mein Held, den ich sehr bewunderte und liebte. Ich sprach nie mit ihm oder anderen über das, was ich gehört hatte, aber ich trug meine Sorge um seine Sicherheit jahrzehntelang tief in meinem Herzen.

Da wusste ich, dass ich niemals Berufspilot werden würde. Auf keinen Fall! Niemals. Ich lernte fleißig und arbeitete hart, um meine Privatpilotenlizenz zu bekommen, noch bevor ich meinen Führerschein machte. Mit fünfzehn flog ich im Frühling zum ersten Mal alleine, bevor ich in den Busch ging, aber ich hätte niemals als Berufspilot gearbeitet.

Ich war nicht begeistert davon, bei schlechtem Wetter zu fliegen, aber ich liebte es, an ruhigen, sonnigen Tagen und nachts zu fliegen. Ich fand es immer so friedlich und faszinierend, wie schön die Welt aus der Luft aussieht, und diese Reise war keine Ausnahme. Als wir die Reiseflughöhe erreicht hatten, drosselte der Pilot endlich die Leistung, und das Flugzeug flog wie ein Traum.

Als wir uns der Küste näherten, konnte ich die weiten Kiesstrände der Arktis sehen. Die Wellen schlugen gegen die Bäume am Ufer, und überall lagen Äste verstreut. So wie es aussah, war eine Landung am Strand selbst aus dieser Höhe nicht ratsam. Piloten landen zwar an Stränden, aber wir saßen in einem Dreiräderflugzeug, das im Gegensatz zum Flugzeug meines Stiefvaters für relativ gute Landebahnen ausgelegt war. Obwohl sein 185er mit Schwimmern ausgestattet war, konnte es leicht in ein Spornradflugzeug umgebaut werden, indem man die Schwimmer entfernte und Räder montierte. Diese haben ein robusteres Fahrwerk und halten harten Landungen besser stand. Wenn der Motor ausfallen würde und wir gezwungen wären, auf dem Strand zu landen, könnte das Fahrwerk durch den Aufprall zusammenbrechen, was unsere Überlebenschancen erheblich verringern würde.

„Wir nähern uns Kivalina", sagte der Pilot.

Kivalina ist ein kleines Dorf an der Küste. Im Winter muss es dort ziemlich kalt sein, aber es war ein hübsches Dorf mit netten, herzlichen und freundlichen Menschen, die von der Landwirtschaft leben. Eine noble Lebensweise. Wenn du mich fragst, sind alle Ureinwohner und Nicht-Ureinwohner, die von der Landwirtschaft leben, edel. Denk mal kurz darüber nach. Sie leben in kleinen, abgelegenen Dörfern, die nicht durch Straßen mit anderen Dörfern verbunden sind, und die einzige Möglichkeit, sie zu erreichen, ist auf dem Luftweg. Man könnte sich zwar eine Schneemaschine, ein Boot oder einen Hundeschlitten zulegen, aber man ist trotzdem mitten im Nirgendwo.

In vielen Dörfern gibt es keine Lebensmittelgeschäfte oder medizinische Einrichtungen. Zwar gibt es in einigen Dörfern medizinische Kliniken, aber das sind keine Krankenhäuser. Die Menschen sind dem Risiko medizinischer Notfälle ausgesetzt, und wenn sie nicht angemessen versorgt werden können, können sie sterben.

Diese Dörfer haben Diesel- oder Gasgeneratoren benutzt, um Strom zu machen. Was passiert, wenn ihnen der Treibstoff ausgeht? Man kann nicht einfach in den Truck springen und neuen Treibstoff holen. Wie sieht's mit Wasser und Abwasser aus? Damals hatten viele Dörfer kein fließendes Wasser und keine Inneninstallationen. Ich habe gesehen, wie Leute 5-Gallonen-Eimer mit Wasser vom Flussufer zu ihren Häusern getragen haben. Im Winter haben sie ein Loch ins Eis geschnitten, ihre Eimer hineingetaucht, um sie zu füllen, und dann das Wasser zurück zu ihren Häusern getragen. Man muss bedenken, dass die Temperaturen auf bis zu -50 Grad Celsius fallen können und es in der Arktis über lange Zeiträume dunkel bleibt. Ich habe mitten im Winter auch schon meinen Teil an Wassereimern getragen, aber darauf komme ich später noch zurück.

Es wurden Satellitentelefone benutzt, aber die waren nicht immer zuverlässig. Handys gab's damals noch nicht. Es war echt schwierig, wenn jemand verletzt war und keine Hilfe rufen konnte. Ich kann gar nicht genug betonen, wie abgelegen diese Dörfer sind. Deshalb hab ich so großen Respekt und Bewunderung für diese Leute.

Ein paar Minuten später sah ich beim Blick auf die Küste etwas, das wie ein totes, kopfloses Walross aussah.

„Hey, was ist mit dem Kopf passiert?", rief ich.

Der Pilot erklärte mir, dass es normalerweise so ist, dass jemand den Kopf genommen hat, um die Elfenbeinstoßzähne zu verkaufen, wenn ein Walrosskadaver an Land gespült wird. Walrossstoßzähne sind sehr wertvoll und bringen viel Geld ein. Was für ein riesiges Tier! Ich würde mich nicht gerne mit einem dieser großen Tiere anlegen.

„Wir nähern uns Kivalina", sagte der Pilot erneut. „Bitte gib mir zehn Grad Klappen."

Oh Mann! Mein Herz begann schneller zu schlagen. Ich fand es toll. Etwas so Einfaches wie das Drücken des Knopfes für zehn Grad Klappen zu tun, gab mir das Gefühl, wichtig zu sein. Es klingt albern, aber ich glaube, als Kind fühlt es sich bedeutungsvoll an, wenn man gebeten wird, kleine Dinge zu tun.

„Hey, was ist das?", fragte ich. „Was für eine Landebahn ist das?"

Die Oberfläche hatte etwas Besonderes. Sie sah aus wie eine normale Landebahn, hatte aber eine seltsame Struktur. Die Landebahn hatte mehrere kleine Löcher.

„Das wollte ich dir gerade sagen", meinte er. „Es ist eine Metall-Landebahn. Eine gute Landebahn, echt gut. Das Militär hat weltweit viele Metall-Landebahnen gebaut, weil das Material hart genug zum Landen ist und es günstig, effizient und einfach zu installieren ist", erklärte der Pilot.

Wow! dachte ich. *Ich habe noch nie eine Metall-Landebahn gesehen, geschweige denn auf einer gelandet. Das wird cool.*

Der Pilot zog den Gashebel zurück.

„Gib mir volle Klappen", sagte er.

Wir waren ungefähr 200 Fuß über dem Boden und sanken sanft. Ich streckte mich, drückte den elektrischen Klappengriff nach unten und lächelte den Piloten an, um ihm zu zeigen, dass ich ihm zum richtigen Zeitpunkt volle Klappen gegeben hatte – eine kleine Aufgabe, aber eine, die wichtig war. Als ich mich umsah, konnte ich die Wellen des Ozeans an der Küste brechen sehen. Ich war aufgeregt, als ich sah, wie die Felsen und Baumstämme immer größer wurden.

Ein leichter Ruck, und schon waren wir gelandet. Die Landebahn fühlte sich etwas holprig an, war aber insgesamt eine ebene Fläche. Man musste vorsichtig sein, um nicht über das Ende oder an den Rand der Landebahn hinauszurollen. Stell dir vor, du bist Pilot und bleibst beim Start oder bei der Landung im Schlamm oder Sand stecken. Ich bin mir sicher, dass das schon jemandem passiert ist.

Nachdem wir das Flugzeug abgeschaltet hatten, sprangen wir heraus. Das Entladen eines Flugzeugs schien immer einfacher zu sein als das Beladen, obwohl die Holzstämme genauso schwer waren. Wir ließen das Material am Rand der Landebahn liegen, und ich sah niemanden in der Nähe.

Beim Entladen des Flugzeugs begann ich zu schwitzen. Als wir fertig waren, ging der Pilot für ein paar Minuten ins Dorf, und ich setzte mich auf die Pilotenseite der Haupträder. Plötzlich wurde mir kalt. Mann! Der Winter kommt! Die Jahreszeiten wechselten so schnell. Ich kann meinen Großvater sagen hören: „Wenn dir das Wetter nicht gefällt, warte fünf Minuten." Oh Mann! Wie recht er doch hatte! Die Minuten vergingen, und ich sah, wie der Pilot zum Flugzeug ging, also stand ich auf, öffnete die Tür, setzte mich auf den Copilotensitz und schnallte mich schnell mit dem Sicherheitsgurt fest an.

Als sich der Pilot bereit machte, sah ich aus dem Augenwinkel einen wunderschönen roten Fuchs, der am Ende der Landebahn in die Tundra rannte. Wie süß diese lustigen kleinen Tiere sind! Sie gehören zu meinen Lieblingsvierbeinern, ein echtes Geschenk Gottes. Es ist aufregend, diese Tiere in ihrer natürlichen Umgebung zu sehen, unberührt und wild.

Crank! Crank, der Motor brüllte, und der Pilot und ich beobachteten, wie die Anzeigen ins Grüne kletterten. Als alles grün war, manövrierte der Pilot das Flugzeug und richtete es für den Start aus. Ich liebe es, alle Anzeigen zu beobachten.

„Zehn Grad Klappen. Bist du bereit?", fragte der Pilot.

Ich betätigte die Klappen, und der Motor brüllte erneut. Diesmal ging der Start viel schneller. Durch das Entfernen der Fracht aus dem Flugzeug und den Verbrauch vieler Liter Treibstoff lief das Flugzeug viel besser. Innerhalb von Sekunden waren wir in der Luft.

„Klappen hoch!", sagte der Pilot.

Ich bemerkte, dass er die Leistung schneller zurücknahm. Er war ein guter Pilot und wusste, was er tat. Kotzebue, wir kommen!

Als wir die Küste entlangflogen, sah ich dieselben Walrosse am Strand liegen. Ich war traurig, als ich wieder die Vogelwanderung beobachtete. *Wie glücklich sie doch waren.* Ich wünschte, ich könnte mit ihnen reisen.

Das wäre die ultimative Freiheit. Ich fragte mich, wie ihr Leben wohl aussah. Natürlich wollte ich nicht die Ente oder Gans sein, die von einem Vogeljäger abgeschossen wurde.

Als wir nur noch wenige Minuten von Kotzebue entfernt waren, gerieten wir in starken Seitenwind und der Pilot flog das Flugzeug quer zum Wind.

Das ist ein Manöver, das Piloten machen, wenn der relative Wind das Flugzeug vom Kurs abbringt. Indem das Flugzeug in den Wind gedreht wird, fliegt es seitwärts, während es seinem Ziel entgegenfliegt.

„Bitte zehn Grad Klappen", sagte der Pilot.

Oh ja! Wir sind da, wir haben es nach Kotzebue geschafft. Als wir uns näherten, konnte ich die Landebahn direkt vor uns sehen.

„Zehn Grad Klappen", sagte ich.

Innerhalb weniger Minuten landeten wir. Diesmal griff der Pilot hinüber und klappte den Klappenhebel hoch. Als wir uns langsam dem Abstellplatz näherten, konnte ich sehen, wie die anderen Flugzeuge wackelten, obwohl sie festgebunden waren. Die starken geflochtenen Nylonseile hielten, aber ich konnte sehen, dass sie sich dehnten. Obwohl die Flugzeuge festgebunden waren, sahen sie aus, als wollten sie fliegen. Warum? Es war seltsam und ich verstand es nicht.

Endlich kamen wir am Abstellplatz an, und der Pilot stellte den Motor ab. Schnell sprang er aus dem Flugzeug und fing an, den Flügel auf seiner Seite festzubinden. Ich fing sofort an, den Flügel auf meiner Seite festzubinden. Er musste mir nicht zeigen, wie man den Flügel eines Flugzeugs sichert, weil ich schon viel Erfahrung damit hatte. Nachdem ich meine Seite festgebunden hatte, ging ich um das Flugzeug herum zum Heck. Der Pilot war schneller als ich und band gerade das Heck des Flugzeugs fest.

„Hey, warum verhalten sich Flugzeuge so, als würden sie fliegen, wenn sie am Boden festgebunden sind?"

„Wenn Wind über die Vorderkante eines Flügels weht, kann dies je nach Geschwindigkeit der Luft einen Auftrieb verursachen", erklärte er mir. „Ein Flugzeug kann beispielsweise mit einer Geschwindigkeit von 40 Meilen pro Stunde starten. Wenn der Wind mit einer Geschwindigkeit von 40 Meilen pro Stunde über die Vorderkante eines Flügels weht, erzeugt dies einen Auftrieb am Flügel.“

„Das ist alles?“, fragte ich.

„Ja, das ist alles“, sagte der Pilot. „Es klingt so einfach, weißt du? In Anchorage habe ich schon einige heftige Stürme erlebt, bei denen Bäume umgeworfen, Dächer abgedeckt und Flugzeuge umgeworfen wurden, selbst wenn sie festgebunden waren.“ Jetzt wusste ich warum.

KAPITEL 7

Schüsse

Der Polizist holte eine Decke und legte sie über mich. Ich konnte mich immer noch nicht bewegen. Als ich hörte, wie das Metall abgeschert wurde, und sah, wie die Fahrerkabine vom Lkw abgetrennt wurde, war ich erleichtert. Ich wusste, dass sie bald das Lenkrad von meiner Brust entfernen würden.

Aus dem Augenwinkel sah ich einen Mann mit einem Feuerwehrhelm auf mich zukommen. Ich würde aus diesem verbogenen Haufen befreit werden!

„Okay, wir holen dich hier raus", sagte der Feuerwehrmann.

„Ihr müsst dieses Lenkrad von mir wegbekommen", antwortete ich. „Ich kann nicht atmen."

Mit meinem linken Auge konnte ich sehen, wie er an der Tür arbeitete. Was sollte das bringen? Angesichts der Umstände war das eine seltsame Frage, zumal ich starke Schmerzen hatte, frierte und müde war. Ich war bereits seit weit über einer Stunde in diesem Lkw gefangen. Das ist eine sehr lange Zeit, um an einem Ort festzusitzen und um sein Leben zu kämpfen.

KOTZEBUE LIEGT 26 Meilen nördlich des Polarkreises und 549 Meilen nordwestlich von Anchorage auf einer schmalen Kiesbank, die ungefähr drei Meilen lang und etwas mehr als eine halbe Meile breit ist. Das Land ist baumlos und nur mit kleinen Sträuchern bewachsen. Das Klima ist rau und unerbittlich, mit Temperaturen, die mehr als zwei Drittel des Jahres unter dem Gefrierpunkt liegen. Die jährliche Niederschlagsmenge ist gering und beträgt durchschnittlich etwa neun Zoll, während die Schneemenge etwa vierzig Zoll erreicht. Für eine kurze Zeit von Anfang Juli bis Anfang Oktober ist der Kotzebue Sound eisfrei. Selbst im Sommer geht die Durchschnittstemperatur selten über 60 Grad, weil ständig kalte Winde von der Tschuktschensee wehen. Im Mai, Juni und Juli geht die Sonne kaum unter, was das Schlafen schwierig macht. Umgekehrt geht die Sonne am 21. Dezember kaum auf und sorgt nur für eine Stunde und einundvierzig Minuten Tageslicht.

Ich habe mich immer wieder gefragt, wie sich die Iñupiat-Eskimos an diese unerbittliche Umgebung angepasst haben. Sie leben hier seit etwa sechs Jahrhunderten. Russische Entdecker waren die ersten Außenstehenden, die hierher kamen und mit Robbenöl, Fellen und Pelzen handelten. Schließlich folgten Walfänger und Goldsucher. Im Laufe der Zeit wurde Kotzebue zu einem wichtigen Knotenpunkt, der den Seetransport, den Flussverkehr im Landesinneren und den Luftverkehr für die gesamte nordwestliche Arktisregion miteinander verband. Waren, Dienstleistungen und Treibstoff flossen über Kotzebue in kleinere umliegende Dörfer und nahegelegene Nationalparks wie Kobuk Valley, Noatak Preserve und die Bering Land Bridge. Aufgrund seiner strategischen Lage war es für meinen

Stiefvater sinnvoll, seine Projekte hier anzusiedeln, da er so nahegelegene Dörfer wie Kiana erreichen konnte, wo ich im vergangenen Sommer gearbeitet hatte.

Der Himmel war bewölkt, und es regnete ab und zu, während mein Cousin Sam und ich tief in einem großen Graben knietief in eisigem, schlammigem Wasser standen und Abwasser- und Wasserleitungen verlegten. Sam war in seinen Zwanzigern, groß, schlank und ernst – ein Mann, den ich respektierte. Wir trugen Watstiefel, damit das eiskalte Wasser nicht eindringen konnte. Während wir herumwateten, fragte ich mich unweigerlich, warum wir an solch gefährlichen, abgelegenen Orten arbeiten mussten. Ich vermisste das Gefühl der Vertrautheit und Sicherheit, das ich zu Hause hatte. Ich war fünfzehn, doch die Gewalt und Angst, die uns umgaben, hatten bereits tiefe Narben hinterlassen. Die schlimmsten Erlebnisse habe ich nie erzählt, nicht einmal meinen engen Freunden.

Die meisten meiner Klassenkameraden zu Hause waren noch nie im Busch gewesen. Sie konnten sich nicht vorstellen, was ich gesehen und durchgemacht hatte. Mit jeder Rückkehr wurde die Kluft zwischen uns größer. Ich schwieg und schluckte meine Verzweiflung herunter. Als der Sommer näher rückte, packte mich die Angst, weil ich wusste, dass ich wieder dorthin zurückkehren würde. Ich wusste nicht, ob ich eine weitere Saison überstehen würde. Jedes Mal, wenn wir zum Feld aufbrachen, fürchtete ich um mein Leben.

Der Graben, in dem Sam und ich standen, ragte hoch über uns empor. Eine Leiter war der einzige Ausweg. Der Bagger hatte sich durch den gefrorenen Boden gegraben. Schaufeln waren gegen den Permafrostboden nutzlos. Die Geschicklichkeit des Baggerfahrers beeindruckte mich, als er die Maschine präzise manövrierte. Obwohl ich wusste, dass Grabenarbeiten gefährlich sind, genoss ich es, zuzusehen, wie die Schaufel schwang, grub und sich elegant senkte. Laut der Arbeitsschutzbehörde Occupational Safety and Health Administration ist die Todesrate bei Aushubarbeiten um etwa 112 Prozent höher als bei allgemeinen Bauarbeiten.[4]

Der schmelzende Permafrostboden erhöhte die Gefahr zusätzlich. Das Sonnenlicht verwandelte den festen Boden in Matsch. Wir setzten ständig Sumpfpumpen ein, um die Löcher vor Überflutung zu schützen. Mehrmals zwangen uns Einstürze dazu, aus dem Graben zu klettern. Wir hatten mehrere Einstürze, die uns dazu zwangen, schnell aus dem Loch zu klettern. Nur ein Kubikmeter Schlamm kann mehr wiegen als ein Auto. Wenn er auf jemanden einstürzte, konnte dieser zerquetscht werden. Die Kälte machte die Situation nur noch schlimmer. Unterkühlung war eine ständige Gefahr.

Wir haben Urethan verwendet, um die Rohrverbindungen abzudichten und ein Einfrieren zu verhindern. Ich hatte gesehen, wie es als Isolierung auf Häuser gesprüht wurde, aber für diese Verbindungen haben wir die Chemikalien von Hand in einem Eimer gemischt. Der Schaum dehnte sich aus und härtete schnell aus. Sam sorgte dafür, dass jede Unze richtig aufgetragen wurde – ohne Verschwendung und ohne Abstriche.

Sobald die Isolierung ausgehärtet war, füllten wir den Graben wieder auf und schichteten vorsichtig Erde über die Rohre. Den ersten Teil machten wir von Hand, um Beschädigungen zu vermeiden, bevor der Bagger übernahm. Ich mochte das Auffüllen. Es bedeutete, dass die Arbeit fast erledigt war, und die körperliche Anstrengung lenkte mich von düsteren Gedanken ab.

An diesem Nachmittag gingen wir zu einem Haus in der Nähe, um eine Abwasserleitung zu reparieren, die Sam zuvor installiert hatte. Er warnte mich halb im Scherz vor der alten Frau, die dort wohnte. „Sie könnte auf uns schießen", sagte er. Ich lachte nervös. Ich hoffte, dass es nur ein Scherz war.

Wir kamen an und machten uns an die Arbeit. Der Graben hier war flach und trocken, eine Erleichterung nach dem Graben, aus dem wir gerade entkommen waren. Ich zog meine Watstiefel aus und holte Werkzeuge aus dem Lkw. Diese Arbeit schien machbar und könnte bis zum Ende des Tages erledigt sein.

Meine Stiefmutter arbeitete als Köchin in Kotzebue und sie war eine ausgezeichnete Köchin. Sie arbeitete sieben Tage die Woche von früh bis spät und legte sich dabei mächtig ins Zeug. Ihr Essen hob die Stimmung der Crew. Sie machte das Leben an diesem abgelegenen Ort erträglich.

In Kotzebue gab es eine Bar und überraschenderweise auch einen Dairy Queen, was man so weit im Norden nicht erwarten würde. Der Alkohol brachte seine eigenen Probleme mit sich. Trinken war weit verbreitet, und damit kam noch mehr Chaos.

„Hey, Dave, lass uns ein paar Rohre verlegen", sagte Sam.

„Okay", antwortete ich. Es tat gut, sich auf eine einfache Aufgabe zu konzentrieren. Ich blieb in Sams Nähe, was mir ein Gefühl der Sicherheit gab. Ich lief zwischen dem Lkw und dem Einsatzort hin und her, um Werkzeuge zu holen, wobei ich mich hauptsächlich auf meine bewährte Rundspitzschaufel verließ. Sie war die bessere Wahl für harten Boden.

Trotz der Kälte und der Schmerzen in meinen Händen und Füßen fand ich diese Arbeit seltsamerweise befriedigend. Das Schaufeln hielt mich beschäftigt. Es war eine der wenigen Möglichkeiten, meine Gedanken zum Schweigen zu bringen. Aber ich begann, meine ständigen Beschwerden zu bemerken. Vielleicht war ich schon immer so gewesen. Vielleicht waren die Bedingungen einfach so extrem.

Dann knackte es buchstäblich. Ein lautes Knacken. Zuerst ignorierte ich es. Vielleicht war es die Ausrüstung. Ich grub weiter, als ich Männer schreien und rennen hörte. Dann schrie Sam: „Dave, runter!"

Ich starrte ihn verwirrt an. Weitere Knackgeräusche. Sam schrie erneut, diesmal lauter, und sprintete auf mich zu. Er warf mich in den Graben und landete hart auf mir. Weitere Knackgeräusche, aber diesmal erkannte ich sie. Schüsse. Kugeln zischten mit einem hohen Pfeifen über uns hinweg. Ich hatte schon zuvor Schüsse gehört, aber noch nie Kugeln über meinen Kopf hinwegfliegen sehen, bis jetzt.

Sam bedeckte mich mit seinem Körper und schirmte mich ab. Ich konnte nicht atmen; sein Gewicht drückte mich in den Dreck. Die

Schüsse hörten nicht auf. Dann Stille. Endlich bewegte er sich, und ich setzte mich zitternd auf. Meine Gedanken drehten sich im Kreis. Bilder vom blutüberströmten Gesicht einer Frau und einem weinenden Kind kamen zurück. Flashbacks, denen ich nicht entkommen konnte. Sam hatte mich gerettet, aber das Trauma brannte sich in mein Gedächtnis ein.

Ich fühle mich schlecht, weil ich meiner Familie und seiner Familie nie erzählt habe, wie mutig er war, bereit, sein Leben zu riskieren, um meines zu retten. Und ich weiß nicht mehr, ob ich ihm vor seinem Tod richtig gedankt habe. Gott hab ihn selig.

Dieser Vorfall hat mich echt verfolgt. Ich konnte das Bild von der blutenden Frau und der verrückten alten Dame, die auf uns geschossen hat, einfach nicht loswerden. Die Flashbacks haben mich überallhin verfolgt: in der Schule, zu Hause, sogar in meiner Freizeit.

Im Unterricht wurde ich plötzlich von Gefühlen überwältigt. Ich rannte auf die Toilette und weinte in einer Kabine. Ich flüchtete mich in Fernsehsendungen und Filme, um den Visionen zu entkommen.

Die Erinnerungen waren lebhaft, dreidimensional und unerbittlich. Ich hatte niemanden, mit dem ich darüber reden konnte. Ich wurde immer isolierter und selbstbewusster. Meine Legasthenie machte alles noch schlimmer. Ich nannte sie „den Fluch". Sie belastete mein Leben zusätzlich und machte alles noch schwieriger.

Ich bin immer noch erstaunt, dass ich nie zu Drogen oder Alkohol gegriffen habe. Vielleicht hatte ich einfach zu viel Angst. Ich hatte gesehen, was sie Menschen antun können, und wollte dieses Leben nicht. Ich hatte schon genug Probleme.

In Gedanken sprach ich mit meinem leiblichen Vater. Warum ist alles so schwierig? Ich hatte das Gefühl, dass ihm sein Leben geraubt worden war. Ich hätte mein Leben gegeben, um ihn zurückzuholen.

Von klein auf wurde mir gesagt, dass man geben muss, um zu bekommen. Ich gab, aber was ich wirklich wollte, war Seelenfrieden; den habe ich nie bekommen. Jedes Kind hat es verdient, ohne Angst zu leben.

Als es endlich Zeit war, nach Hause zu gehen, war ich erleichtert. Die Highschool war zwar isoliert, aber ich fühlte mich dort sicher. Ich vermisste meine Stiefschwestern, nachdem sie gegangen waren. In meiner letzten Nacht in Kotzebue wälzte ich mich unruhig in meinem Schlafsack hin und her.

BOOM! Ein Schuss hallte. Ich rannte zum Fenster. Ein Mann lag zusammengesunken auf der Verandatreppe nebenan. Ein kleiner Junge stand neben ihm. Ich wandte mich ab und weinte. Warum ist das meine Realität?

Mein Magen drehte sich um. Ich fühlte mich, als würde ich innerlich sterben. Selbst die Freuden hier oben hatten einen bitteren Beigeschmack. Ich konnte nicht glauben, dass ein Teenager wie ich ein Magengeschwür bekommen konnte. Aber vielleicht sah so ein Trauma aus.

Obwohl ich katholisch erzogen worden war, ging ich damals wie heute selten in die Kirche, aber ich betete ständig allein und flehte für meine Familie, meinen Vater, meine Mutter, meinen Bruder und mich selbst. Ich wollte nur Frieden. Was ich bekam, war Stille von oben.

KAPITEL 8
Die Kraft der Überzeugung

Als ich aus meinem linken Auge schaute, sah ich, wie der Feuerwehrmann die Tür öffnete und versuchte, die Türscharniere abzuschneiden. Als er das obere Scharnier an der Fahrertür durchschnitten hatte, hörte ich das Geräusch des Benzinmotors der Schleifsäge und sah Funken aus dem Metallscharnier sprühen.

Oh! Cool! Jetzt können sie mich endlich hier rausholen.

Er arbeitete schnell und versuchte, die Tür abzuschneiden, während um uns herum bunte Lichter blitzten. Es ist erstaunlich, was man mit seinem peripheren Sehen alles sehen kann. Alle meine Sinne schienen gerade dann zum Einsatz zu kommen, als ich sie am dringendsten brauchte.

Einmal ein- und ausatmen war immer noch ein Kampf, den ich zu verlieren schien. Auch wenn ich nie das Gefühl hatte, wegzusinken, schien mir das Atmen immer schwerer zu fallen. Ich konnte sehen, wie er das erste Scharnier durchtrennte. Hurra! Als der Mann sich von der Tür entfernte,

*begann sie zu Boden zu fallen. Das untere Scharnier war noch am Lkw be-
festigt; die Tür übte einen Hebeleffekt auf den vorderen Teil des Lkws aus.
Das war genau der Hebeleffekt, den ich nicht brauchte. Als die Tür begann,
sich auf den Boden zu senken, drückte das Lenkrad mit großer Kraft gegen
mich und drückte sich tiefer in meine Brust. Meine Rippen und meine Lungen fühlten sich an, als würden sie explodieren. Das Atmen wurde noch
schwieriger.*

*„Ich kann nicht atmen. Nehmt das weg. Nehmt das weg", schrie ich.
„Ich kann unmöglich überleben. Keine Chance."*

DER WINTER WAR GEKOMMEN, zusammen mit meinem letzten Jahr an
der Highschool. Jetzt, als siebzehnjähriger Teenager, war ich immer noch
frustriert und total verängstigt, da ich mich weiterhin mit den quälenden
Visionen herumschlagen musste, die mich unerbittlich plagten, gepaart
mit einigen anderen tiefsitzenden persönlichen Problemen, die ich nicht
lösen konnte. Es würde ein sehr langer Winter werden, aber ich freute mich
darauf, im Sommer meinen Abschluss zu machen.

Die Winter sind kalt, selbst in Anchorage, aber nicht so kalt wie im
ländlichen Alaska. Es schneite und draußen war es dunkel. Das Wochenende stand vor der Tür und wie immer wollten meine Freunde und ich in
die Spielhalle gehen. Damals waren Heimvideospiele noch nicht so hoch-
wertig wie die Arcade-Spiele. Es war ein guter, unbeschwerter Spaß, und
ich hatte wunderbare Freunde.

Hey, ich will nicht behaupten, dass ich unschuldig war. Glaub mir, ich
habe meinen Teil dazu beigetragen, Ärger zu machen, du weißt schon,
Kindersachen. Manche Jungs richten in der Schule Chaos an. Ich habe
meinen Eltern mit meinen kindischen und unverantwortlichen Handlungen Kummer bereitet. Ich bedauere zutiefst und aufrichtig die Dinge, die

ich getan habe und die Anlass zur Sorge gegeben haben. Ich habe keine Ausreden und übernehme die volle Verantwortung für die Probleme, die ich ihnen bereitet habe.

Die Schulglocke läutete und läutete den Beginn des Wochenendes ein. Die Schüler stapften durch den Schnee, um zu den Schulbussen zu gelangen. *Ah! Ein Sitzplatz, super! Ich konnte es kaum erwarten, heute Abend in die Spielhalle zu gehen.*

Als ich auf dem kalten Bussitz in der Mitte saß, hatte ich eine lebhafte Erinnerung. Die Frau, die mit dem Ulu auf mich losging und Blut aus ihrem Kopf spritzte, die alte Frau, die auf uns schoss, und die Person, die nebenan erschossen wurde, lagen alle zusammen vor dem Gang neben dem Busfahrer. Es war, als wären sie so echt wie du und ich. Keine geisterhaften Bilder, sondern aus Fleisch und Blut. Ich konnte deutlich die Stöhnen und Hilferufe der Frau hören, das Blut aus ihrem Kopf spritzen sehen, das Gewicht meines Cousins spüren, der auf mich sprang, und den Mann sehen, der zusammengesunken war. Ich saß da und sah voller Entsetzen zu, wie Schüler in den Bus kamen, zwischen ihnen hindurchgingen und ausgelassen lachten. Ich weiß nicht, wie lange diese Halluzination anhielt, aber sie blieb noch eine Weile bestehen, nachdem der Busfahrer losgefahren war. Das war das erste Mal, dass ich wütend war, weil ich es satt hatte, diese Bilder zu sehen, obwohl ich wusste, dass sie nur in meinem Kopf existierten und nicht real waren. Und es machte mich wütend, dass ich niemanden hatte, mit dem ich darüber reden und um Hilfe bitten konnte.

Schließlich ließ die Wut nach, als der Bus an unserer Haltestelle hielt. Die harte Realität, im Dunkeln und in der Kälte zu laufen, machte mich schnell wieder nüchtern. Obwohl es dunkel war, konnte ich immer noch die wunderschönen schneebedeckten Berge sehen, was mir half, mich zu beruhigen. Diese Berge schienen ein Eigenleben zu haben. Markante und strahlende Gipfel ragten in den endlosen Himmel. Ich liebte es, diese Berge zu sehen. Sie schienen zeitlos zu sein. Sie existieren seit Tausenden oder vielleicht sogar Millionen von Jahren. Wenn sie sprechen könnten, was würden sie sagen? Ich wünschte, Berge und Bäume könnten sprechen. Ich würde gerne hören, was sie zu sagen haben. Ich würde gerne glauben, dass sie uns sagen würden: „Nimm es leicht, das Leben ist gut. Vergesst die schlechten Dinge, genießt, was ihr jetzt habt." Der Blick auf die Berge gab mir ein wenig Seelenfrieden und ein wenig Hoffnung. *Eines Tages werde ich diese Berge besteigen, um zu sehen, was dort oben ist. Ich weiß, dass ich nichts finden werde, aber sie zu besteigen wird mir große Befriedigung verschaffen.*

An diesem Abend ging ich mit meiner Freundin aus. Sie war ein guter Mensch, freundlich und großzügig. Obwohl ich sie das ganze Jahr über nicht oft gesehen habe, haben wir uns gut verstanden. Ich habe ihre Gesellschaft genossen und fand sie beruhigend. Ihre Eltern waren sehr nett zu mir. Sie waren eine gute, fleißige Familie. Ich habe und hatte immer großen Respekt vor ihnen.

Ihr Bruder und ich haben uns früher oft geärgert, wie es Jungs eben so machen. Ich glaube, das lag an der Konkurrenz, weil wir beide im selben Sportkurs waren. Wir haben ständig gegeneinander angetreten, um zu sehen, wer beim Hochsprung gewinnen kann. Irgendwann haben wir das Kriegsbeil begraben und sind Freunde geworden. Er war ein toller Typ.

Etwa eine Woche, nachdem wir ausgegangen waren, ist sie gestorben. Das war das letzte Mal, dass ich sie gesehen habe. Es hat mir das Herz gebrochen. Ich war am Boden zerstört und vermisste ihr wunderschönes, ansteckendes Lächeln, ihr Lachen und ihre Großzügigkeit. Ich hatte so großes Mitleid mit ihr und ihrer liebenswerten Familie. Sie war ein wunderbarer Mensch, der viel zu früh aus dem Leben gerissen wurde. *Gott segne ihre Seele*, möge sie in Frieden ruhen. Aus irgendeinem mir unbekannten Grund konnte ich mit meiner Stiefmutter darüber reden, und sie war so liebenswürdig und mitfühlend, was mir etwas Trost spendete, während ich um sie trauerte. Ich glaube, das lag daran, dass sie sie mochte.

Viele Leute haben Freunde, die sie nicht oft sehen. Es kann Monate oder sogar Jahre dauern, bis man sie wieder sieht, aber wenn man sich trifft oder mit ihnen über große Entfernungen spricht, ist es, als hätte man keinen einzigen Tag verpasst, an dem man nicht mit ihnen gesprochen hat. Man macht einfach dort weiter, wo man aufgehört hat. Was für ein warmes, wunderbares Gefühl. Dann weiß man, dass man von etwas Größerem als sich selbst berührt wurde. Ich hatte das Glück, einige solche Freunde zu haben, wie Seelenverwandte, die ich bis heute schätze. Ich glaube, sie und ich hatten diese besondere Verbindung.

Trotz dieser Art von Beziehung zu meinen Freunden behielt ich meine Sorgen um meine Zukunft meist für mich. Ich hatte bereits erkannt, dass die Arbeit im Busch nichts für mich war. Ich wollte einfach nicht mit all diesem Wahnsinn zu tun haben. Ich hatte genug davon und versuchte immer noch, damit fertig zu werden. *Was tun, was tun?* Diese Frage quälte mich immer wieder, wie eine kaputte Schallplatte.

Die Monate vergingen, der Winter war vorbei, die Schule neigte sich dem Ende zu und der Sommer stand vor der Tür, eine Zeit von unglaublicher Schönheit und großem Schmerz. Endlich führte ich ein kurzes Gespräch mit meinem Stiefvater über meine Zukunft. Ich werde das nie vergessen. Es war ein strahlender, sonniger Tag. Als ich in seinem Wohnzimmer stand und auf die Skyline blickte, sah ich die Sleeping Lady, den Mount McKinley und andere Gebirgszüge der „ “ in ihrer ganzen Pracht. Die großen, schneebedeckten Gebirgszüge haben mir immer den Atem geraubt.

„Weißt du, jemand, der weiß, wie man Löcher gräbt, wird immer einen Job haben“, sagte er mit ruhiger, aber fester Stimme. „Im Gegensatz zu jemandem, der studiert, um Löcher zu graben, wird dieser vielleicht nie einen Job haben. Ich denke, du wirst im Busch mit einer Schaufel arbeiten. Jetzt weißt du, dass du einen Job haben wirst.“

„Was ist mit dem Militär?“, fragte ich. „Ich würde gerne beitreten.“

„Ja, das Militär ist wie ein Getriebe. Wenn eines der Zahnräder kaputtgeht, kommt das ganze Ding zum Stillstand.“

„Wie wäre es mit Dieselmechaniker oder Klempner?“, fragte ich leise.

„Dieselmechaniker benutzen große, schwere Werkzeuge. Nein, ich denke, du solltest lieber mit der Schaufel arbeiten.“

Ich wusste nicht, warum er so hartnäckig auf meiner Karriere bestand. Er muss gedacht haben, dass ich die anderen Berufe ausüben könnte, weil ich seit über zwei Jahren meinen Pilotenschein hatte. Ich war verwirrt, warum er meinem brillanten und talentierten Onkel dasselbe antat und ihn daran hinderte, seinen Traumjob als Elektriker zu verwirklichen, was einer der Gründe war, warum er überhaupt nach Alaska gekommen war. Er tat mir so leid. Das schmerzt mich bis heute.

Ich war mir nicht sicher, ob er wusste oder verstand, was ich im Busch durchgemacht hatte. Immer wenn ich versuchte, das Thema anzusprechen, wurde ich unterbrochen, und er erinnerte mich wieder daran, wie er in einigen Dörfern Leichen aus den Seen und Flüssen an Land gezogen hatte. „So ist das Leben eben", sagte er.

Verzweifelt und erschöpft, geplagt von den gleichen alten und neuen Bildern in meinem Kopf, versuchte ich, andere Familienmitglieder außerhalb des Bundesstaates zu kontaktieren, darunter meine geliebte leibliche Mutter, die leider 2024 verstorben ist.

Es stellte sich heraus, dass sie eine sehr erfolgreiche Fischerin mit einem eigenen kommerziellen Fischkutter, Kinderpsychologin, Lehrerin, Pilotin und die erste weibliche Jet-Inspektorin bei United Airlines geworden war.

Während sie Flugunterricht nahm, verliebte sie sich in ihren wunderbaren Fluglehrer. Er war ein aufrichtiger Mensch und einer der nettesten Menschen, in dessen Nähe man sich warm und sicher fühlte. Sie war wunderschön, und ich vermisse sie sehr. *Gott gebe ihrer Seele Frieden.*

Als ich mit einem Verwandten über ganz allgemeine Sachen quatschte, war ich total überrascht, als er plötzlich meinte, er hätte gehört, dass ich ein sensibles Kind gewesen sei. Und das, obwohl ich nie jemandem erzählt hatte, was ich durchgemacht hatte. Nicht ein Wort. Ich weiß ganz genau, dass keiner meiner Familienmitglieder wusste, was ich durchgemacht habe. Der Einzige, der davon wusste, war mein Bruder, aber er erfuhr davon erst etwa zehn Jahre später. Keiner von ihnen hatte eine Ahnung, was ich getan hatte und was passiert war. Ich verstummte sofort und dachte nach. *Ja, klar, keiner von euch würde jemals seine Kinder da rausgehen lassen. Ich schätze, es ist okay, wenn ich beschossen werde und schreckliche Gewalt und all das miterlebe, aber nicht eure Kinder. Es wäre ein Verbrechen, wenn euer Kind sich in Disneyland den Zeh stößt.* Ich kochte vor Wut, während ich den Mund hielt. Man kann mit Sicherheit sagen, dass ich ein wenig verärgert war.

Ich war doch nur ein Kind. Er musste es doch wissen, um Himmels willen, er hat diese zerhackte Frau nach Kotzebue geflogen. Hat er mich nicht gesehen? Ich habe ihm geholfen, sein 185er Wasserflugzeug loszubinden und es vom Ufer wegzuschieben, während er den Motor startete. War ihm nicht klar, wie sich so etwas negativ auf ein Kind auswirken kann? Allein schon hier zu sitzen und darüber zu schreiben, macht mich wütend. Ich wusste, dass es keine Hoffnung auf eine Diskussion gab, also gab ich in der achten Klasse auf. Ich schämte mich, ihm von den ständigen Bildern und den Kämpfen zu erzählen, die ich durchgemacht hatte und die mein Leben durcheinanderbrachten. Weil ich nicht in der Lage war, diese schrecklichen Ereignisse zu verdrängen, zeigte ich Schwäche und kindisches Verhalten, was zu zusätzlichen Missverständnissen und Spannungen mit meinen engsten Familienmitgliedern führte, sodass ich mich manchmal für mich selbst schämte.*

Ich war nicht immun gegen seine hypnotische Überzeugungskraft. Er war so überzeugend, dass man sich, wenn man seine Gegenwart verließ, fragte: *Was zum Teufel ist gerade passiert? Zu was habe ich mich verpflichtet?* Ich bewunderte und respektierte ihn, aber es war schwierig, wenn nicht sogar unmöglich, ihm etwas abzuschlagen. Was sollte ich tun? Verdammt noch mal, er war einer der größten indigenen Bauunternehmer im Bundesstaat. Wohin sollte ich also gehen?

Seit ich ihn kennengelernt hatte, war er freundlich und nett zu mir gewesen, und ich hatte nie das Gefühl, dass er auch nur einen Funken Boshaftigkeit in sich hatte. Auch wenn wir kaum miteinander redeten, hatte ich immer das Gefühl, dass er Verständnis für die Umstände hatte, unter denen ich sein Adoptivsohn geworden war. Er war mit hoher Intelligenz gesegnet; wie sein Vater, mein Großvater, war er ein begeisterter Leser mit einem breiten Spektrum an Wissen und Fähigkeiten. Als er älter wurde, beobachtete ich, wie er seine geschäftlichen und überzeugenden Fähigkeiten verfeinerte, um seine Ziele zu erreichen. Ich bin mir ziemlich sicher, dass er ein Genie war, genau wie sein Bruder.

Als ich das Haus benommen verließ, schaute ich auf die majestätischen Bergketten. Der helle Himmel verdunkelte sich, die Berge verschwammen. Wut durchfuhr mich. *Wie konnte das sein? Warum musste ich gehen?* Wie konnte alles gleichzeitig so gut und so schlecht sein? Ich sollte meinen Abschluss feiern, aber was gab es da zu feiern? Das Einzige, was mir einfiel, war, dass er mir eine Lektion über einige der dummen Dinge erteilen wollte, die ich getan hatte. Ich hatte wirklich keine Ahnung, was seine Motive waren. Ich konnte nur an die Zukunft denken und wusste nicht, wie viel Zeit mir noch auf dieser Erde blieb, da ich mir der Risiken bewusst war, die mit der Arbeit im Busch verbunden waren. Mit achtzehn Jahren hatte ich das Gefühl, dass mir meine Entscheidungsfreiheit genommen worden war und meine Zukunft für immer verloren war.

Mir wurde immer gesagt, dass ich es geschafft hätte. „Du musst nichts für Transport, Essen oder Unterkunft bezahlen. Du machst viele Überstunden und hast keine Möglichkeit, dein Geld auszugeben." Ja, man kann viel Geld verdienen, aber bedenke, wie Arbeitgeber in anderen Branchen ihre Arbeitnehmer entschädigen. Lohnt es sich für den durchschnittlichen Arbeitnehmer in der Stadt, seine Lieben, Freunde und sein Zuhause für viele Monate zurückzulassen, ohne in den Ferien nach Hause zu fahren? Die Kosten für Wohnung, Kleidung, Auto, Versicherung und andere Dinge laufen weiter. Der durchschnittliche Arbeitnehmer muss diese laufenden Kosten bezahlen, die er nicht nutzen kann, während er hart auf dem Feld arbeitet. Wenn man dann in die Stadt zurückkehrt, muss man immer noch das hart verdiente Geld ausgeben, um davon zu leben, weil man jetzt arbeitslos ist und kein Einkommen hat. Was hat man also? Es gibt keine Kranken- oder Rentenleistungen, nur Arbeitslosigkeit.

Viele Arbeiter hatten oft schnell kein Geld mehr, sodass viele versuchten, einen anderen Job zu finden. Normalerweise sind die Jobs bis Mitte des Winters erledigt. Wie Fach arbeiter wissen, kann es schwierig sein, in dieser Zeit Arbeit zu finden, da Bauunternehmer in der Regel erst im späten Frühjahr oder Sommer, nachdem der Schnee geschmolzen und der Boden aufgetaut ist, mit der Einstellung von Mitarbeitern beginnen. Viele meiner Kollegen scherzten, dass unser Gehalt, wenn man es auf das ganze Jahr umrechnet, nicht viel besser sei als bei McDonald's.

Im Gegensatz dazu waren Staatsangestellte, die in der Stadt lebten und im Busch arbeiteten, je nach ihrer Position normalerweise nur für kurze Zeit im Einsatz. Viele von ihnen arbeiteten ein paar Tage oder ein paar Wochen, aber nie länger als einen Monat am Stück. Wenn sie zurückkamen, behielten sie ihren Job und bekamen das ganze Jahr über ihr Gehalt, inklusive Kranken- und Rentenleistungen. Viele Öl-Mitarbeiter aus North Slope, die in Prudhoe Bay arbeiteten, hatten zwei Wochen Arbeit und zwei Wochen frei und bekamen auch während ihrer freien Zeit ihr Gehalt.

Der Vergleich verschiedener Arbeitnehmervergütungen schmälert zwar nicht die Arbeit, die harte Arbeit, die Risiken und die Opfer, die jeder einzelne vor Ort leistet, aber er zeigt deutlich, wie unterschiedlich Arbeitgeber in verschiedenen Branchen ihre Arbeitnehmer vergüten.

Nach meinem Gespräch mit meinem Stiefvater wusste ich, dass sich mein Leben verändern würde. Es würde schwierig werden, und ich musste schnell hart werden. Damals ahnte ich noch nicht, wie schwierig mein Leben werden würde. Nichts in meiner Vergangenheit oder Gegenwart hätte mich vollständig auf die Ereignisse vorbereiten können, die mich für den Rest meines Lebens begleiten würden.

KAPITEL 9
Pitkas Point

E in Ausdruck des Entsetzens huschte über sein Gesicht, als er bemerkte, dass die Fahrertür heruntergerutscht war und das Lenkrad mich noch stärker einklemmte. Obwohl er nur zwei oder drei Schritte entfernt war, sprintete er herbei, packte die Unterseite der Tür und drückte sie wieder nach oben, um den Druck vom Lenkrad zu nehmen.

Wow! Was für eine Erleichterung! Oh Mann!

Zu spüren, wie sich das Lenkrad einen Zentimeter nach vorne bewegte, war ein Schock. Während ich noch um Luft rang, kam ein weiterer Feuerwehrmann hinzu, griff nach der Trennsäge und schnitt das untere Scharnier ab. Dann, bumm! Die Tür war weg. Die Freiheit war zum Greifen nah. Ich fragte mich, wie sie mich aus dem Lkw herausschieben wollten, da meine Beine, Füße und meine Brust immer noch eingeklemmt waren.

Die Antwort bekam ich schon bald. Ein Mann kam mit einem seltsamen Gerät auf die offene Tür zu. Ich erkannte das Werkzeug, von dem mir mein Onkel, ein freiwilliger Feuerwehrmann, erzählt hatte. Ich hatte schon immer mal die Rettungsschere „Jaws of Life" in Aktion sehen wollen, wie sie verengte Öffnungen erweitert, aber ich wollte ganz sicher nicht mit ansehen, wie dieses großartige Werkzeug eingesetzt wurde, um mich aus einem Fahrzeug zu befreien.

Ich konnte das Dröhnen des kleinen Motors hören, der aus den Rettungsscheren kam. Der Mann nahm das Gerät und setzte die Spitze im unteren Teil der Fahrerseite an. Dann begannen sich die beiden langen Metallarme auseinander zu spreizen.

Oh, jetzt geht's los. Ich werde ein freier Mann sein.

Als er den unteren Teil spreizte, um ein größeres Loch zu schaffen, wurden meine Füße und Beine langsam gequetscht. Newtons Theorie stimmte: Auf jede Aktion folgt eine gleich große und entgegengesetzte Reaktion. Diese Theorie wurde jetzt auf die schmerzhafteste Weise bestätigt.

Er machte das Loch immer größer, und meine Beine taten immer mehr weh. Gott sei Dank wurde der Druck auf meine Brust nicht stärker.

„Hey, hey, du machst das falsch!", schrie ich.

Der Mann hörte sofort auf, entfernte schnell die Rettungsschere und setzte sie an einer anderen Stelle an. Dann wurde die Öffnung langsam größer, bis ich meine Beine bewegen konnte. Oh! Was für ein Gefühl! Ich war fast frei. Ich konnte kaum atmen, da mich das Lenkrad immer noch einklemmte, aber ich konnte meine Beine bewegen und wusste, dass ich nicht in diesem Lkw sterben würde. Wenn ich sterben würde, dann zumindest außerhalb dieses verbogenen Metallgerüsts.

NACH DEM SCHULABSCHLUSS änderte sich mein Leben schnell. Ich konnte mit Freunden abhängen, die ich schon immer mochte, also war das Leben gut. Ich versuchte mein Bestes, den Busch zu vergessen. Ich wollte das tief in meinem Gedächtnis behalten, während ich mit den Flashbacks fertig wurde.

Oh, die heißen, sonnigen Sommertage in Alaska – wie wunderschön sie doch sind. Es war ein großartiger Sommer für alle. Ich hatte gerade einen Vertrag als Tischlerlehrling bei Brian unterschrieben, dem Subunternehmer meines Stiefvaters, den ich seit meinem ersten Besuch in Kiana kannte. Er war ein junger Mann Anfang zwanzig, der entweder ein Selfmade-Millionär war oder kurz davor stand, einer zu werden.

Seit seinem fünfzehnten Lebensjahr arbeitete er direkt und indirekt für meinen Vater. In diesem Alter hatte er die Highschool abgebrochen und lebte unabhängig. Ich glaube, er hat schließlich seinen Schulabschluss nachgeholt. Brian war ein gutaussehender, kleiner, stämmiger Mann mit kräftigen Muskeln und lockigem rotem Haar. Er war brillant und hatte keinen Mangel an Freundinnen.

Er hatte eine positive Ausstrahlung, lachte und lächelte immer, und die Leute wollten überall, wo er hinging, in seiner Nähe sein. Ich habe ihn immer gemocht und respektiert. Er war einer der fleißigsten und ehrgeizigsten Männer, die ich je kennengelernt habe. Obwohl er ein Workaholic war, wusste er, wie man richtig Spaß hat, ähnlich wie mein Stiefvater. Wenn es darum ging, viele Stunden zu arbeiten, konnte er meinem Stiefvater durchaus Konkurrenz machen. Ungeachtet seines Erfolgs wollte ich immer noch Dieselmechaniker oder Klempner werden. Na ja, ich denke, es war in Ordnung, zu lernen, wie man Häuser baut.

Brian erzählte mir, dass wir einen neuen Schulanbau in Pitkas Point bauen würden, aber zuerst würden wir sein neues Haus errichten, das etwa vierzig Autominuten nördlich von Anchorage lag. Ich habe die Höhen und Tiefen seines Unternehmens im Laufe der Jahre miterlebt und war beeindruckt von seiner Fähigkeit, sich wieder aufzurappeln und weiterzumachen. Es war bemerkenswert, wie er es geschafft hat, den finanziellen Ruin zu vermeiden, während die meisten anderen aufgegeben hätten. Er hat immer gesagt, dass er lieber einen schwierigen Auftrag hätte als gar keinen. Und ich glaube, diese Einstellung hat ihm geholfen, niemals aufzugeben.

Die Geschichte seiner Erfolge im Privatleben und im Geschäft in so jungen Jahren ist echt krass. Alles, was er anfasste, wurde zu Gold; er strahlte Erfolg aus. Niemand, und ich meine wirklich niemand, konnte ihm sagen, was er zu tun hatte. Niemals. Und jetzt sollte ich ihm dabei helfen, sein Haus auf einem Grundstück mit privater Landebahn zu bauen, damit er sein Lieblingsflugzeug bei sich zu Hause parken konnte.

Er und sein leitender Zimmermann und Freund Tim, den ich auch aus meiner Zeit in Kiana und Kotzebue kannte, schrien sich während des Baus seines Hauses „ “ häufig an. Sie waren etwa gleich alt, und es schien, als würden sie normalerweise so miteinander und mit der Crew reden. Zu dieser Zeit schrie Brian mich auch an, aber Tim schrie mich oder die anderen Crewmitglieder nie an. Beide trieben die Arbeit immer weiter voran, um ihre Ziele zu erreichen.

Wenn ich so darüber nachdenke, glaube ich nicht, dass sie wussten, dass sie schrien. Was ich weiß, ist, dass die Projekte, an denen sie im Busch arbeiteten, manchmal extrem stressig waren. Als sehr junger Chef hatte er eine enorme Verantwortung für die Erfüllung von Vertragsvereinbarungen, die Gehaltsabrechnung und die Zufriedenheit der Arbeitscrews. Obwohl es mich störte, habe ich ihnen nie vorgeworfen, dass sie sich gegenseitig anschrien. So war es damals eben.

Im Gegensatz dazu mein Stiefvater. Ich habe ihn nie schreien oder emotional werden hören, egal wie viel Stress er hatte. Ich habe seit meinem achten Lebensjahr bei seinen Jobs mitgearbeitet. Ich war sogar der Aufzugführer bei seinen großen Eröffnungen. Ich wurde nie angeschrien, wenn ich bei seinen Projekten oder zu Hause arbeitete, daher war es für mich etwas seltsam, angeschrien zu werden, wenn ich für jemand anderen arbeitete. So anstrengend es auch war, angeschrien zu werden, glaub mir, es war viel einfacher damit umzugehen, als jeden Tag schrecklichen Gewalttaten ausgesetzt zu sein.

Kurz nachdem wir sein Haus gebaut hatten, flog er mich mit seinem Privatflugzeug zum Flughafen St. Mary's-Pitkas Point. Er sagte mir, wir würden im Roadhouse in der Nähe des örtlichen Flughafens übernachten. St. Mary's hat etwa 600 Einwohner und liegt etwa 440 Flugmeilen westlich von Anchorage am Andreafski River. Der Andreafski River fließt nach Süden zum Yukon River. Pitkas Point mit seinen rund 185 Einwohnern liegt etwa fünf Meilen flussaufwärts von der Mündung des Andreafski in den Yukon River und etwa drei Meilen vom Flughafen entfernt.

Als wir mit seinem Pacer-Spornradflugzeug nach St. Mary's flogen, war es das erste Mal, dass ich mit ihm in einem solchen Flugzeug flog. Er liebte dieses Flugzeug, und das aus gutem Grund. Er sagte, es sei wie das Fliegen eines Drachens, und so fühlte es sich in der Luft auch an. Das Land war kilometerweit flach, als wir uns unserem Ziel näherten. Die Landschaft war ganz anders als in Anchorage. Sie ähnelte ein wenig der Arktis, war aber doch anders. Sie sah sumpfig aus, mit kleinen Seen überall. Nach stundenlangem Flug sah ich endlich zum ersten Mal den großen Yukon River. Wow! Er war so breit, er war riesig. *Dort musste es viele Fische geben. Allerdings keine Sheefish. Die kommen normalerweise in der Arktis vor.*

Nach der Landung am Flughafen fuhren wir zu unserem Camp. Das Roadhouse Camp war sauber, warm und recht komfortabel. Außerdem konnten wir jederzeit etwas zu essen bekommen, da es auch ein kleines Restaurant gab. Duschen standen ebenfalls zur Verfügung, ebenso wie Waschmaschinen und saubere Bettwäsche.

Wir sollten zwei oder drei Wochen lang in Pitkas Point arbeiten, bevor wir zum Unabhängigkeitstag nach Hause zurückkehren würden. Ich glaube, er hatte ein Date. Ich war aufgeregt und nervös wegen meines neuen Jobs und wollte meinen neuen Chef und Stiefvater nicht enttäuschen. Ich war jetzt volljährig und hatte das Gefühl, mich wie ein Erwachsener verhalten und meine schändlichen Verfehlungen während der Highschool-Zeit gegenüber meinen Eltern wiedergutmachen zu müssen.

Unsere erste Aufgabe in Pitkas Point war es, das Fundament zu legen. Obwohl ich schon an vielen verschiedenen Arten von Fundamenten gearbeitet hatte, wurde nach ein paar Minuten Diskussion klar, dass dieses Fundament ganz anders und komplizierter war als die, die wir im Norden verwendet hatten.

In Alaska gibt es nämlich viele Permafrostgebiete. Unsere Aufgabe bestand darin, etwa fünf bis sechs Meter tiefe Löcher in den gefrorenen Boden zu graben, damit die langen, dicken Stahlpfähle in die Löcher eingesetzt werden und etwa einen Meter aus dem Boden herausragen konnten. Sobald sie gesetzt waren, füllten wir die Lücken in den Löchern mit der geschmolzenen Schlammschlämme auf und kühlten die Pfähle dann, bis sie gefroren waren, was theoretisch die Schlammschlämme wieder gefrieren lassen sollte, die normalerweise das ganze Jahr über gefroren blieb. Wenn der Boden nicht schmilzt, sollte das Gebäude nicht absinken. Es ist ein solides System, aber es ist einfach teuer.

Sobald wir auf der Baustelle ankamen, war es, als würde sein Muskelgedächtnis für das Schreien den ganzen Tag lang auf Hochtouren laufen. Es hieß: „Hol dies, hol das, mach dies, mach das!" Ich rannte, wann immer er etwas erledigt haben wollte; ich ging nie. Er trieb mich bis an meine Grenzen. Ich dachte immer wieder, wie glücklich ich mich schätzen konnte, in guter körperlicher Verfassung zu sein. Meine Güte! Ich war total erschöpft, und wir hatten noch nicht mal zu Mittag gegessen. Ich hab einfach den Mund gehalten und getan, was mir gesagt wurde.

Das ganze Schreien und Rennen kann doch nicht ewig so weitergehen. Vielleicht wird er etwas nachsichtiger, wenn ich hart arbeite und ihm zeige, dass ich kein Faulpelz bin. Brian wusste, dass ich ein fleißiger Arbeiter war, daher verstand ich nicht, warum er es für nötig hielt, mich so unter Druck zu setzen. Ich nehme an, so war es eben in einer Zimmermannstruppe.

Zum Mittagessen esse ich normalerweise ein paar Sandwiches. Es ist erstaunlich, wie gut alles schmeckt, wenn man Hunger hat. Es waren wahrscheinlich nur Thunfisch- oder Erdnussbutter-Sandwiches, aber sie schmeckten, als hätte sie der beste Koch zubereitet.

Ein paar Tage später kamen zwei Bohrarbeiter, Pfähle und eine Bohranlage an. An diesem Abend erzählte uns der ältere Bohrarbeiter, wie schwierig es sein kann, durch Permafrost zu bohren. Er ermahnte uns, uns nicht aus der Ruhe bringen zu lassen, wenn wir unser Ziel von vier Bohrlöchern pro Tag nicht erreichen würden. Der Anführer war ein älterer, lustiger Mann, der voller Leben war und mich an meinen Großvater erinnerte. Diese beiden wilden und netten Männer hatten für Ölfirmen gearbeitet und Bohrlöcher in der Arktis gebohrt. Ich bin mir sicher, dass sie im Laufe der Jahre viel gesehen hatten.

Am nächsten Morgen bauten die beiden Bohrarbeiter ihre Bohranlage auf, einen mit einem Motor und Bohrschnecken ausgestatteten Lkw. Diese Bohrschnecken waren vier Fuß lang und etwa sechzehn Zoll breit. Der ältere Bohrarbeiter stand in der Nähe der Markierung für den ersten Pfosten und führte den Lkw zu dieser Stelle. Nachdem er den Lkw ausgerichtet hatte, waren sie bereit, die erste Bohrschnecke zu installieren. Das war für mich sehr spannend.

Der jüngere Bohrer ging zur Seite des Lastwagens und holte die erste von vielen 1,20 Meter langen Bohrschnecken raus. Er steckte sie in den Haken und hängte die Bohrschnecke ein. Dann sprang der ältere Mann wieder auf den Lastwagen und übernahm die Hebel der Bohrkrone. Er konnte die Drehgeschwindigkeit einstellen und die Bohrschnecke nach oben, unten, zur Seite oder vorwärts und rückwärts bewegen. Vorsichtig manövrierte er die Bohrschnecke in Richtung Boden und nahm kleine Anpassungen vor, bis er die zuvor vermessene Markierung erreichte. Die Bohrschnecke bohrte sich in den Boden. Dann holte der jüngere Bohrarbeiter seine Wasserwaage heraus und richtete die Bohrschnecke aus, bis sie lotrecht stand. Die Drehung begann und die Bohrschnecke drehte sich nach unten. Alle paar Minuten mussten wir den überschüssigen Schmutz und Schlamm aus dem Loch entfernen und dabei darauf achten, dass die

Schaufel nicht in der sich drehenden Bohrschnecke von hängen blieb. Der Bohrer überprüfte die Bohrschnecke nach dem Zufallsprinzip auf ihre Lotrechte. Nachdem er die nächste Bohrschnecke auf den Bohrer gesetzt hatte, überprüfte er sie erneut und stellte fest, dass sie leicht aus der Lotrechten war.

„Sie dreht sich, wie sie will", sagte er. „Da können wir nichts machen."

Diese Bohrer schnitten durch den Boden wie durch Butter. Ich dachte immer wieder: *Das ist einfach, kein Problem. Wir sind bald fertig.* Wir setzten den dritten Bohrer ein und waren nun etwa acht Fuß tief. Plötzlich, ohne Vorwarnung, kam die Bohrung fast zum Stillstand. Der Bohrer drehte sich, aber es passierte nichts. Er drehte sich einfach weiter.

Der Boden wurde hartnäckig. Wir waren auf Permafrost gestoßen. Nun, das zerstörte meine Annahme, dass wir früher in die Stadt zurückkehren würden.

Schließlich kamen wir wieder ein wenig voran, und ich fand heraus, was der ältere Bohrer mit „Schlammkugeln" gemeint hatte. Während sich die Bohrschnecke drehte, brachte sie gefrorene Schlammkugeln mit einem Durchmesser von etwa 6 cm an die Oberfläche; sie sahen aus wie Schokoladenkugeln. Das war cool und machte mich hungrig auf Donuts.

Endlich erreichten wir die gewünschte Tiefe. Wir zogen die Bohrer nacheinander heraus, bis sie aus dem tiefen Loch, das wir gerade gebohrt hatten, heraus waren. Nun konnte der erste Pfahl gesetzt werden. Der Bediener fuhr die Bohranlage zu den schweren Pfählen. Wir haben einen Gurt an seiner Bohranlage befestigt und ihn um den langen, schweren Pfahl gewickelt. Er hob ihn in die Luft und setzte ihn senkrecht in die Mitte des Lochs. Wir mussten sicherstellen, dass die Rohre waagerecht waren, bevor wir sie mit der geschmolzenen Schlammschlämme verfüllten. Dazu mussten wir einen Stinger verwenden, um den Schlamm um die Rohre herum zu vibrieren, ähnlich wie bei Beton.

Durch das Vibrieren werden Lufteinschlüsse entfernt und der Schlamm verteilt sich im Zwischenraum zwischen dem Rohr und der Wand des Lochs; *eines war geschafft, viele weitere standen noch bevor.*

Im Laufe des Tages wechselte das Wetter von heiß und sonnig zu kalt, windig und regnerisch. Wir blieben und arbeiteten täglich zehn bis zwölf Stunden, unabhängig vom Wetter. Damals gab es in nicht gewerkschaftlich organisierten Unternehmen keine Pausen – zumindest hatte ich nie eine. Man arbeitete einfach, und das war's. Das störte mich damals nicht sonderlich, aber ich fragte mich immer wieder, ob es für den Rest meiner Karriere so bleiben würde.

Wir haben unsere Arbeit pünktlich fertig und sind gerade rechtzeitig zur Feier des 4. Juli nach Anchorage zurück. Zuhause. Zurück zu Hause. Ein Ort, an dem ich mich kurz ausruhen konnte und nicht den ganzen Tag angeschrien wurde. Das war eine Erleichterung. Mann, war ich müde nach der Arbeit im Eiltempo. Ich fühlte mich, als hätte ich für einen Marathon trainiert. Ich war von Kopf bis Fuß erschöpft. Jeder Zentimeter meines Körpers sehnte sich nach Ruhe.

Nach ein paar freien Tagen in der Stadt konnte ich über die Arbeit nachdenken, die wir geleistet hatten. Oh! Was für ein gutes Gefühl! Wir hatten in kurzer Zeit so viel erreicht. Ich war stolz und aufgeregt. Ich erinnere mich, wie ich nach oben ging und Brian neben dem großen Fenster stehen sah. Draußen war der Himmel strahlend blau und die Bergkette war beeindruckend. Der Mount McKinley war in voller Sicht. Ich konnte mich gar nicht sattsehen an den Bergen. Er streckte die Hand aus, schüttelte mir die Hand, reichte mir meinen ersten Lohnumschlag und sagte: „Jetzt weißt du, warum wir das tun." Ich sah ihm in die Augen und dankte ihm.

Als ich den Umschlag öffnete, sah ich eine große Zahl. Mein Herz schlug wie wild. *Wow! Das ist eine Menge Geld.* Ich hatte entweder Glück oder Pech, je nachdem, wie man es betrachtet. Pitkas Point war ein hoch bezahlter staatlicher Job nach dem Davis-Bacon-Gesetz. Es gibt hoch-, mittel- und niedrig bezahlte Jobs nach dem Davis-Bacon-Gesetz. Die schlechter bezahlten Jobs nannten wir „Mini-Bacon". Leider war der Mini-Bacon-Lohn so niedrig, dass es schwierig war, davon zu leben.

Bald war der 4. Juli, einer meiner Lieblingsfeiertage im Jahr. Meine Freunde und ich hatten gute Plätze, und das Wetter war heiß und klar. Ich hatte Spaß mit meinen Freunden, zündete Feuerwerkskörper und hörte Musik. Ich versuchte, meine Probleme für einen kurzen Moment zu vergessen. Ich dachte an meine süße Freundin, die nicht dabei sein konnte. *Viel Glück, mein Engel.* Man nennt den Bundesstaat nicht umsonst das Land der Mitternachtssonne, denn selbst während des Feuerwerks in Anchorage war es draußen noch etwas hell.

Nach dem 4. Juli war es Zeit, nach Pitkas Point zurückzukehren. Nach ein paar schlaflosen Nächten, in denen ich überlegt hatte, wie ich mit all dem Geschrei umgehen sollte, beschloss ich, es durchzustehen, weil das Roadhouse sauber war und das Essen gut. Zum ersten Mal glaubte ich, dass ich keiner Gewalt ausgesetzt sein würde, und ich fühlte mich relativ sicher. Endlich stiegen wir in ein Flugzeug und machten uns auf den Weg nach Pitkas Point. Als wir ankamen, war alles ein bisschen anders. Es waren ein paar mehr Männer bei der Arbeit, von denen ich einige aus meiner Zeit in Kiana und Kotzebue kannte, andere hatte ich noch nie gesehen. Das Roadhouse lag etwa fünfzehn Autominuten von der Baustelle in Pitkas Point entfernt und etwa auf halber Strecke nach St. Mary's. Eine staubige Schotterstraße verband die beiden Dörfer.

Wir hatten Glück, dass das Wetter heiß war. Draußen war es sehr schön, genau das, was ich brauchte, um meine Stimmung aufrechtzuerhalten. Ich hatte sogar mein eigenes Zimmer im Roadhouse, und das passte mir gut, zumal ich einen Kassettenrekorder und ein paar alberne Kassetten mitgebracht hatte. Highschool-Zeug. Es war ein kleines Stück Heimat, etwas, an dem ich mich festhalten konnte. Ich hoffte, dass ich dort draußen nicht den Verstand verlieren würde.

Auch wenn ich wusste, dass wir viel Gutes für die Gesellschaft machten, sah ich keine Zukunft für mich. *Was war das für ein Leben? Von Familie und Freunden getrennt sein, um Geld zu verdienen? Warum nicht einfach dort arbeiten, wo man leben will?* Diese Fragen ließen mich nicht los. Warum beschwerte ich mich? Tief in meinem Herzen und meinem Verstand wusste ich die Antwort: Selbstverwirklichung. Ich war jung und wollte mein eigenes Ding machen und etwas im Leben schaffen.

Manchmal kann das Leben draußen im Busch ein bisschen langweilig sein. Wenn man keinen Zugang zu einem Boot, Flugzeug oder Outdoor-Aktivitäten hat, gibt es nichts zu tun. Wie vertreibt man sich also die Zeit, während man auf die Ankunft von Material wartet? Gute Frage. Klar, es ist einfach, dazusitzen und kreative Ideen zu entwickeln, aber wenn man keinen Zugang zu Material hat, kann es einen verrückt machen, nur darauf zu warten, mit der Arbeit beginnen zu können. Manchmal warteten wir tagelang. Man kann nicht einfach in ein Flugzeug steigen, um nach Hause zu fliegen und dann sofort zurückzukehren, da möglicherweise keine kommerziellen Flüge verfügbar sind. Wir müssten die Kosten für den Hin- und Rückflug selbst tragen und würden für diese freien Tage keine Bezahlung erhalten, was am Ende des Jahres einen erheblichen Unterschied bei unserem tatsächlichen Verdienst ausmachen würde.

Ein paar Tage später kam das Lastkahn mit den Materialien auf dem großen Yukon River an. Zuerst fingen wir an, die Fundamentbalken auf den gefrorenen Pfählen zu installieren. Mit den anderen Jungs zu arbeiten war cool; sie waren nett zu mir und ich mochte sie. Keiner von ihnen hat mich angeschrien, nicht einmal Tim. Ich weiß, dass Brian sie auch alle mochte. Trotzdem war ich von seinem täglichen Geschrei erschöpft. Außerdem war ich körperlich erschöpft vom Laufen und Arbeiten; es fühlte sich an, als würde ich für einen Marathon trainieren. Jeden Morgen musste ich mich mental aufbauen, so wie man tief durchatmet, bevor man unter Wasser geht. Ich wusste, dass ich an diesem Tag sowohl mental als auch körperlich große Schmerzen haben würde, also musste ich versuchen, mich darauf vorzubereiten. Selbst an dem einen Tag in der Woche, an dem wir uns ausruhten, kämpften wir gegen Langeweile und Isolation.

Nachdem wir das Bodensystem aufgebaut hatten, half ich beim Bau meiner ersten dicken Wand, die etwa sechs Meter hoch war. Diese Wand war besonders schwer. Sie wurde aus 2 x 10 cm starken Balken gebaut, einschließlich Blockbalken und einer 1,3 cm dicken Sperrholzverkleidung. Als sie fertig montiert auf dem Deck lag, fragte ich mich, wie es möglich war, etwas so Massives anzuheben. Brian und Tim schrien sich gegenseitig an, um dieses Problem zu lösen. Ich musste kichern. Es war, als würde ich einem Comedy-Duo zusehen.

Jahre später, als ich mit Tim und einer kleinen Gruppe von Leuten redete, erwähnte ich aus irgendeinem Grund die blasse Frau mit dem Blut, das aus ihrem Kopf spritzte, in Kiana und dass ich ihr geholfen hatte. Tim starrte mich wütend an und sein Gesicht wurde knallrot. Seine Augen durchbohrten mich, als er mich mit starker, bitterer Stimme anfuhr und sagte, dass er es war, der dieser Frau geholfen hatte. Ich fragte: „Wovon redest du? Ich bin herumgerannt, um Hilfe zu holen." Wieder bellte er wütend zurück: „Ich habe sie gerettet." Das ließ mich erschauern, denn ich hatte keine Erinnerung daran, ihn während dieses Vorfalls gesehen zu haben. Ich hatte Mitleid mit ihm, denn es war offensichtlich, dass ich unwissentlich ein Ereignis ausgelöst hatte, das ihn traumatisiert hatte.

Mir kam ein seltsamer Gedanke. Da ich mit niemandem darüber gesprochen hatte, was ich gesehen hatte, fühlte ich mich ein bisschen erleichtert, als wäre mir eine Last von den Schultern genommen worden. Die Erinnerung an sie schien weniger lebhaft zu sein, aber die anderen Bilder blieben genauso intensiv, vielleicht sogar noch intensiver. Ich dachte immer wieder an Tim und fragte mich, ob er vielleicht einer derjenigen war, die geholfen hatten, ihren blutigen Kopf zu verbinden, wodurch sein Körper möglicherweise mit Blut bespritzt und seine Kleidung durchnässt worden war. Als ich sah, wie sie in das Flugzeug meines Stiefvaters gebracht wurde, waren die Tücher, die um ihren Kopf gewickelt waren, blutgetränkt.

Sie überlegten, die Wand von Hand oder mit manuellen Pumpenhebern anzuheben. So oder so mussten wir die Wand für das Anheben vorbereiten. Das Problem war, dass das Bodensystem sechs Fuß über die Pfähle hinausragte und darüber hinaus die Bodenbalken nicht sicher an den Pfählen befestigt waren. Da die Wand so schwer war, befürchteten sie, dass beim Aufrichten das hintere Bodensystem von den Pfählen abgehoben werden könnte, wodurch es nach unten in Richtung Boden rutschen und die Wand zurück auf uns fallen würde, wodurch sie auf den Boden krachen und Tausende von Pfund Material auf uns fallen würde, die uns wie Insekten zerquetschen würden. Also, ja, ich war ein bisschen nervös.

Sie wollten an diesem Tag versuchen, die Wand von Hand anzuheben, also trommelte Brian etwa zehn Männer aus der Stadt zusammen, um unserer Crew zu helfen. Da die Wand bereits vorbereitet war, stellten sich alle oben auf der Mauer auf, um sie anzuheben. „Okay, alle zusammen, hebt! Hebt!", rief Brian.

Wir beugten uns alle vor und fingen an zu heben. Jeder Muskel in meinem Körper war angespannt, und ich konnte die anderen Männer stöhnen hören, als sie sich abmühten, die Mauer nur bis auf Kniehöhe zu heben. Brian schrie: „Setzt sie wieder ab." Was für eine schwere Mauer, heiliger Bimbam! Ein fehlgeschlagener Versuch.

Jetzt wussten wir, dass Wandheber die einzige Möglichkeit waren, die Wand anzuheben. Die Vorbereitung der Wandheber dauerte nur etwa zwanzig Minuten. Als wir fertig waren, kehrten wir zum Lager zurück und warteten ein paar Tage, bis die Bodenheber und zusätzliche Verlängerungsleitern ankamen.

Als sie ankamen, waren wir bereit, die Wand anzuheben. Ein Pumphebezeug funktioniert ähnlich wie ein Wagenheber, nur dass es ein doppeltes 2x4-Holzstück hochhebt. Ich glaube, wir hatten etwa vier bis fünf Hebezeuge für die gesamte Länge der Wandoberseite. Die Leute meldeten sich entweder freiwillig oder wurden ausgewählt, um die manuellen Hebel zu bedienen. Ich , wurde ausgewählt. Ich habe mich nicht freiwillig gemeldet, weil ich so etwas noch nie gesehen oder gemacht hatte und nicht wusste, was mich erwarten würde. Jede Person, die die Wagenheber bediente, hatte eine Trittleiter und eine Verlängerungsleiter in der Nähe.

Der Trick beim Anheben der Wand bestand darin, dass die Bediener beim Anheben synchron vorgehen mussten. Brian wies uns an, nach oben zu gehen. Wir standen auf dem Boden und hoben die Wand an, bis wir den Hebel nicht mehr erreichen konnten. Dann stellten wir uns auf die Trittleitern und pumpten die Wand, die sich nun direkt über unseren Köpfen befand, weiter nach oben, bis wir den Hebel wieder nicht mehr erreichen konnten. *Oh, toll!* dachte ich. *Jetzt habe ich zwei Dinge, um die ich mich kümmern muss. Dass die Wand wieder herunterfällt und uns erdrückt, und dass ich genug Mut habe, sechs Meter in die Höhe zu klettern, um die Wand fertig anzuheben.*

Als wir die verlängerten Leitern an die obere Platte der Wand gelehnt hatten, konnten wir sie auf der oberen Platte verschieben, während wir weiter kletterten und die Wand senkrecht hochpumpten. *Oh Mann,* dachte ich. *Das Ding wird langsam hoch.* Das Klettern auf dieser Leiter war aufregend, aber auch beängstigend. Ich gebe zu, dass es mich nervöser machte, als ich gedacht hätte.

Wir hatten noch einen langen Weg vor uns, bevor wir die Wand komplett aufbauen konnten. Wir fingen alle gleichzeitig an zu pumpen. Als wir uns der Spitze näherten, sprang die Wand plötzlich ein paar Meter nach vorne. Wow, das hat mich echt erschreckt. Mein Körper zitterte, da ich mich etwa sechs Meter über dem Boden befand. Ich wollte weitermachen, aber ich konnte nicht aufhören zu zittern. Mein Chef erkannte meine Unerfahrenheit und meine wachsende Angst und sagte mir, ich solle von der Leiter herunterkommen und helfen, die Wand zu stützen, nachdem sie vollständig errichtet war.

Cool, dachte ich.

Auch wenn er den ganzen Tag über geschrien hatte, tat es gut zu wissen, dass er erkannte, dass ich mich bemühte und bereit war, die Arbeit zu Ende zu bringen, und dass ihm meine Sicherheit und die der anderen am Herzen lag. Also übernahm er, kletterte die Leiter hinauf und beendete die Arbeit.

Endlich stand die Wand und war abgestützt, und der Boden war nicht unter uns zusammengebrochen. Alles war gut gegangen, kein Problem, keine große Sache. Ich stand einfach da und schaute auf die massive Wand, die wir gebaut hatten. Die Crew war so nett. Niemand hat mich dafür kritisiert, dass ich heruntergeklettert bin. Ich glaube, alle waren froh, dass niemand verletzt wurde. Der Tag ging weiter, wir arbeiteten bis zum Abend und gingen dann ins Roadhouse, um gut zu essen und uns auszuruhen.

Ich dachte immer wieder an diese Mauer und daran, was für eine Leistung das war. Es war wirklich ein beeindruckender Anblick, und wenn wir in der Stadt gearbeitet hätten, wäre eine solche Mauer normalerweise mit einem Kran errichtet worden, um es für die Crews einfacher und sicherer zu machen. An diesem Tag waren wir sehr stolz. Ich hatte das Gefühl, dass wir etwas ziemlich Tolles geschafft hatten.

Die Wochen vergingen, und schließlich kamen wir zum Dach. Nachdem wir Tag für Tag mit nur kurzen Mittagspausen gearbeitet hatten, näherten wir uns endlich dem Ende der Arbeit. Mein Körper war erschöpft, schmerzte und war von den langen, harten Tagen völlig fertig. Ich konnte es kaum erwarten, nach Anchorage zurückzukehren. Ich vermisste meine Freunde und mein Zuhause und war bereit für eine wohlverdiente Pause.

Obwohl ich gute Erfahrungen sammelte, wollte ich eine kurze Pause. Ich hatte Gerüchte über einen großen Auftrag gehört und war mir nicht sicher, ob mein Stiefvater den Zuschlag bekommen hatte. Ich war immer stolz, wenn mein Stiefvater einen neuen Auftrag bekam. Der Aufwand und die Energie, die er in den Bietungsprozess investierte, erforderten eine Menge Arbeit. Die Beschaffung von Finanzmitteln, Bürgschaften und die Festlegung des effektivsten Weges für den Transport des Materials zur Baustelle erforderten viel Fantasie und Vorausdenken. Die Logistik, also wo das Material und die Unterkünfte für die Arbeiter untergebracht werden sollten, war wahrscheinlich der schwierigste Teil des Auftrags. Verdammt, ich hoffte, dass er diesen Auftrag bald bekommen würde, damit wir im Winter nicht arbeiten mussten. Zumindest war das Wetter im Moment angenehm: tagsüber heiß und sonnig, nachts klar und kalt.

Die Arbeit mit Brian hatte mir viel beigebracht, und diese Lektionen setzten sich fort, als ich lernte, wie man ein schraubenloses Metalldach installiert. Brian war mit einem Sicherheitsgurt am hohen Dach befestigt, während ich unten auf dem Boden stand. Er und der leitende Zimmermann schraubten Metallklammern auf das steile Dach und riefen mir dabei Anweisungen zu, wie diese Metalldächer zusammengebaut werden. Das Wichtigste war, sicherzustellen, dass die Metallbleche rechtwinklig zum gerahmten Dach verliefen.

Meine Aufgabe war es, die langen Metallbleche vorsichtig so nah an das Gebäude heranzuschieben, dass ich ein Paar C-Klemmen am oberen Metallende befestigen und dann die vom Dach herabhängenden Seile daran befestigen konnte. Während sie das Metall nach oben zogen, half ich dabei, das Metallblech zu führen, bis ich es nicht mehr erreichen konnte. Er hatte so viel Wissen und Erfahrung mit Dächern, dass mir schwindelig wurde, wie schnell sie das Metall verlegten. Sie schafften es, die Hauptbleche in weniger als einem Tag zu verlegen. Es dauerte etwa einen halben Tag, bis die Verkleidung fertig war. Es sah wunderschön aus.

Ein paar Tage später reiste Brian ab und verließ Pitkas Point. Der Großteil der Crew, darunter auch ein paar Klempner, blieb und arbeitete weiter. Ich mochte den leitenden Klempner. Ich hatte ihn in Anchorage kennengelernt, er war Brians Mitbewohner. Er brachte mich ständig zum Lachen. Ich meine, sein Spitzname war Yukon Horn. Das ist echt witzig. Der andere Klempner war auch ein Typ, ein bärtiger Wildmann, der wie ein Biker aussah und Alkohol und Drogen liebte. Ich werde nie vergessen, wie ich ihn zum ersten Mal traf. Ohne Hallo zu sagen, fragte er Fremde mit ernster Miene: „Habt ihr Alkohol, habt ihr Drogen?" Das war's. Man wusste sofort, woran man bei ihm war. Immer wenn mein Onkel und ich ihn sahen, mussten wir lachen, weil er jedes Mal dieselbe Frage stellte.

Brian hatte seinen Truck zur Baustelle mitgebracht, einen weißen Chevy mit vier großen Ballonreifen und einem Überrollbügel. Es war ein schöner Truck, und er hatte viel Spaß beim Fahren.

Allerdings waren die großen Reifen schwierig zu manövrieren, weil er auf dem losen Kies leicht ins Rutschen geriet. Leider musste ich auf die harte Tour lernen, wie unberechenbar er sich fahren ließ.

KAPITEL 10
Entscheidungen

Endlich konnte ich mich ein wenig in der Kabine bewegen. Ich bewegte mich vielleicht zwei oder drei Zentimeter, und obwohl der Druck des Lenkrads von meiner Brust weg war, tat das Atmen immer noch weh. Ich kämpfte um mein Leben.

Ein Mann griff nach mir. Er packte mich an den Schultern, zog mich aus dem zerfetzten Metall und legte mich sofort auf eine Trage. Oh ja! Ich lag flach auf dem Rücken. Ich hatte starke Schmerzen, aber es war eine große Erleichterung, nach zweieinhalb Stunden oder vielleicht sogar länger aus diesem Lkw herauszukommen.

Die Temperatur lag immer noch um den Gefrierpunkt. Ich sah, wie mir jemand eine Decke überlegte, und fühlte mich etwas sicherer, obwohl ich immer noch nicht sicher war, ob ich diese Tortur überleben würde.

Bumm, bumm, klirrr, klirrr, und schon war ich in der Ambulanz.

„Du schaffst das schon!", rief jemand. „Es dauert eine Weile, bis wir im Krankenhaus sind, vielleicht eine halbe Stunde oder so, aber zuerst müssen wir dich ins nächste Traumazentrum bringen."

„Fahrt einfach langsam, die Straßen sind vereist", sagte ich. Die hinteren Türen schlugen zu, und der Krankenwagen machte sich auf den langen Weg zum Traumazentrum.

EIN PAAR TAGE nachdem Brian abgereist war, wollte ich für eine Weile raus, weg vom Roadhouse, um den Mond und den Himmel zu betrachten und St. Mary's zu sehen. Ich holte die Schlüssel für den Truck, sprang rein und fuhr los. Ich hatte nicht vor, lange weg zu bleiben, vielleicht nur eine halbe Stunde. Ich hatte keine Ahnung, wie müde ich wirklich war.

Die Straße nach St. Mary's war ziemlich gerade. Ich erinnere mich nicht an viele Kurven. Es war dunkel und kalt, mit einer Temperatur von etwa -

2 °C. Ich bewunderte den Mond und die Sterne. Sie strahlten in ihrer ganzen Pracht. *Mann! Sie waren so klar und hell hier draußen im Busch, ohne dass die Lichter der Stadt den Blick auf die Sterne beeinträchtigten.* Als ich in den Rückspiegel schaute, sah ich, wie dank der großen Ballonreifen Staub hoch aufwirbelte.

Während ich die Schotterstraße entlangfuhr, dachte ich über meinen Job und meine Freunde nach und versuchte, mich von dem Tag zu erholen. Dann merkte ich, dass ich total fertig war.

Meine Hände taten weh und meine Beine brannten vom vielen Laufen an diesem Tag.

Was kommt als Nächstes? fragte ich mich. *Was ist der nächste Auftrag?*

Ich bemerkte die Tundra zu beiden Seiten von mir. Meine Arme waren müde, und mein Kopf senkte sich langsam nach unten, dann wieder nach oben. Das Dröhnen des Motors verstummte. Ich hatte keine Ahnung, wie schnell ich fuhr, aber ich schaute nicht auf den Tacho, weil ich davon ausging, dass ich mit einer sicheren Geschwindigkeit fuhr. Schließlich wollte ich Brians Truck nicht zu Schrott fahren. Ich wollte mich nur von dem Tag erholen.

Kurz darauf schaute ich auf den Tacho und bemerkte beiläufig, dass ich zu schnell fuhr: 70 Meilen pro Stunde. Alles schien sich in Zeitlupe abzuspielen. Ich musste am Steuer eingeschlafen sein. Als ich direkt vor mich schaute, konnte ich die Straße sehen, aber sie bewegte sich in Zeitlupe. Der Truck schien nach rechts zu rutschen.

Oh, dachte ich, *ich fahre in den Graben.*

Meine Reaktionen waren langsam. Es war, als stünde die Zeit still. Ich war weder aufgeregt noch verängstigt.

Hey, ich sollte besser wieder auf die Straße kommen, sagte ich mir.

Allein schon diese Worte in meinem Kopf zu sagen, kam mir wie eine Ewigkeit vor. Als ich begann, das Lenkrad nach links zu drehen, spürte ich, wie das Heck des Fahrzeugs den Halt auf dem Schotterstreifen verlor.

Wow, ich rutsche, dachte ich.

Plötzlich schlitterte der Lkw hin und her, und ich hatte die Kontrolle völlig verloren. Es kam mir vor, als würden Minuten vergehen, während ich versuchte, Kurskorrekturen vorzunehmen, obwohl alles in Bruchteilen von Sekunden ablief.

Der Lkw begann sich im Uhrzeigersinn zu drehen, während mein Körper hart gegen die Fahrertür gedrückt wurde. Mein Körper hob sich immer weiter, während ich im Lkw saß.

Als ich mit eingeschalteten Scheinwerfern geradeaus durch die Frontscheibe schaute, sah ich, wie der Lkw anfing, sich zu überschlagen. Ich erinnere mich, dass ich sowohl den rechten als auch den linken Scheibenwischer herausragen sah.

Ich werde abstürzen, dachte ich.

Ich fühlte mich weiterhin seltsam ruhig. Ich hatte keine Angst und war nicht besorgt. Ich sah mein Leben nicht vor meinen Augen vorbeiziehen oder so etwas, aber ich fragte mich, wie groß meine Chancen wohl waren, mit einem Pickup mitten im Nirgendwo zu überschlagen.

Keine Chance.

Ohne Grund hatte ich meinen Sicherheitsgurt nicht angelegt. Ich war verwirrt, warum das so war, denn im Winter legten wir alle wegen der Schnee- und Eisbedingungen Sicherheitsgurte an. Ich war auch ausgebildeter Pilot, und dort war das Anlegen von Sicherheitsgurten Pflicht. Obwohl ich als Kind und junger Erwachsener Risiken eingegangen bin und etwas wild wirkte, war ich mit dem Gedanken an Sicherheit aufgewachsen.

Der Truck rollte und rollte weiter.

Ich dachte, ich würde sterben. Ein klarer Gedanke kam mir langsam in den Sinn.

Ich konnte immer noch das Dröhnen des Motors und das Quietschen der Reifen auf der Schotterstraße hören. Ich spürte den Druck auf meinem Körper, als der Lkw rollte. Ich sah die Tundra zu beiden Seiten von mir, selbst als sich der Lkw hob und drehte. Ich war auf dem Kopf. Die Scheibenwischerblätter kamen in mein Blickfeld, dann die Straße. Sie sah nah aus, zu nah. Der Kies fühlte sich an, als wäre er direkt vor meinem Gesicht. Es schien, als könnte ich die Steine zählen. So langsam fühlte sich alles an.

Ich schaute immer noch nach vorne und sah, wie die Front des Lastwagens auf die Straße aufschlug. Die Fahrerkabine schlug schneller als ein Wimpernschlag auf dem Boden auf. Ich hörte Metall in meiner Nähe knirschen. Dann wurde mir klar, dass ich mich außerhalb des rollenden Lastwagens befand und mein Körper über den Kies schrammte. Ich habe keine Erinnerung daran, herausgeschleudert worden zu sein.

Ich rutschte auf dem Rücken, wurde aufgerissen und sah die Scheinwerfer des Lastwagens blinken, während er sich immer weiter drehte. Das Knirschen von Metall wurde in der Ferne leiser. Dann plötzlich ein harter Schlag. Ich kam zum Stillstand.

Ich lag flach auf dem Rücken und öffnete die Augen. Ich konnte meinen Atem in der kalten Nacht sehen. Oh, die Schmerzen. Ich blinzelte langsam, immer wieder.

Bin ich lebendig oder tot? Ich hab mich gefragt. Ich war noch nie gestorben, also hatte ich keine Ahnung, was mich erwarten würde. Spüren wir nach dem Tod noch Schmerzen, körperliche oder emotionale? Sind unsere Gedanken ganz oder nur Fragmente? Tragen wir diese Gedanken irgendwie mit uns, bis wir begraben werden? Und wenn ich tot war, warum hatte ich dann kein Licht gesehen? Die Leute reden oft von einem Tunnel, wenn sie ihre Nahtoderfahrungen beschreiben.

Ich war verwirrt. Ich lag immer noch auf dem Rücken, blinzelte und hörte in der Ferne den Motor des Lastwagens dröhnen. An der Seite sah ich ein helles Licht. Ich nahm an, dass es die Scheinwerfer des Lastwagens waren, den ich gerade gerammt hatte.

Es war kalt, bitterkalt. Ich hatte keine Ahnung, wie lange ich schon dort lag – Sekunden, Minuten, vielleicht Stunden. Mein Rücken pochte von der unebenen, gefrorenen Tundra unter mir. Ich hatte weder meinen Kopf gedreht noch meine Arme bewegt, die über mir ausgestreckt waren, als würde ich mit einer Waffe bedroht.

Ich atmete weiter ein und aus und versuchte, ruhig zu bleiben. Was nun? Was sollte ich tun und wie? Zuerst musste ich wissen, ob meine Füße und Beine noch funktionierten.

Ich konnte mich nicht bewegen. Ich versuchte es, aber nichts funktionierte, nicht einmal meine Füße, Zehen, Hände, Arme, Finger oder mein Kopf. Nichts. Nur meine Augenlider konnten blinzeln.

Bin ich gelähmt? fragte ich mich. *Oh Gott. Was soll ich tun?*

„Hilf mir", sagte ich ruhig. *Ich muss sehen, ob meine Füße funktionieren. Ich muss es wissen.*

Ich lag da, von Schmerzen überwältigt. Ich bewegte mich nicht. Ich schien gelähmt zu sein, wenn nicht körperlich, dann zumindest in meinem Kopf.

Lieber Gott, was ist passiert? Papa, hilf mir bitte! Was soll ich tun?

Seltsamerweise hatte ich immer noch keine Angst. Ich schrie um Hilfe, weil es mir richtig erschien, aber es war niemand da. Ich musste mich entscheiden, ob ich versuchen sollte, mich zu bewegen, oder ob ich auf der Tundra liegen bleiben sollte. Mein Körper wollte nicht mitmachen. Irgendwie musste ich die Kraft finden.

Ich konzentrierte mich auf meine Zehen. Ich rollte meine Augen zu meinen Füßen und spürte wie durch ein Wunder eine leichte Bewegung. Meine Brust hob und senkte sich, mein Herz pochte. Aber dann wurden meine Zehen wieder still, und meine Augen wanderten zurück zum Nachthimmel. Diese winzige Anstrengung hatte mich erschöpft. Ich musste mich ausruhen, bevor ich es erneut versuchen konnte.

Der Motor des Lastwagens brüllte immer noch. Ich sah helle Lichter an der Seite, von denen ich annahm, dass es Scheinwerfer waren. Es war bitterkalt. Ich wusste nicht, wie lange ich schon dort lag. Sekunden? Minuten? Stunden? Der Schmerz strahlte durch meinen Rücken. Ich hatte weder meinen Kopf noch meine Arme bewegt, die über mir ausgestreckt waren, als würde ich mit einer Waffe bedroht. Ich atmete langsam und versuchte, ruhig zu bleiben.

Was nun? Was sollte ich tun und wie?

Zuerst musste ich wissen, ob meine Beine noch funktionierten.

Ich spürte, wie mein Herz schneller schlug. Meine Brust hob und senkte sich. Ich konnte meine Füße kaum bewegen. Ein paar Mal auf und ab, mehr nicht. Dann ruhte ich mich wieder aus. Meine Gliedmaßen reagierten immer noch nicht, die Schmerzen waren qualvoll.

Bin ich lebendig oder tot? Fragte ich mich erneut. *Wenn ich tot bin, tut das ganz schön weh.*

Minuten vergingen. Ich konzentrierte mich darauf, meine Beine zu bewegen. Meine Zehen zuckten, dann drehten sich meine Füße. Mein Atem wurde schneller. Meine Beine reagierten nicht, aber ich wusste, dass ich nicht gelähmt war. Ich konnte meine Arme und Hände noch nicht bewegen; sie blieben über mir ausgestreckt. Aber wenn ich meine Zehen bewegen konnte, gab es Hoffnung.

Wieder erschöpft ruhte ich mich aus.

Oh Gott, was soll ich nur tun? dachte ich. *Ich muss hier raus.*

Dann eine Bewegung. Meine Hände begannen sich zu bewegen. Schmerz durchzuckte mich. Meine rechte Hand fiel auf meine Brust, dann meine linke auf meinen Bauch. Ich hatte nicht vor, sie zu bewegen; sie bewegten sich einfach. Mein Herz pochte. Ich war erschöpft. Aber jetzt konnte ich meinen Kopf langsam von einer Seite zur anderen drehen.

Ich muss hier raus.

Zeit, aufzustehen. Ich schloss kurz die Augen, öffnete sie dann wieder und zog meine Knie langsam an meine Brust. Es fühlte sich an wie eine Unterhaltung. Ich ließ sie wieder auf den Boden fallen.

Ich dachte an Menschen mit Rückenmarksverletzungen, denen es in einem Moment noch gut ging und die im nächsten Moment gelähmt waren, weil jemand sie zu früh bewegt hatte. Das könnte mir auch passieren.

Was nun? Was sollte ich tun?

Meine Gedanken schweiften ab. Seltsam, wie die Gedanken in solchen Momenten abschweifen. Ich sah die Sterne über mir, scharf vor dem kalten Himmel. Ich hob meine linke Hand und starrte sie an. Blut tropfte von ihr.

Wie schlimm ist es um mich bestellt? fragte ich mich. *Scheiße,* ich muss tot oder schwer verletzt sein.

Noch ein Versuch, dachte ich. *Ich muss hier raus.*

Der Motor brüllte immer noch. Ich hatte Angst, dass der Lkw explodieren könnte. Ich schloss wieder die Augen, mein Herz pochte. Dann hob ich mit Mühe meine Knie an meine Brust. Meine Hände rutschten von meiner Brust auf den Boden. Ich stöhnte, ächzte und kämpfte . Ich rollte mich auf die Seite, drückte meine Hände in die gefrorene Tundra und stand auf.

Die Scheinwerfer des Lastwagens leuchteten in der Ferne. Mein Magen brannte vor Schmerz.

Das ist schlecht. Sollte ich den Motor abstellen?

Trotz allem versuchte ich, meine Situation einzuschätzen. Meine rechte Socke und mein rechter Schuh waren weg. Ich war barfuß. Meine Hose war zerrissen, mein Hemd zerfetzt, Blut tropfte von meinem Kopf bis zu meinen Zehen.

Bin ich lebendig oder tot? Das fragte ich mich immer noch. *Wenn ich tot bin, was für ein Chaos. Was für eine blutige Katastrophe. Würde ich so aussehen, wenn ich in den Himmel oder in die Hölle käme? Nicht gerade passend gekleidet, um meinem Schöpfer zu begegnen. Aber wenn ich lebendig bin, stecke ich in großen Schwierigkeiten.*

Ich drehte mich um und schaute auf die Schotterstraße. Sie schien so weit weg zu sein.

Wie sollte ich es bis zur Straße schaffen, geschweige denn bis zum Roadhouse? Ich musste zurück. Ich brauchte Hilfe.

Überraschenderweise blieb ich ruhig. Jeder Atemzug beschlug die Luft vor mir. Überall war Blut. Ich machte einen Schritt – ein Schmerz schoss durch meine rechte Fußsohle. Ich machte langsam weiter und trat dann erneut. Die buschige, gefrorene Tundra knirschte unter mir wie ein eisiger Schwamm. Zweige und Blätter stachen in meinen nackten Fuß. Ich humpelte auf die unbefestigte Straße zu. Mein Fuß brannte.

Schließlich erreichte ich den Rand. Ich stand da und holte Luft. Das Blut tropfte immer noch ungehindert. Ich drehte mich nach links und rechts.

Wo war das Lager? Ich zögerte. *Okay. Wenn ich auf den Truck zugehe, muss das der Weg sein, den ich gekommen bin. Ich kann den Motor abstellen und zurückfahren.*

Ich stand immer noch in der Tundra und war mir nicht sicher, ob ich die Kraft dazu hatte. Mir war schwindelig. Wenn ich noch nicht tot war, dann war ich kurz davor. Aber ich musste es versuchen. Ich holte tief Luft und trat auf den Kies. Mein Fuß schmerzte höllisch.

Ich humpelte zum Truck und schonte meinen nackten Fuß. Blut tropfte von meinem Kopf und meinen Händen. Ich schaute nach oben. Die Sterne leuchteten hell. Selbst jetzt, als ich zum Wrack taumelte, sah ich die Schönheit.

Gedanken an meine Vergangenheit schossen mir durch den Kopf. Das Leben im Busch. Die blutende Frau, deren Mann ihr den Kopf aufgeschlitzt hatte. Die alte Frau, die eine Waffe abfeuerte, mein Cousin, der mich mit seinem Körper schützte.

Ich versuchte, die Bilder zu verdrängen, aber sie wollten nicht verschwinden. Sie quälten mich, während ich um mein Leben kämpfte.

Bitte, Gott, hör auf damit! schrie ich lautlos. *Hör auf mit den Bildern. Hilf mir. Bitte, hilf mir.*

Ich stand unter Schock. Das musste es sein. Trotzdem bewegte ich mich langsam, geradeaus und stetig auf den Lastwagen zu. Mein Körper schmerzte, besonders mein Bauch.

Man sagt, dass einem vor dem Tod das ganze Leben vor den Augen vorbeizieht. Das passierte mir nicht. Ich sah nur diese verdammten Bilder.

Ich versuchte, sie auszublenden. Ich dachte an meinen Vater Gordon. Ich vermisste ihn so sehr. Würde ich ihn bald sehen? Ich kämpfte wie verrückt ums Überleben und flehte ihn um Hilfe an. Ich wollte hier draußen nicht alleine sterben.

Vater, bitte lass mich hier nicht sterben. Bitte hilf mir.

Endlich erreichte ich den Truck. Er stand aufrecht und lief noch. Die Scheinwerfer waren so hell, dass ich die Augen zusammenkneifen und wegschauen musste. Der Truck sah aus wie eine zerdrückte Aluminiumdose, aber der Motor klang ruhig. Ich wollte nicht zu nahe herankommen. Vielleicht war der Benzintank undicht. Ich wollte nicht hierbleiben und es herausfinden.

Ich berührte die Fahrertür und sie war kalt. Ich versuchte, meine Hand zurückzuziehen, aber ich konnte mich nicht bewegen. Einen Moment später steckte ich meinen Kopf durch die zerbrochene Scheibe der eingedrückten Fahrerkabine und griff nach dem Schlüssel. Es war ein langer Weg, aber schließlich drehte ich ihn um. Der Motor ging aus.

Die Scheinwerfer blieben an. Ich starrte sie an und überlegte, ob ich sie ausschalten sollte. Warum zum Teufel dachte ich überhaupt über die Lichter nach?

Wie zum Teufel hatte ich diesen Unfall überlebt? Oder hatte ich ihn überhaupt überlebt?

Im Nachhinein war die Antwort klar: Es machte mehr Sinn, die Scheinwerfer an zu lassen. Ich brauchte Hilfe. Ich blutete überall, warum dachte ich also über Scheinwerfer nach?

Okay, verdammt, ich lasse sie einfach an.

Ja, genau. Ich lasse sie an, damit jemand, der vorbeifährt, mich sieht und vielleicht anhält.

Als ich mich aus dem Fenster drückte, fragte ich mich, ob ich mich an Glas oder Metall geschnitten hatte. Ich spürte nichts. Vielleicht war das gut. Eine Sorge weniger für später. Jetzt musste ich Hilfe holen. Die Zeit lief mir davon.

Ich hielt inne. Schaute nach oben. Die Sterne waren atemberaubend, und der Mond erhellte die pechschwarze Nacht.

Okay. Welcher Weg? Rechts oder links?

Wenn ich in die falsche Richtung nach St. Mary's gehe, könnte ich sterben.

Verdammt. Was soll ich tun?

Selbst wenn ich es zum Roadhouse versuchen würde, gab es keine Garantie, dass ich es schaffen würde. Und wenn ich hier bliebe, würde mich vielleicht jemand finden. Ich traf meine Entscheidung. Ich machte mich auf den Weg zum Roadhouse.

Komm schon, Dave. Du schaffst das.

KAPITEL 11
Münzwurf

Ich konnte die Sirenen der Krankenwagen hören, als wir von dem verbogenen Metall wegfuhren. Ich war auf einer Trage festgeschnallt und an medizinische Geräte angeschlossen. Meine Rippen taten weh. Ich hatte überall Schmerzen. Ich konnte anscheinend nichts gegen die Schmerzen tun. Ich dachte kein einziges Mal daran, dass ich Schmerzmittel brauchte. Ich kann nicht erklären, warum. Vielleicht stand ich unter Schock.

Ich hatte extremes Glück und gleichzeitig Pech. Ich konnte die Sanitäter sehen und hören, aber ich wusste nicht genau, was sie machten. Eines wusste ich jedoch ganz sicher: Mir war kalt, richtig kalt.

Die Straße war holprig und ich wurde hin und her geschleudert. Da ich wusste, dass die Straße noch vereist war, war ich etwas nervös. Ich wollte einfach keinen weiteren Unfall haben. Ich spürte, wie wir ein wenig rutschten. Ich hatte volles Vertrauen in den Fahrer und die Sanitäter, aber ich machte mir Sorgen um die anderen Autos.

„Wir bringen dich ins Royal Inland Hospital in Kamloops", rief mir einer der Sanitäter über den Straßenlärm und die Sirenen hinweg zu. „Aber zuerst müssen wir dich in ein Traumazentrum bringen."

Er schien ein freundlicher Mann zu sein. Ich wusste, dass sie alle versuchten, mir zu helfen. Ich bat den Sanitäter, näher zu mir zu kommen.

„Könntest du bitte langsamer fahren?", fragte ich. „Bitte fahr langsamer. Ich will nicht noch einen Unfall haben. Bitte fahr langsamer."

Er hat mich komisch angeschaut. Ich weiß nicht mehr, was er gesagt hat. Wahrscheinlich hat er versucht, mich zu beruhigen, indem er meinte, dass alles gut wird und wir fast im Traumazentrum sind. Für mich ging das nicht schnell genug.

Die lange Fahrt war holprig. Meine Rippen taten bei jedem Atemzug höllisch weh. Meine linke Hand war mit einer Schiene verbunden. Das machte mir keine großen Sorgen, auch wenn ich sie nicht bewegen konnte, aber es tat weh, meinen Hals zu bewegen. Der Schmerz zog bis in meine Beine und Füße. Aber wenigstens konnte ich meine Füße noch bewegen.

„Hey, kannst du bitte langsamer fahren?", fragte ich noch einmal.

Der Sanitäter starrte mich nur an.

„Nein, echt, kannst du bitte langsamer fahren? Ich will nicht noch einen Unfall haben. Die Straßen sind vereist, bitte!"

Niemand reagierte. Ich drehte mich zur Seite, streckte meinen Kopf in Richtung Fahrer und rief höflich.

„Hey, kannst du bitte langsamer fahren?"

Ich werde nie den Blick des Fahrers vergessen. „Wir müssen dich ins Traumazentrum bringen", rief der Fahrer respektvoll zurück.

„Oh, bitte, fahr langsamer. Ich habe Angst", rief ich. „Ich würde lieber hier sterben als bei einem weiteren Autounfall, bitte!"

Zu meiner Erleichterung reduzierte der Fahrer tatsächlich seine Geschwindigkeit. Ich war so dankbar. Die Straßen waren schlecht, und ich wollte einfach nur sicher sein.

Ich spürte, wie der Krankenwagen langsamer wurde, scharfe Kurven fuhr und dann plötzlich anhielt. Die Hintertür des Krankenwagens öffnete sich, und die Sanitäter sagten mir, dass wir angekommen seien.

AUF DEM WEG ZUM ROADHOUSE drehte ich mich um und schaute zu dem Lkw. Ich konnte die Scheinwerfer des zerknitterten weißen Chevy-Lkws in der Ferne sehen, die auf mich gerichtet waren. Dann wurde mir klar, dass ich vielleicht in die falsche Richtung ging. Wenn ich in die entgegengesetzte Richtung der Scheinwerfer ging, würde ich zurück zum Roadhouse kommen. *Ja, das ist es! Ich habe die Antwort.* Ich war in Richtung St. Mary's gefahren, und die Logik sagte mir, dass ich umkehren und am Truck vorbeigehen musste, um zum Roadhouse zurückzukommen.

Ich tastete meinen Hinterkopf und meinen Scheitel ab; überall war Blut. Ich zwang mich, zum Roadhouse zurückzulaufen. Meine Füße taten wirklich weh. Verdammt, die kleinen Kieselsteine drückten mir bei jedem Schritt in die Fußsohlen. Diese Straße war nicht gerade der beste Ort, um barfuß zu laufen; unabhängig davon, ob ich Schuhe anhatte oder nicht, war ich nicht in der besten Verfassung, um irgendwohin zu laufen.

Ein Fuß vor den anderen. Meine Arme und Hände hingen herunter. Die Nacht wurde kälter. Ich hatte das Gefühl, zu erfrieren, da ich halb nackt war, weil die meisten meiner Kleider zerrissen waren und mehrere Teile meines Körpers den Elementen ausgesetzt waren.

Vielleicht würde mich das Laufen aufwärmen und ich hätte eine Chance zu überleben.

„Okay, versuch es", hörte ich mich sagen. Nur Gott weiß es. Ich begann zu rennen, immer schneller und schneller. Ich rannte mehrere Minuten lang, und es fiel mir immer schwerer, zu Atem zu kommen. Meine Beine wurden schwach und mein Fuß brannte. Mein Bauch brannte, es fühlte sich an, als stünde er in Flammen. Die Schmerzen waren unerträglich, aber ich machte weiter. Ich wusste nicht, was ich tun sollte. Ich wusste nicht, wie weit ich schon gelaufen war und wie lange ich noch laufen musste, um Hilfe im Roadhouse zu bekommen. Es schien, als hätte ich noch einen langen Weg vor mir.

Sollte ich weiterlaufen oder langsamer werden und gehen? Was würde das mit meinen inneren Organen machen, wenn ich weiterlaufen würde? fragte ich mich. *Hatte ich sie bei dem Unfall verletzt? Oh Gott, die Schmerzen waren unerträglich.*

Plötzlich wurde ich langsamer und ging zu Fuß weiter. Vielleicht war ich nur außer Atem. Ich wollte mich umdrehen, um die Scheinwerfer des Lastwagens zu sehen, mich zu vergewissern, dass ich in die richtige Richtung ging, und um zu sehen, wie weit ich schon gekommen war. Ich atmete sehr schwer, und der Dampf meines Atems umgab meinen Kopf wie eine Wolke.

„Oh Gott, hilf mir!", schrie ich. „Bitte, lieber Gott. Bin ich tot oder lebendig? Wenn ich lebendig bin, dann lass mich bitte nicht hier sterben. Nicht hier draußen im Busch, bitte, nicht hier. Nicht an diesem Ort hier draußen. Lass mich in Anchorage sterben." *Ich wusste, dass ich noch kilometerweit zu gehen hatte, aber ich war mir nicht sicher, wie lange ich dafür brauchen würde.*

Ich fühlte mich erschöpft, mein Kopf begann zu sinken. Nur wenige Minuten waren seit dem Unfall vergangen, aber für mich kamen sie mir wie Stunden vor.

Ich habe niemanden auf der Straße gesehen. Schlafen alle? Es scheint noch nicht so spät zu sein, vielleicht ist es etwa neun Uhr.

Mein Kopf sank weiter nach unten. Als ich nach oben schaute, sah ich in der Ferne ein Licht auf und ab bewegen. *Das muss ein Auto sein! Es muss in meine Richtung kommen. Gott sei Dank gehe ich in die richtige Richtung.* Als ich meinen Blick auf das Licht richtete, wurde ich noch müder; es fiel mir so schwer, den Kopf hochzuhalten.

Minuten vergingen, und das Auto war noch nicht einmal in der Nähe. Oh Mann, das Auto fährt in die falsche Richtung nach St. Mary's. Na toll. Ich wusste, dass ich verloren war, wenn ich mich hinsetzte. Ich konnte nur weitergehen, eher humpeln. Ich konnte nicht aufblicken, selbst als ich einen Motor hörte, der immer lauter wurde. Staub wirbelte hinter einem Fahrzeug auf, das in meiner Nähe quietschend zum Stehen kam. Der Mann, der das Auto fuhr, sprang heraus und rief: „Sind Sie okay?"

Ich weiß nicht mehr, ob ich ihm geantwortet habe. Ich war total fertig und konnte mich kaum konzentrieren. Er kam schnell zu mir, packte mich an der Taille und den Schultern und half mir auf den Rücksitz. Er knallte die Tür zu, rannte um das Auto herum, sprang rein und fuhr zum Roadhouse. Die Schmerzen waren echt schlimm, aber die Heizung im Auto hat mich langsam wieder aufgewärmt, was echt geholfen hat.

Nach einer gefühlten Ewigkeit erkannte ich die Lichter auf der rechten Straßenseite. Das gute alte Roadhouse kam in Sicht. Ich hatte es geschafft! Zumindest hatte ich es bis zum Roadhouse geschafft. Ich sackte auf einen Stuhl im Flur. Das Nächste, was ich wusste, war, dass meine Kollegen mich anstarrten. Ich muss ein seltsamer Anblick gewesen sein. Ein Polizist hinter mir begann, mir alle möglichen Fragen zu stellen.

„Haben Sie heute Abend getrunken?", fragte der Polizist.

„Nein, ich bin nur eingeschlafen", sagte ich mit schwacher Stimme.

Ich konnte hören, wie die Arbeiter untereinander flüsterten. Worüber redeten sie? Ich sah den Biker-Klempner mit seinem komischen Schnurrbart und Bart, der mit Yukon sprach. Hinter mir starrten mich zwei junge Frauen an, die gerade das Gebäude betreten hatten.

„Jemand muss ihn nach Bethel bringen. Er muss ins Krankenhaus", meinte einer der Arbeiter.

Als ich den Flur hinunterblickte, konnte ich sehen und hören, wie die Arbeiter darüber diskutierten, wer mich ins Krankenhaus in Bethel bringen sollte, das etwa 101 Flugmeilen südöstlich lag.

„Also, ich werde ihn nicht fahren", rief einer der Arbeiter.

Ich konnte nicht glauben, was ich da hörte. Das musste meine Einbildung sein. Yukon kam auf mich zu, beugte sich vor und flüsterte mir ins Ohr.

„David, es liegt nicht an dir. Es ist nur so, dass wir alle mehrere Monate in Bethel festsaßen und niemand dorthin zurück will“, erklärte er.

Ich konnte nicht glauben, was ich da hörte. Obwohl ich vielleicht im Sterben lag, wollte mich niemand ins Krankenhaus in Bethel bringen. *War das möglich?* Als wir das besprachen, wusste ich mit Sicherheit, dass ich am Leben war, daran gab es keinen Zweifel, aber wie lange noch? Der Wahnsinn, der mich umgab, hallte in meinem Kopf wider. Das war zu erwarten. Einfach toll.

„Ich will ihn nicht mitnehmen“, meinte ein anderer Mitarbeiter.

„Hey! Ich weiß“, sagte ein anderer Mitarbeiter. „Lasst uns eine Münze werfen. Der Verlierer muss David nach Bethel bringen.“

Oh mein Gott! Warum bringt ihr mich nicht einfach nach draußen und werft mich in den Müllcontainer? Das Leben im Busch war hart und grausam. Anscheinend verlor Yukon den Münzwurf. Wie unglücklich für ihn.

Die Zeit verging wie im Flug, und ehe ich mich versah, saß ich hinten in einer Cessna 206. Jemand hatte mich in Decken gewickelt. Yukon saß v ch mir und beobachtete mich weiter, während zwei Piloten zum Start rollten. Der Motor dröhnte, und ich spürte, wie das Flugzeug vibrierte, als wir die Startbahn entlangrollten. Ehe ich mich versah, waren wir in der Luft. Yukon lächelte mich an und versicherte mir, dass alles gut werden würde. Etwa dreißig bis vierzig Minuten später konnte ich endlich die Lichter von Bethel sehen, das im Vergleich zu St. Mary's wie eine große Stadt aussah. Bethel hatte damals etwa 3.600 Einwohner. Es gab einige asphaltierte Straßen und sogar ein Krankenhaus. Die weißen, roten und grünen Lichter der Stadt wurden im Cockpit immer heller. Was für ein Anblick! Das Flugzeug begann aufgrund der Turbulenzen, in die wir geraten waren, zu schaukeln. Wir schaukelten auf und ab, hin und her, und es tat weh. Je näher wir Bethel kamen, desto stärker wurden meine Schmerzen. Ich zitterte am ganzen Körper und meine Zähne klapperten, als würde ich frieren.

„Yukon, ich glaube, ich sterbe."

„Nein, David, das wirst du nicht. Wir sind fast da. Nur noch ein paar Minuten, dann landen wir", sagte Yukon mit einem warmen Lächeln. Er schien immer zu lächeln, auch wenn er unglücklich war.

„Auf keinen Fall, ich schaffe es nicht. Auf keinen Fall", schrie ich.

Wir wurden weiter durchgeschüttelt. Die Schmerzen wurden immer stärker und die Taubheit ließ schnell nach. Endlich hörte ich, wie die Reifen auf der asphaltierten Landebahn des Flughafens von Bethel aufsetzten.

Der Pilot rollte das Flugzeug zu einem Abstellplatz, wo ein Taxi auf uns wartete. Ich wurde auf den Rücksitz des Taxis neben zwei betrunkenen Männern gesetzt, während Yukon vorne saß. Der Taxifahrer schien etwas nervös zu sein, aber schließlich fuhren wir los und machten uns auf den Weg zum Krankenhaus von Bethel. *Verdammt, was ist mit dieser Straße los?* Die Frostaufbrüche in Bethel waren erschreckend. Wir holperten auf und ab, während wir den Konturen der Straße folgten. Was für eine Fahrt! Die Straße war schon für einen gesunden Menschen erschütternd genug, geschweige denn für einen Verletzten wie mich.

„Aua", schrie ich. „Fahr langsamer!"

„Oh Mann, ja. Ich hoffe, er überlebt", murmelte der Taxifahrer besorgt. „Ja, fahren wir langsamer."

Der Sitz schien hart wie Stein zu sein. Yukon schaute ab und zu zu mir zurück, um zu sehen, ob alles in Ordnung war, während die beiden Betrunkenen immer unruhiger wurden, laut redeten und manchmal sogar schrien. Sie lallten, sodass ich nicht verstehen konnte, was sie sagten, aber was interessierte mich das schon? Ich versuchte zu überleben. Ich wünschte, sie würden beide die Klappe halten.

Das kann mir gerade so fehlen, dachte ich. Das kann doch nicht wahr sein.

Beide Männer schwankten hin und her, und einer von ihnen stieß immer wieder gegen mich. *Was zum Teufel? Erst die holprige Straße und jetzt dieser Mist.* Von ein paar betrunkenen Fremden herumgestoßen zu werden. Noch mehr typischer Mist, mit dem man im Busch zu kämpfen hat.

„Herrgott! Hört auf damit! Hört auf, mich anzurempeln, ihr Idioten. Was ist los mit euch beiden?" Ich war sauer, aber da ich kaum Energie hatte, mich zu wehren, blieb mir nichts anderes übrig, als es zu ertragen.

Sie schwankten weiter hin und her und plapperten vor sich hin. Sie schienen mit ihrem Verhalten ziemlich zufrieden zu sein. „Ein Land ohne Gnade." Ich schätze, das gilt auch für die Menschen. *Halt die Klappe, Opa.*

Die lange Fahrt auf der frostaufgebrochenen Straße endete endlich, als wir am Bethel-Krankenhaus ankamen. Natürlich redeten die beiden betrunkenen Männer immer noch sehr laut, lachten und stießen gegen meinen verletzten Körper, aber zumindest war das Fahrzeug nun vollständig zum Stillstand gekommen.

Gott sei Dank. Vielleicht bekomme ich jetzt etwas Linderung. Ich hoffe, das Krankenhaus hat Morphium. Es war mir egal, welche Medikamente ich bekam. Jetzt wollte ich einfach nur viel davon. Verdammt, ich hätte eine Handvoll von allem genommen, nur um diesen betrunkenen Bastarden zu entkommen.

Ein Rollstuhl kam an der Rückseite des Taxis an. Der Taxifahrer schien immer noch ziemlich nervös zu sein und schimpfte mit den beiden betrunkenen Männern, während ich im Auto feststeckte. *Oh Gott, lass mich hier raus.* Die Tür öffnete sich, und ich spürte die eisige Luft von Bethel auf meiner Haut. Ich fing an, noch mehr zu zittern; die Schmerzen wurden immer unerträglicher. Wenn ich jetzt zurückblicke, wird mir klar, dass ich wohl langsam aus meinem Schockzustand erwacht war. Jeder Teil meines Körpers schmerzte unerträglich, und ich war mit frischem und altem, getrocknetem Blut bedeckt. Als ich endlich im Rollstuhl saß und durch die Türen des Krankenhauses gefahren wurde, verspürte ich eine Erleichterung. Gott sei Dank, ich hatte es endlich geschafft.

Das Bethel-Krankenhaus schien eine recht große Pflegeeinrichtung zu sein. Wahrscheinlich war es für die meisten Situationen gut ausgerüstet. Außerdem war der Flughafen Bethel für Jet-Flüge ausgelegt. Jetzt konnte ich zumindest ziemlich schnell in ein Flugzeug steigen und nach Hause fliegen.

Bald! Dachte ich zumindest. Ich ging durch die Türen des Krankenhauses und hörte, wie sie sich hinter mir schlossen. Ich wurde zur Rezeption gefahren, wo mich eine Krankenschwester in weißer Uniform begrüßte.

Na gut, dachte ich, *wenigstens ist sie hübsch.*

Um damit klarzukommen, entwickelte ich einen seltsamen Sinn für Humor, selbst in den brutalsten und trostlosesten Situationen. Entweder das oder weinen. Die Krankenschwester kam um den Schreibtisch herum und maß meinen Puls und meinen Blutdruck. Sie sah mich an, während sie meine Vitalwerte weiter maß.

„Haben Sie das Gefühl, dass Sie sterben werden?", fragte sie.

„Ich weiß es nicht, aber ich glaube schon."

Ein Moment verging, und sie warf mir einen seltsamen Blick zu. *Warum zum Teufel sieht sie mich so an? Was ist los? Bin ich so schlimm dran?*

Sie sah mich erneut an und sagte: „David, ich habe schlechte Nachrichten für Sie." *Verdammt!* dachte ich. *Ich werde hier in Bethel sterben.*

„David", sagte die Krankenschwester, „wir können dich nicht in dieses Krankenhaus aufnehmen." „Was? Ich bin versichert", sagte ich mit lauter Stimme.

„Ich kann dich nicht aufnehmen, weil ich nicht glaube, dass du sterben wirst", antwortete sie.

„Wovon redest du? Sieh mich doch an. Ich bin in einem schrecklichen Zustand."

„Ja, ich weiß, aber Ihr Blutdruck und Ihr Puls scheinen im Moment stabil zu sein. Sie müssen sich dort hinsetzen und auf den Arzt aus der Klinik warten, der Ihnen helfen wird."

„Was? Was ist hier los? Ein Arzt aus der Klinik? Was soll das denn?", schrie ich sie an.

„Hey, hör mal. Schrei mich nicht an. Dies ist ein Krankenhaus für Ureinwohner, und wenn wir nicht sicher sind, dass du im Sterben liegst, können wir dich nicht aufnehmen", erklärte sie.

„Was redest du da? Mit jeder Minute komme ich dem Tod näher. Willst du mir sagen, dass du mir nicht helfen wirst?"

„Hey, beschwer dich nicht bei mir. Schreib an deinen Kongressabgeordneten", sagte sie ruhig. „Jetzt setzen wir dich dort hin, damit du auf den Arzt der Klinik warten kannst." Mann, sie wurde schnell unfreundlich.

Erst das Münzwurfspiel. Und jetzt das? Ich kriege keine Hilfe. Was ist mit den grundlegenden Menschenrechten? Selbst in meinem Zustand kriege ich in diesem Krankenhaus keine Hilfe. Ich schätze, ich habe nicht genug Blut in mir.

Ich saß lange auf diesem unbequemen Plastikstuhl und wartete auf den Arzt. Ich meine, es müssen mindestens zwei Stunden gewesen sein. Glaub mir, meine Sinne haben mich nicht getäuscht; vor mir hing eine gut sichtbare Uhr. Um Himmels willen, niemand hat mich versorgt. Ich blutete immer noch, und das Blut durchtränkte meine Kopf- und Schulterverbände. Als das Blut trocknete, tropfte es teilweise auf den Teppich.

Endlich sah ich einen Mann mit einem freundlichen Gesicht auf mich zukommen. Es war der Arzt aus der Klinik. Sie rollten mich in einen anderen Bereich desselben Krankenhauses, wo der Arzt versuchte, mich mit den begrenzten Mitteln, die ihm zur Verfügung standen, so gut wie möglich zu versorgen. Er nähte mir ein paar Stiche am Kopf und verband ihn wie eine Mumie. Ich kann mich nicht erinnern, was er sonst noch für mich getan hat. Ich bin mir sicher, dass er mich einigermaßen säuberte und so gut es ging das getrocknete Blut von meinem Gesicht, meinen Händen und Beinen entfernte. Er gab mir ein paar Schmerztabletten und schickte mich dann in ein Hotelzimmer, wo ich auf den frühesten Flug aus Bethel warten musste. Die Medikamente konnten die Schmerzen nicht annähernd lindern. Die Botschaft der Crew war laut und deutlich: Ich war es, der den Münzwurf verloren hatte.

KAPITEL 12
Kalter Schweiß

„Komm hier entlang", sagte der Röntgentechniker.
Ich trug einen Unisex-Krankenhauskittel und hatte weder Schuhe noch Socken an. Der Boden war kalt. Ich musste stehen, während sie Fotos von meiner Brust machten.

Während ich stand, stützte ich meinen Kopf mit der rechten Hand. Ich erzählte dem Personal davon. Sie sagten, ich solle mir keine Sorgen machen und dass sie gleich nach den Aufnahmen von meiner Brust auch Röntgenbilder von meinem Hals machen würden.

„Wo bin ich?", fragte ich die Person, die mir half. „Bin ich im Krankenhaus?"

„Nein, das ist in Kamloops", sagte er. „Wir bringen dich dorthin, sobald wir fertig sind."

Ich sagte ihm, dass mir kalt sei. Er brachte mir eine weitere Decke und ich schlief ein. Als ich aufwachte, lag ich im Bett, mein linker Arm und *meine linke Hand waren eingegipst und über meinem Bauch hochgelagert. Als ich meinen Blick schweifen ließ, sah ich andere Menschen vor mir in etwas liegen, das wie Krankenhausbetten aussah. Obwohl ich an einen Tropf angeschlossen war, hatte ich immer noch Atemnot, starke Schmerzen und fühlte mich extrem müde. Als ich meine Augen nach rechts rollte, sah ich eine Krankenschwester neben mir stehen. Sie sah mich an und sagte mir, dass alles gut werden würde.*

„Was ist mit meiner Hand passiert?", fragte ich.

„Sie mussten eine rekonstruktive Operation machen", sagte sie.

Nachdem ich festgestellt hatte, dass ich mich in Kamloops, Kanada, im Royal Inland Hospital befand, sagte ich der Krankenschwester, dass ich meinen Kopf nicht bewegen konnte. „Ich kann es einfach nicht", sagte ich.

Sie meinte, der Arzt würde bald vorbeikommen, um meine Verletzungen mit mir zu besprechen.

ENDLICH WURDE ES MORGEN. Yukon half mir aus dem Stuhl. Dann warteten wir in der Lobby auf ein Taxi, das uns zum Flughafen Bethel bringen sollte. Die Schmerzen von der Nacht zuvor waren immer noch stark, und das Blut und die durchnässten Verbände machten es mir noch unangenehmer. Ich war müde und hatte Schmerzen, meine Gedanken kreisten wild durcheinander.

Die kalte Luft traf mich wie ein Schlag, als wir aus dem Hotel zum Taxi gingen. *Oh Mann, ist das kalt. Das ist einfach zu kalt für mich.* Ich ging zum Taxi und sah nur Schnee und Eis.

„Alles wird gut", sagte Yukon mit seinem üblichen Lächeln.

Ich glaube nicht, dass das gut geht, dachte ich, *vor allem, wenn ich in dieses Taxi steigen und eine lange und nervige Fahrt zurück zum Flughafen machen muss.*

Die Straße war so holprig, dass sie einen gesunden Menschen umbringen könnte. Yukon öffnete die Hintertür, und zu meiner Erleichterung hatte ich den ganzen Rücksitz für mich allein. Der Fahrer hatte es nicht eilig, sodass die Fahrt nicht allzu schlimm war und es keine Betrunkenen gab, die mich verprügeln konnten. Yukon war so nett, zu bleiben und mich beim Einsteigen in das Flugzeug für meinen Heimflug zu begleiten. Ich habe Yukon immer sehr respektiert und werde ihm für immer dankbar sein für das, was er für mich getan hat.

Endlich stieg ich ins Flugzeug. Ich hatte Schwierigkeiten, mich auf meinem Sitz zurechtzufinden und den Sicherheitsgurt anzulegen. Ich war dankbar, dass ich Schmerzmittel hatte, obwohl ich mir wünschte, es wäre Morphium oder ein anderes starkes Medikament gewesen. Zu diesem Zeitpunkt hätte ich nichts lieber getan, als bewusstlos zu sein; das wäre großartig gewesen.

Die Turbinentriebwerke drehten auf Hochtouren und waren startbereit. Ich konnte die Vibrationen des Flugzeugs spüren, als es von der Startbahn abhob. Ich war auf dem Weg nach Hause.

Die Schmerzen waren unglaublich, aber vielleicht hatte ich jetzt die Chance, Morphium oder etwas anderes gegen die Schmerzen zu bekommen. Erschöpft von der ganzen Tortur konnte ich aus irgendeinem Grund im Flugzeug nicht schlafen.

Ich fragte mich immer wieder: *Warum war mein Leben so durcheinander?* Ich dachte über mein Leben nach, über meine Erfolge und meine Misserfolge. Ich war erst achtzehn Jahre alt und fühlte mich schon alt und erschöpft.

Ich weiß, dass der Busch wunderschön ist und für viele eine Lebensweise darstellt, aber es ist ein hartes Leben. Und ich glaubte nicht, dass ich hart genug war, um noch mehr zu ertragen. Ich habe großen Respekt vor allen, die unter diesen Bedingungen leben. Aber wenn ich die Wahl hätte, würde ich jederzeit die kleinen Dinge, die medizinische Notfallversorgung und den grundlegenden Komfort dem Leben abseits der Zivilisation vorziehen. Vielleicht liegt es nur an mir, aber ich denke, jeder wäre sauer, wenn ihm medizinische Behandlung verweigert würde, egal aus welchem Grund.

Werde ich immer an einem Ort kämpfen müssen, an dem ich nicht sein will und nie leben möchte? Wird es immer so bleiben? Wenn ich das Glück habe, Kinder zu haben, werde ich dann den größten Teil ihres Lebens wegen der Arbeit verpassen? Werden sie diesem Leben ausgesetzt sein? Ich wusste, dass ich etwas ändern musste, aber ich wusste damals nicht, wie. Ganz zu schweigen davon, dass ich verletzt war, was mich zusätzlich bremste.

Es fiel mir schwer, klar zu denken.

Ich war total erschöpft. Ich musste versuchen zu schlafen. Medikamente, ich brauchte mehr Medikamente.

Die Räder des Flugzeugs quietschten, als sie den Asphalt des Anchorage International Airport berührten. Als ich das Flugzeug verließ, begann ich, meinen Glauben an die Menschheit zu verlieren. Es war unfassbar, solche Demütigungen und schändliches Verhalten ertragen zu müssen. Auch wenn ich wusste, dass die meisten Menschen gut sind, ist es schwer genug, mitanzusehen, wozu Menschen fähig sind , geschweige denn, wenn man verletzt ist. Ich war wütend über das ganze Ereignis. Ich sagte meinem Stiefvater nichts, bis wir in sein Auto stiegen.

„Du hättest getötet werden können", sagte mein Stiefvater, als er mich sah.

Erschöpft antwortete ich: „Na und? Was würde das schon ändern?"

Ich habe ihm nie erzählt, was mir passiert war, weil ich wusste, dass er es nicht hören wollte. Er hatte mit seinen eigenen Problemen zu kämpfen, und jetzt kamen durch meine Verletzungen noch weitere Belastungen hinzu.

Erst später erfuhr ich von dem Taxifahrer, der mich abgeholt hatte, dass ich in die falsche Richtung gelaufen war, weg vom Roadhouse. Toll, dachte ich. Wie zum Teufel habe ich das überlebt? Jemand da oben muss mir einen schlechten Streich gespielt haben.

Endlich kam ich zum Arzt. Die Röntgenaufnahmen meines unteren Rückens zeigten eine leichte Fraktur. Wie die Verletzung eines Footballspielers, sagte er, es sei nur ein kleiner Haarriss irgendwo im unteren Rückenbereich. „Sie werden davon genesen und sich von dieser Verletzung erholen."

In meiner rechten Schulter steckten jede Menge Kieselsteine, weil ich die unbefestigte Straße hinuntergerutscht war. Das Fleisch war fast bis auf den Knochen abgeschürft, und es war eine fünf Zentimeter lange, kreisförmige Wunde zurückgeblieben. Der Arzt konnte nichts für mich tun, es sei denn, ich hätte Interesse an einer Hauttransplantation gehabt, bei der Haut vom Gesäß entnommen und auf die offene Wunde transplantiert wird, was, wie er mich warnte, viel schmerzhafter sein würde als das, was ich gerade durchmachte.

„Auf keinen Fall", sagte ich.

Das Einzige, was sie tun konnten, war, mich zu verbinden. Zweimal täglich musste ich die blutgetränkte Gaze abziehen, die Wunde reinigen und dann neue Gaze darauf legen.

Außerdem hatte ich mir den rechten Knöchel schwer verstaucht. „Es wäre besser gewesen, wenn du ihn dir gebrochen hättest. Das heilt viel leichter", sagte der Arzt. „Wir werden ihn mit einer Schiene verbinden und du wirst eine Weile Krücken benutzen müssen."

Die Heilung war echt schmerzhaft, denn jedes Mal, wenn sie die Gaze abnahmen und mit Wasserstoffperoxid besprühten, hüpfte ich vor Schmerzen ein paar Mal durch das Haus. Das war überhaupt nicht lustig.

Während dieser Zeit arbeitete mein Stiefvater an mehreren HUD-Einheiten in der Gegend von Iliamna. Ich habe eins und eins nicht zusammengezählt, als er von den Dörfern in Iliamna sprach. Das war die Gegend, in die wir geflogen sind, um privat zu angeln und zu jagen, als wir nach Alaska gezogen sind. Damals hatte ich keine Ahnung, dass es in dieser Gegend Indianerdörfer gab.

Mein Stiefvater hatte es schwer und beschloss, zu Beginn des Winters zu bauen. Im Winter zu bauen ist extrem riskant, besonders in abgelegenen Dörfern.

Zu dieser Zeit hörte ich immer wieder Geschichten über das schlechte Wetter und die schlechte Stimmung. Er brauchte Hilfe, also fing ich etwas mehr als eine Woche nach meinem Unfall an, am Anchorage International Airport zu arbeiten. Ich humpelte mit einem verstauchten Knöchel und einem großen Loch in der Schulter herum und bereitete Materialien für die Arbeiten vor, indem ich Holz und andere Baumaterialien zählte, die für diese Projekte benötigt wurden.

Oh toll, dachte ich mir immer wieder. *Was soll das denn? Ich habe noch nicht einmal mit der Genesung begonnen und muss schon arbeiten, aber ich mochte diesen Mann und wollte ihm unbedingt helfen.*

Eines Abends, als ich im Bett lag, hörte ich meinen Stiefvater sagen, dass jemand gestorben sei und er die Leiche von Anchorage nach Kotzebue fliegen müsse. Einer der Piloten erzählte ihm, dass man, wenn man eine Leiche in einem Flugzeug in großer Höhe transportiert, die Leiche stöhnen und ächzen hören kann, weil sich die Lungen ausdehnen und zusammenziehen, wenn das Flugzeug die Höhe ändert.

Eines Tages kam mein Onkel bei der Arbeit auf mich zu und meinte, wir müssten was unternehmen. Er hat mir nicht gesagt, was genau. Als wir den Hangar verließen, sah ich das zweimotorige Flugzeug 402 meines Stiefvaters auf dem Rollfeld stehen. Wir gingen auf das Flugzeug zu.

„Was ist los?", fragte ich.

Er meinte, wir müssten ein Flugzeug beladen. Es waren keine Kisten um das Flugzeug herum und nichts war zu sehen, also fragte ich ihn nochmal. Was laden wir? Er sah mich an und sagte mir dann, dass wir hier auf einen Leichenwagen warten müssten, weil wir helfen würden, einen Sarg ins Flugzeug zu laden.

„Was zum Teufel!", rief ich aus. „Damit will ich nichts zu tun haben."

Kurz darauf fuhr ein Leichenwagen vor und hielt in der Nähe der Flugzeugtür. Zwei Herren in Anzügen stiegen aus dem Leichenwagen, öffneten die Hintertür und begannen, einen Sarg herauszuziehen. Mein Onkel und ich waren total erschrocken. Wir stellten uns auf die eine Seite des Sarges, die beiden anderen Männer auf die andere Seite, und wir trugen den Sarg zum Flugzeug.

Mein Onkel sah mich mit ernster Miene an, um mich zu beruhigen. „Entspann dich, das ist das Sauberste, was du heute angefasst hast", sagte er.

Ich bin mir ziemlich sicher, dass er genauso nervös war wie ich und versuchte, die stressige Situation aufzulockern. Als wir den Sarg anhoben, um ihn zwischen die Doppeltüren zu schieben, wurde die Aufgabe noch stressiger, weil er nicht hineinpasste. Wir versuchten es mehrmals, aber er passte einfach nicht. Es gab nur eine Möglichkeit, wie er hineinpassen würde. Der Bestatter wies uns nervös an, den Sarg auf die Seite zu kippen.

Als wir den Sarg auf die Seite drehten, konnten wir spüren und hören, wie die Leiche im Inneren des Sarges hin und her wackelte, während wir ihn schoben und zogen, um ihn ins Flugzeug zu bekommen. Es dauerte eine Weile, bis wir den Sarg zwischen die Türen und ins Flugzeug geschafft hatten. Als wir den Sarg endlich im Flugzeug und in Position hatten, mussten wir ihn drehen, damit er richtig herum stand. Oh Gott, ich fühlte mich so schlecht, als der Leichnam zurückschlug. Das Ganze war für alle traumatisch, auch für die beiden Bestatter. Ich konnte sehen, wie der leitende Bestatter in kalten Schweiß ausbrach. Er holte sein weißes Taschentuch heraus, um sich die Stirn abzuwischen, bevor er den Sarg wieder öffnete, um den Leichnam zu richten und das Make-up zu korrigieren. Das Ganze hat mich erschüttert. Es gab dem Begriff „fliegender Sarg" eine neue Bedeutung.

Angesichts dessen, was ich durchgemacht hatte, dachte ich, dass ich es hätte sein können, der in diesem Kasten lag und herumgeschleudert wurde. Heiliger Bimbam, das ist Wahnsinn. Ich hatte das Gefühl, den Verstand zu verlieren. Dann dachte ich, dass sie den Sarg nach der Landung auf die gleiche Weise herausnehmen müssen, wie wir ihn hineingelegt haben. Mein Gott, sie werden die Leiche wieder aufrichten und das Make-up erneut auffrischen müssen. Soweit ich weiß, hat die Leiche ihr Ziel erreicht, aber ich musste das und alles andere, was ich durchgemacht hatte, hinter mir lassen. Ich ging sofort wieder zur Arbeit und versuchte, alles tief in mir zu vergraben und nicht zuzulassen, dass es mein Leben zerstörte.

Die Zeit verging sehr langsam, aber es kann nicht länger als ein paar Wochen gedauert haben, bis mein Stiefvater zu mir kam.

„Ich habe Dirty Harry gefunden", sagte er. „Du musst mit mir kommen, um ihn zu jagen."

Dirty Harry war der Spitzname eines großen Braunbären, den er schon seit Jahren jagen wollte. Für ihn war das der Urvater aller Bären, und er wollte ihn haben.

„Wovon redest du?", fragte ich. „Auch wenn ich arbeite, bin ich kaum in der Lage, zu funktionieren."

„Wir müssen ihn kriegen", meinte er, bevor er mein Zimmer verließ.

Was soll ich denn jetzt machen? Ist das ein Witz? Ich soll jetzt auf die Jagd gehen? Das ist verrückt.

Ich war total geschockt und wurde richtig deprimiert. *Was für ein Leben habe ich denn?*

fragte ich mich immer wieder. Ich hatte das Gefühl, als würde das ganze Universum meine Existenz hassen.

KAPITEL 13
Lake Clark Pass

*A*ls ich langsam meine Augen öffnete, sah ich eine Person in einer weißen Jacke zu meiner Linken stehen.

„Hallo, ich bin dein Arzt", sagte er.

Da ich meinen Kopf noch nicht drehen konnte, musste ich meine Augen nach links unten richten.

„Was ist mit meiner Hand passiert?"

„Sie haben sie zertrümmert, und ich musste die Knochen wieder zusammenkleben und ein paar Stifte hineinstecken", antwortete er.

Ich sagte ihm, dass ich Probleme beim Atmen hatte.

„Ja, und das wird noch eine ganze Weile so bleiben, weil du dir die Rippen gebrochen hast."

„Wie viele Rippen habe ich mir gebrochen?"

Er meinte, weil es so viele gebrochene Rippen waren, hätten sie sie nicht gezählt. Oh mein Gott. Das ist nicht gut!

Er sagte mir auch, dass ich mir beide Waden gebrochen und meine Leber verletzt hatte. Ich erwähnte, dass ich meinen Kopf nicht gut bewegen konnte.

„Ich brauche beide Hände, um meinen Kopf nach vorne und hinten zu bewegen", erklärte ich.

„Nun, das liegt daran, dass Sie einen sehr schweren Autounfall hatten", sagte er, scheinbar unbeeindruckt.

Ich erinnerte ihn daran, dass ich in dem anderen Krankenhaus gewesen war, und er sagte: „Ja, das war die Unfallklinik, in die Sie zuerst gebracht wurden, und dort haben sie Ihren Hals geröntgt, und alles war in Ordnung."

Was zum Teufel? fragte ich mich, nachdem der Arzt gegangen war.

Ich fragte mich immer wieder, ob ich mich jemals vollständig davon erholen würde und wenn ja, womit ich meinen Lebensunterhalt verdienen würde. Unter großem Stress und immer noch unter Schmerzen bat ich schließlich um mehr Morphium. Als ich meine Augen schloss, sah ich vor mir eine dunkle Straße und einen riesigen Anhänger, der seitlich auf mich zu rutschte.

MEIN STIEFVATER HATTE vor, uns mit demselben weiß-grünen Wasserflugzeug vom Typ 185, das er nördlich des Polarkreises benutzt hatte, zur Jagdhütte in der Nähe des Iliamna-Sees zu fliegen. Das Nächste, was ich wusste, war, dass er innerhalb eines Tages, nachdem er mir gesagt hatte, dass wir auf die Jagd gehen würden, das Flugzeug bereits beladen hatte und auf besseres Wetter wartete. Er hatte die Schwimmer entfernt und das Flugzeug zu einem Spornradflugzeug umgebaut, damit es auf unebenem Gelände starten und landen konnte.

Ich erinnere mich, dass mein Stiefvater mir erzählte, wie er größere Reifen an der 185 montiert hatte, damit er auf Sand und verschiedenen anderen Untergründen landen konnte, und dass er den Propeller höher über dem Boden angebracht hatte. Wegen des unebenen Geländes ist es wichtig, den Propeller höher über dem Boden zu haben, da er beim Start oder bei der Landung manchmal den Boden berühren und die Blätter beschädigen kann. Eine Rettung in der Wildnis kann aufgrund von mechanischen Problemen oder anderen Zwischenfällen lange dauern, wenn sie überhaupt möglich ist, was über Leben und Tod entscheiden kann. Suchund Rettungs en müssten die gleichen Pässe und Wetterbedingungen durchfliegen wie du und könnten die Suche um Stunden oder Tage verzögern, bis sich das Wetter bessert.

Unser Flugziel wäre zu dieser Jahreszeit aufgrund der unvorhersehbaren Wetterbedingungen langwierig und riskant. Wir sollten durch den zerklüfteten, bergigen Lake Clark Pass fliegen, einen der gefährlichsten Pässe zu dieser Jahreszeit. Er liegt 284 Meilen südwestlich von Anchorage auf der Alaska-Halbinsel und ist das Tor zum Katmai-Nationalpark und -Naturschutzgebiet. Dieses Gebiet ist einer der besten Orte in Alaska, um Grizzlybären in ihrem natürlichen Lebensraum zu beobachten. Und genau dort war Dirty Harrys Zuhause.

Der Tag, an dem wir zu unserem Ziel fliegen sollten, war kalt, bewölkt und regnerisch mit starken, böigen Winden, was mich sehr nervös machte.

Na toll, hier bin ich, versuche mich von meinem Unfall mit einer offenen Wunde zu erholen, und wir fliegen zu Beginn des Winters durch einen gefährlichen Gebirgspass, in dem es wahrscheinlich zu mäßigen bis starken Turbulenzen kommen wird. Jetzt werde ich im Flugzeug durchgeschüttelt werden.

Außerdem war noch unklar, ob der Pass bei unserer Ankunft offen sein würde, da sich das Wetter verschlechtern und zu einer Sperrung führen könnte. Pässe können schwierig zu überfliegen sein, da sie sich während des Fluges schnell schließen können. Wolken können plötzlich die Sicht auf die Berge und das ganze Tal versperren, was Piloten verwirrt und sie manchmal dazu bringt, in die Berge zu fliegen. Man muss sich nicht nur um Wolken sorgen, sondern auch um Whiteouts, bei denen der Schnee so dicht ist, dass man nichts mehr vor sich sieht, was die gleichen Auswirkungen hat wie die Wolkendecke. Schnee oder Graupel können sich leicht an der Oberseite der Tragflächen, Propeller und anderen Oberflächen festsetzen und Eis ansammeln, das den Auftrieb verringert und das Flugzeug zum Stillstand bringt. Mit anderen Worten: Das Flugzeug stürzt ab. Eisansammlungen an rotierenden Propellern können zu Motorvibrationen führen und die Leistung verringern. Zum Glück für uns hatte das Flugzeug meines Stiefvaters Enteisungsvorrichtungen an der vorderen Vorderkante der Tragflächen und am Propeller, aber das war keine Garantie für das Überleben.

Ein weiteres gefährliches Element sind starke Winde, insbesondere Auf- und Abwinde, die von den Bergen abfallen. Bei der Landung auf dem Flughafen sind Piloten aufgrund extremer Abwinde aus den umliegenden Bergen schon hart auf der Landebahn aufgeschlagen.

Ja, es gab also viele Gründe, bei diesem Flug nervös zu sein.

In Alaska liegen die tödlichen Flugzeugabstürze über dem nationalen Durchschnitt. Piloten müssen ständig das Wetter und das Gelände einschätzen, auf andere Flugzeuge in der Umgebung achten und ihren Flug, den Treibstoff, die Motortemperatur, den Öldruck, die Drehzahl und Notlandebereiche überwachen. Sie müssen auch die Sicherheit der Menschen an Bord berücksichtigen und einen Ausstiegsplan für den Fall haben, dass das Wetter schlecht wird.

Piloten sollten ihr Ego ablegen, bevor sie ein Flugzeug besteigen. Wie mein Fluglehrer mir oft sagte: „Im Zweifelsfall lieber nicht." Er hatte diesen Hinweis auf allen seinen Flugzeugkonsolen angebracht.

Während des Fluges versuchte ich, mich von meinen Sorgen abzulenken, indem ich mich daran erinnerte, wie wir früher durch den Lake Clark Pass geflogen sind, um in der Gegend von Iliamna zu fischen und zu jagen. Ich dachte an die schönen Zeiten, als wir Lachse, Forellen, Dolly Varden und Äschen gefangen haben.

Bevor wir zum Angeln oder Jagen aufbrachen, bereiteten wir das Flugzeug normalerweise am Vorabend vor, indem wir die Ausrüstung einluden und den Motor überprüften. Ich hatte das Privileg, das Flugzeug mit der Handpumpe zu betanken. Die 185 fasste etwa achtzig Gallonen oder 480 Pfund Treibstoff. Ich musste den Hebel fünfundzwanzig Mal pro fünf Gallonen auf und ab bewegen. Ein Zyklus besteht darin, den Griff nach unten zu ziehen und wieder nach oben zu drücken. Es braucht etwa 425 Zyklen, um das Flugzeug zu betanken. Fitnessstudio? Welches Fitnessstudio? Ich hatte mein eigenes privates Outdoor-Fitnesscenter. Manchmal habe ich das Flugzeug gewaschen und gewachst, auch den Unterbauch. Ich habe mich auf den Rücken gelegt und den dunklen, körnigen Ruß aus dem Motor entfernt. Das hat einige Zeit und viel Muskelkraft gekostet, um den Schmutz zu entfernen. Ich habe eine spezielle Chemikalie verwendet, die den schmutzigen Ruß auflösen konnte. Ich weiß den Namen des Reinigers nicht mehr, aber ich habe ihn gerne benutzt, weil er nach Kaugummi roch. Dann habe ich den gesamten Unterbau des Flugzeugs gewachst. Neben der Reinigung des Flugzeugs habe ich bei verschiedenen Wartungs en und Vorflugaufgaben geholfen, darunter die Überprüfung des Treibstoffs auf Wasser, die Inspektion des Öls und das Ablassen von Wasser aus den Schwimmern. Die Schwimmer waren in ausgezeichnetem Zustand, sodass nur wenig Wasser zu entfernen war. Es war ein großartiges Flugzeug.

Am nächsten Morgen standen wir um 3:00 Uhr auf und starteten um 5:00 Uhr, während wir den Sonnenaufgang über den Chugach-Bergen beobachteten, was ziemlich beeindruckend war. Wir wohnten am Fuße dieser Berge in Anchorage. An klaren Tagen hatten wir einen 360-Grad-Blick auf die umliegenden Bergketten. Im Südwesten konnten wir den Anfang des Passes sehen, den wir überfliegen wollten. Wir konnten sogar nach Norden blicken und die Bergketten sehen, die zum Mount McKinley führen, der in Mount Denali umbenannt wurde und nun wieder Mount McKinley heißt.

Er liegt etwa 240 Meilen nördlich von Anchorage und ist mit einer Höhe von 20.310 Fuß über dem Meeresspiegel der höchste Gipfel Nordamerikas. Wir wohnten auf einem Hügel etwa 700 Fuß über der Stadt, was schön war, weil wir so die Wetterverhältnisse von einem erhöhten Aussichtspunkt aus beobachten konnten.

Meiner Meinung nach ist der Lake Clark Pass eine der schönsten Gegenden in Alaska und vielleicht sogar das produktivste Fischerei- und Jagdgebiet des Bundesstaates. Der Eingang zum Pass liegt etwa 120 Flugmeilen südwestlich von Anchorage, und der Pass selbst ist etwa siebzig Meilen lang.

Das zerklüftete Gelände umfasst Berge wie den Mount Redoubt, den Mount Iliamna und den Mount Spurr, die alle über 3.000 Meter hoch sind. Viele Berge sind den ganzen Sommer über schneebedeckt, darunter auch viele Gletscher. Einige Gletscher haben eine tiefblaue Färbung, während andere eine schmutzige, graue Farbe haben, die durch Gesteinsbrocken verursacht wird, die in Streifen den Gletscher hinunterfließen.

Wenn die Sonne scheint und der Himmel wolkenlos ist, ist Alaska einer der unglaublichsten Orte der Welt, die du je gesehen hast. Man kann es kaum glauben, wenn man darüber fliegt und die Gipfel und Täler sieht, wie die Sonne alles beleuchtet und die leuchtenden Farben zum Vorschein kommen. Es ist himmlisch und man fühlt sich so gut, am Leben zu sein und sich auf das zu freuen, was der Tag bringt.

Mein Stiefvater flog gerne hoch über dem Lake Clark Pass. Die Pracht der Natur und all ihre Schönheit, zerklüftete Berge mit Schneedecken, Täler, Wasserfälle, Gletscher und Flüsse, sind atemberaubend. Man sieht die Schöpfung und die Natur von ihrer besten Seite.

Gegen Ende des Passes ist der erste der größeren Seen, über die wir fliegen, der vierzig Meilen lange Lake Clark, der sich in das Tal zwischen den Bergen schmiegt. Er liegt etwa dreißig Meilen nördlich des Lake Iliamna und etwa 100 Meilen südwestlich von Anchorage.

Nachdem wir den Lake Clark passiert und den Páss durchquert haben, ist der nächste See, über den wir fliegen, der Lake Iliamna, der größte See Alaskas und der siebtgrößte der Vereinigten Staaten. Er ist etwa 1.000 Quadratmeilen groß, 77 Meilen lang, 22 Meilen breit und hat eine Tiefe von 988 Fuß. Ich sah ihn als Meilenstein, denn ich wusste, dass wir bald in den Flüssen angeln würden. Der Lake Iliamna bringt die bedeutendsten Erträge an Rotlachs hervor, mehr als jeder andere See der Welt.

Als wir einen der großen Flüsse erreichten, konnten wir ein noch beeindruckenderes Schauspiel von Gottes Schöpfung erleben. Während die strahlende Sonne durch die Flugzeugfenster schien und wir in einer Höhe von etwa 300 bis 500 Fuß über dem Fluss flogen, konnten wir Reihen über Reihen großer Lachse sehen, die auf beiden Seiten des Flusses lagen. Millionen von Lachsen zu beobachten, die flussaufwärts schwimmen, um zu laichen, ist ein unglaublicher Anblick.

Wir kreisten und suchten nach einem Landeplatz auf dem Fluss. Bei der Landung auf Flüssen müssen Piloten besonders auf Baumstämme achten, denn ein Zusammenstoß mit einem solchen könnte einen großartigen Tag zu einem sehr schlechten machen. Wir flogen ein paar Mal herum, um nach Großwild Ausschau zu halten und zu checken, ob sich Bären in der Gegend befanden. Zu diesem Zeitpunkt entdeckten wir tatsächlich einen Bären flussabwärts von uns, also bestand die Kunst darin, etwas weiter vom Bären entfernt zu fliegen. Selbst wenn man weiter von den gesichteten Bären entfernt fliegt, können diese immer noch bis zu 40 Meilen pro Tag zurücklegen, sodass man immer auf der Hut sein muss. Deshalb ist es in Alaska vorgeschrieben, zu Ihrer Sicherheit eine Waffe mitzuführen. Wir hatten normalerweise ein .300 Magnum oder ein .458 Gewehr dabei. Wir wollten immer etwas Großes und Mächtiges zur Sicherheit, auch wenn wir nur angeln und nicht jagen gingen. Glaub mir, das ist kein Sport, sondern nur zur Verteidigung.

Ich habe immer gehofft, dass keine Tiere zu uns kommen und versuchen würden, unseren Fisch zu stehlen oder uns anzugreifen. Wir mussten vorsichtig mit den Wildtieren sein, weil wir in ihrem Revier fischten. Neben der Suche nach Bären mussten wir auch nach großen Elchen oder Karibuherden Ausschau halten, die in unser Gebiet kamen. Sie könnten Kälber dabei haben, was sie noch gefährlicher macht. Man könnte sogar einem Vielfraß begegnen. Diese Tiere sind bösartig und könnten einen zerreißen. Aber trotz dieser potenziellen Gefahren hat es viel Spaß gemacht, vor allem weil man wusste, dass man viel Lachs fangen würde.

Um Lachse zu fangen, muss man die richtige Ausrüstung haben. Lachse sind groß und können je nach Art bis zu fünfzig Pfund wiegen. Rotlachse oder Buckellachse wiegen zwischen vier und achtzehn Pfund. Und es ist viel schwieriger, in großen, schnell fließenden Flüssen Fische zu fangen. Man muss die zusätzliche Strömung berücksichtigen, die die Lachse nutzen, um dir zu entkommen. Das ist einer der vielen Gründe, warum man hochwertige, robuste Angelruten und Rollen verwenden sollte. Billige Geräte neigen dazu, zu brechen, und das will man nicht, wenn man mitten im Nirgendwo ist.

Normalerweise würde ich eine 18-Pfund-Monofilschnur für Lachse verwenden. Das war die richtige Schnurstärke für mich. Wenn ich eine leichtere Schnur verwendet hätte, hätte ich oft viele Köder verloren, weil die Schnur an Baumstämmen oder Felsen gerissen wäre. Wenn ich hingegen eine schwerere Schnur wie 20 oder mehr verwendet hätte, hätte ich nicht so weit werfen können, wie ich wollte, was mich frustriert hätte.

Es hat mich gestört, wenn Leute schwerere Angelschnüre und größere Köder benutzt haben. Ich fand das unfair gegenüber den Fischen. Was sollte das? Wir nennen solche Angler „Fleischfischer". Sie sind nur auf das Fleisch aus und kümmern sich nicht um die Fische und den Schaden, den sie anrichten können, wenn sie sich verfangen. Leider habe ich das schon oft gesehen.

Die Köder, die ich gerne zum Angeln verwendete, darunter auch für Äschen, waren auffällige rote und weiße Daredevils auf einer Seite. Der andere Köder, den ich verwenden wollte, war ein auffälliger Chrom-Pixie mit einer roten, rosa oder grünen Mitte, die wie Forelleneier aussieht. Je nachdem, wo wir angelten oder was wir angelten, durften wir keine echten Lachs- oder Forelleneier verwenden, um bestimmte Fische zu fangen. Das war gegen das Gesetz.

Mein Stiefvater hat die Gesetzeshüter immer respektiert, wenn es um Fische und Wildtiere ging. Wir haben uns immer an die Gesetze gehalten und einen gültigen Angelschein bei uns gehabt, falls die Fisch- und Wildbehörde ihn sehen wollte. Er hat mir beigebracht, dass das tolle Leute sind, die im ganzen Staat unterwegs sind, um sicherzustellen, dass die Leute sich richtig verhalten, wenn es um Wildtiere geht. Und sie waren überall. Man ist mitten im Nirgendwo und denkt, dass weit und breit niemand zu sehen ist, aber weit gefehlt, ein Beamter kann sich überall an einen heranschleichen.

Mein Stiefvater war sehr gewissenhaft, wenn es um den Schutz der Tierwelt ging. Er hat mir die Vorteile des Catch-and-Release-Fischens beigebracht. Er sagte immer, wenn man den Fisch wieder freilässt, kann man ihn vielleicht wieder fangen oder jemand anderes kann das tun. Wenn die Leute weiterhin Fische fangen, ohne sie wieder freizulassen, wird es bald keine Fische mehr geben.

„Verschwendet das Fleisch nicht, esst alles auf oder spendet es an Tafeln", sagte er.

Der Lachs, den wir fangen wollten, würde gegessen werden, also war es in Ordnung, wenn wir diesmal unser Limit einhielten.

Die meisten Leute trugen beim Angeln in Flüssen und Seen gummierte, wasserdichte Hüftwathosen. So konnten sich die Angler im Wasser bewegen und den Bäumen und Büschen entkommen, die viele Gewässer umgeben. Hüftwathosen sind besonders in einem Wasserflugzeug wichtig, damit man auf die Schwimmer steigen oder von ihnen auf das Ufer steigen kann, ohne nasse Füße zu bekommen. Das Schöne an diesen Stiefeln ist, dass man sie im Flugzeug oder Boot unterhalb der Knie herunterrollen kann und sie bei Bedarf wieder bis zur Hüfte hochrollen und am Gürtel befestigen kann. Ich habe mir nie isolierte Hüftwathosen zugelegt, aber manchmal hätte ich mir aufgrund des eiskalten Wassers gewünscht, ich hätte es getan. Wenn man stundenlang im Wasser watet, kann es schwierig sein, warm zu bleiben.

Eine weitere Gefahr besteht darin, dass man leicht den Halt verlieren und stromabwärts getrieben werden kann, wenn man zu tief in einen Fluss mit schneller Strömung watet. Wenn sich die Stiefel mit Wasser füllen, ist die Gefahr zu ertrinken größer, daher muss man vorsichtig sein. Als wir nach Alaska gezogen sind, habe ich diese Gefahr bei meiner ersten Gänsejagd in der Nähe einer kleinen Stadt namens Yakutat, etwa 370 Meilen südöstlich von Anchorage am Anfang des Panhandle, am eigenen Leib erfahren. Es ist eine Gegend voller Bären, Treibsand und Gletscherflüssen.

Mein Stiefvater hatte eine Gans geschossen, die etwa fünfzig Meter entfernt zu Boden fiel. Er musste mich ein paar Minuten allein lassen, um seine Gans zu holen, und sagte mir, ich solle mich nicht von der Stelle rühren. In der Zwischenzeit landeten Gänse auf dem schnell fließenden Gletscherfluss neben mir. Ich schoss und traf eine Gans, tötete sie aber nicht. Der Fluss trieb die Gans zu einer kleinen Sandbank etwa fünfzehn Meter vor mir, wo sie weiter herumzappelte. Ich war so stolz auf meinen Schuss und wollte nicht, dass die Gans zurück in den Fluss flatterte, da ich sie dann verloren hätte. Ich wollte meinen Stiefvater nicht enttäuschen, also beschloss ich dummerweise, mich in den reißenden Fluss zu begeben, der sich als viel tiefer herausstellte, als ich angenommen hatte.

Ich bin plötzlich in den eiskalten Fluss gerutscht und meine Stiefel waren sofort voll Wasser. Ich habe versucht, meinen Kopf über Wasser zu halten, aber er ist mehrmals untergetaucht. Mit meiner brandneuen .410-Schrotflinte habe ich mich vor dem Ertrinken bewahrt, mich hochgestemmt und mich aus dem Fluss gerollt, nachdem ich es gerade noch bis zur Sandbank geschafft hatte. Ich habe meine Schrotflinte verloren und lag auf dem Rücken und war einfach nur dankbar, dass ich überlebt hatte. Ich war so nah dran gewesen, zu ertrinken oder an Unterkühlung zu sterben. Als Elfjähriger musste ich über meine dummen und ignoranten

Handlungen nachdenken, die mich in Gefahr gebracht hatten. Mir kam Stolz in den Sinn. Es war Stolz, der mich fast das Leben gekostet hätte.

Als mein Stiefvater mit seiner Gans zurückkam, sah er mich klatschnass und frierend auf der Sandbank neben der Gans liegen, die ich geschossen hatte. Jetzt mussten wir zurück zum Festland. Ich ging hinter ihm her und hielt mich an seinem Gürtel fest, während wir durch den eiskalten Fluss wateten. Das Flusswasser reichte ihm bis knapp unter die Hüfte, während wir auf den Felsen ausrutschten. Es war eine brenzlige Situation. Er erhob nie seine Stimme; ich merkte, dass er verärgert war, aber er zeigte keine Emotionen. Da ich schon früh gelernt hatte, auf mich selbst aufzupassen, lernte ich, Vorsichtsmaßnahmen zu treffen.

Es war aufregend, diese großen Lachse im reißenden Fluss zu fangen. Jeder hatte einen Fisch am Haken, und wir fingen sie wie Fliegen. Wir hatten alle ziemlich schnell unser Limit erreicht, also fingen wir den ganzen Vormittag lang weiter und ließen sie wieder in den Fluss zurück. Es war cool, weil es so viele Lachse der Art „ " gab, dass man beim Einholen der Angel tatsächlich spüren konnte, wie sie gegen den Köder stießen.

Zum Glück habe ich an diesem Tag nur ein oder zwei Lachse gefangen. Ich mag es nicht, Lachse oder andere Fische dieser Art zu fangen, denn wenn sich der Köder in die Seite des Fisches bohrt, kann es schwierig sein, ihn zu entfernen, ohne den Fisch zu verletzen. Ich wollte den Fischen nicht wehtun, vor allem, wenn wir sie wieder ins Wasser zurücksetzen wollten.

Sobald wir alle genug Fische gefangen hatten, flogen wir weiter zu einem anderen Ort durch einen weiteren Pass, der von großen, zerklüfteten Bergen umgeben war. Er landete in der Nähe der Einmündung des Sees, der für seinen eisblauen Schimmer bekannt war und von dem er wusste, dass er voller Dolly-Varden und Forellen war. Ich bevorzugte eine 8-Pfund-Schnur für diese kleineren Fischarten, aber oft benutzte ich auch eine 6-Pfund-Schnur. Es machte mir Spaß, mich selbst herauszufordern, sie zu fangen, ohne dass die Schnur riss.

Auf einer unserer Touren sahen wir ein Stachelschwein in der Nähe der Flussmündung. Während ich angelte, behielt ich das Stachelschwein im Auge. Es hatte einen großen Körper und sah aus wie ein runder, spitzer Ball. Ich weiß, dass Männchen bis zu 30 Pfund wiegen können, und dieses war noch schwerer. Ich konnte die großen, scharfen Stacheln des Tieres sehen, was mich überraschte, da ich dachte, dass ihre Stacheln viel kleiner wären. Es lief weiter im Gras und am Ufer herum, ziemlich nah bei uns. Es schien sich nicht sonderlich um die Menschen in seinem Lebensraum zu kümmern. Es war so cool, eines aus nächster Nähe zu sehen.

Ich ging alleine etwa zwanzig Meter von der Flussmündung entfernt und warf meine Angel in den See, und es dauerte nicht lange, bis wir alle mit dem Angeln beschäftigt waren. Es schien, als würde jeder Dolly Vardens fangen. Die Leute schrien vor Aufregung: „Fisch am Haken!" Völlig zufrieden behielt ich einen dieser Fische und ließ den Rest wieder in den See zurück. Und warum auch nicht? Mein Ziel war es, eine große Äsche zu fangen. Das war es, was ich wollte, und ich wusste, dass wir noch einen Ort anfliegen würden, an dem es viele Äschen und Forellen gab. Ich weiß nicht mehr, wie lange wir an diesem See geblieben sind, aber es schien nur eine halbe Stunde vergangen zu sein, bevor wir alle ins Flugzeug stiegen, um zu unserem nächsten Ziel zu fliegen.

Als wir abhoben, musste ich daran denken, wie schön diese Gegend war und wie abwechslungsreich das Gelände mit seiner Mischung aus Flüssen, Bergen, Bäumen und Ebenen. Was für eine unglaubliche Zeit, um am Leben zu sein. Wir gewannen an Höhe und flogen gleichmäßig weiter. Als wir durch diesen Pass flogen, sahen wir die Berge, die über die Höhe des Flugzeugs hinausragten. Ich schätze, wir waren nicht mehr als 1.000 Fuß über dem Boden. Nachdem wir den Pass verlassen hatten, dauerte es nicht lange, bis wir den Fluss sehen konnten, auf dem wir landen würden.

Nachdem wir unsere Angelausrüstung zusammengesucht hatten, gingen wir ein Stück durch die Bäume und folgten einer Biegung des Flusses nach links. Ich war bereit und hatte die richtige Ausrüstung und Rute für diese Art des Angelns dabei. Zu meiner großen Freude sprangen Äschen und Forellen überall im Fluss herum. Ich fing einige Forellen, aber es waren nicht die großen, die ich gesucht hatte. Große Forellen in Alaska können bis zu zwanzig Pfund schwer werden, aber leider wogen diese Forellen nur etwa zwölf bis fünfzehn Pfund. Ich beschloss, keine davon zu behalten, weil ich wusste, dass ich eines Tages zurückkommen würde, also setzte ich sie wieder in den Fluss zurück. Andere Angler fingen größere Forellen als ich, aber das hielt mich nicht davon ab, denn ich war auf der Suche nach einer großen Äsche.

Äschen, die bis zu 60 cm lang und etwa 2,3 kg schwer werden können, gehören neben Forellen wahrscheinlich zu meinen Lieblingsfischen, weil sie Springer mit großen, schönen Rückenflossen sind und es einfach viel Spaß macht, sie zu fangen. Und natürlich schmecken Äschen auch sehr gut.

Ich warf meine Angel weiter dort aus, wo sie sprangen. Schließlich fing ich Äschen. Die ersten beiden waren eher klein, aber immer noch viel größer als die, die ich zuvor in der Nähe von Anchorage und am See bei der Hütte gefangen hatte. Ich warf sie immer wieder zurück in den Fluss, in der Hoffnung, einen größeren Fisch zu fangen. Schließlich biss ein schöner, großer Fisch an meiner Angel. Er sprang und zappelte überall auf dem Wasser herum, sodass es schwierig war, die Schnur straff zu halten. Als ich ihn an Land zog, sah ich, dass es die größte Äsche war, die ich bis dahin gefangen hatte, etwa drei Pfund schwer und etwa 16 bis 18 Zoll lang. Sie war nicht so groß wie die, die mein Stiefvater gefangen hatte, aber unabhängig von der Größe fand ich es einfach toll, diesen Fisch zu fangen, also behielt ich ihn.

Ich genoss es, mich an diese aufregenden Zeiten beim Angeln auf den Seen zu erinnern, aber jetzt war es Winter, ich war verletzt und wir waren auf dem Weg, „ " Dirty Harry zu finden. Als wir ins Flugzeug stiegen und anfingen, unsere Sicherheitsgurte anzulegen, drehte sich mein Stiefvater zu mir um und sagte mir, dass wir Schultergurte verwenden müssten. Das schockierte mich. In all den Jahren, in denen ich mit ihm geflogen war, hatte er mir noch nie gesagt, ich solle einen Schultergurt anlegen. Das würde kein angenehmer Flug werden, ganz und gar nicht. Er war ein ausgezeichneter Buschpilot und wusste, was er tat; ich hatte vollstes Vertrauen in ihn. Trotzdem war ich total nervös.

Er startete den Motor und checkte alle Steuerelemente, während wir zur asphaltierten Startbahn rollten. Mir fiel auf, dass das Flugzeug viel höher war als zuvor, weil er größere Tundra-Reifen montiert hatte. Als wir abhoben und ich auf das Fahrwerk hinunterblickte, konnte ich aufgrund des Gewichts dieser größeren Reifen sehen, dass das Fahrwerk deutlich nach unten gesunken war. Da ich solche Reifen noch nie gesehen hatte, dachte ich immer wieder: *„Wow, das sind aber große, schwere Reifen."* Ich war froh, dass er sie für die Art von Buschflügen gekauft hatte, die er machen wollte.

Als wir an Höhe gewannen, verlief alles ziemlich ruhig. Es war überhaupt nicht holprig, bis wir uns dem Eingang zum Lake Clark Pass näherten. Auf der linken Seite des Flugzeugs gab es vereinzelte Schneeschauer, aber direkt vor uns nicht allzu viele. Die Gipfel der Berge waren von Wolken bedeckt. Wir suchten beide weiter die Gegend nach anderen Flugzeugen ab, konnten aber nichts entdecken.

Sobald wir im Pass waren, setzten Turbulenzen ein. Er flog weiter mit der normalen Reisegeschwindigkeit und in sicherer Höhe. Er zeigte mir, wie man sicher in Pässen Kurven fliegt, vor allem bei schlechtem Wetter. Er erklärte mir, wie man das Flugzeug ausrichtet, damit man um jede Ecke schauen und nach einer Wolkenwand Ausschau halten kann, durch die man nicht fliegen kann. Unabhängig davon, ob der Pass offen bleibt oder sich schließt, muss ein Pilot eine Ausweichroute haben, um sicher eine 180-Grad-Wende zu machen. Zwanzig Minuten nach dem Einflug in den Pass frischte der Wind auf und die Wolken krochen die Berggipfel hinunter. Wir waren uns nicht sicher, ob wir es durch den Pass schaffen würden.

Meine Gedanken schweiften ab und ich erinnerte mich an unsere früheren Karibu-Ausflüge. Ich genoss die Zeit mit ihm, als wir durch den

Pass und um den riesigen Lake Iliamna flogen und nach Karibus Ausschau hielten, während er 500 Fuß über dem Boden flog.

„Das ist die perfekte Höhe, um Tiere zu suchen", erklärte er mir.

Wir entdeckten einige Bären und eine große Anzahl von Karibus. Sobald wir die Karibus gefunden hatten, die uns interessierten, mussten wir einen See finden, auf dem wir landen und unser Lager aufschlagen konnten. Wie ich bereits erwähnt habe, gibt es in Alaska mehr als drei Millionen Seen, sodass es kein Problem war, einen See zu finden.

Nachdem wir auf dem See gelandet waren und das Wasserflugzeug gesichert hatten, bauten wir das Zelt auf und machten ein Lagerfeuer. Zu dieser Zeit war es gesetzlich verboten, am selben Tag zu fliegen und zu jagen, also verbrachten wir immer die Nacht dort und standen am nächsten Morgen früh auf, um auf die Jagd zu gehen. Seine Lagerfeuer machten Spaß, weil er mir zeigte, wie man mit Blazo, das er immer dabei hatte, ein Lagerfeuer macht. Normalerweise schnitt er eine Pepsi-Aluminiumdose in zwei Hälften und füllte sie mit Blazo, bis sie voll war. Dann steckte er die Dose unter die Holzanzündestäbchen und zündete sie an. Er lächelte, während wir zusahen, wie eine große Flamme die Anzündestäbchen verschlang. Ich erinnere mich, dass wir Angelruten dabei hatten, aber wir gingen nicht angeln. Er hatte sie mitgebracht, für den Fall, dass uns das Essen ausgehen würde.

Am nächsten Morgen war der Himmel wolkenlos und wir wussten, dass es ein heißer Tag werden würde. Wir aßen ein kaltes Frühstück, räumten das Lager auf, rollten die Schlafsäcke zusammen und legten sie zurück ins Zelt. Er erklärte mir, dass die Lebensmittelvorräte wegen der Bären weit weg vom Zelt gelagert werden mussten. Dann erklärte er mir, dass Bären und andere Tiere das Zelt aufreißen könnten, wenn man die Lebensmittel darin aufbewahrt. Sie könnten nicht nur die Ausrüstung zerstören, sondern auch alle Vorräte auffressen, sodass man weder Unterkunft noch Essen hätte. Ich fragte mich, ob ihm oder seinen Freunden das jemals passiert war.

Nachdem alles gesichert war, machten wir uns auf den Weg, um Karibus zu suchen. Wir hatten fast leere Rucksäcke dabei, in denen wir ein bisschen Essen, hauptsächlich Müsliriegel und Wasserflaschen, sowie unsere Gewehre und Munition hatten. Obwohl wir mit dem Wasserflugzeug angekommen waren, trugen wir Wander -Stiefel; für alle Fälle hatten wir aber auch Watstiefel im Flugzeug dabei. Wir wanderten stundenlang und suchten die Gegend nach Karibus ab.

Wir sahen viele Karibus, aber keines hatte die richtige Größe, oder wenn sie die richtige Größe hatten, waren sie zu weit weg, als dass wir sie hätten erlegen können. Ein durchschnittlicher Karibu-Bulle wiegt zwischen 350 und 400 Pfund, kann aber bis zu 700 Pfund schwer werden. Diese Tiere sind wendig und schnell. Im Vergleich zu ihnen wirken wir Menschen wie Schnecken, wenn wir versuchen, uns in der Tundra fortzubewegen.

Die Tundra wächst normalerweise in Gebieten, in denen es kaum Bäume gibt. Wissenschaftler wissen nicht, warum das so ist. Der Mangel an Bäumen machte uns fast überall, wo wir hinkamen, sichtbar. Es gab keine Verstecke, es sei denn, wir konnten uns auf einen kleinen Hügel legen und die Karibus waren unter uns. Oft mussten wir uns auf den Bauch legen, um uns vor den Karibus zu verstecken.

Endlich, an diesem Nachmittag, haben wir ein paar männliche Karibus entdeckt, die genau die Größe hatten, die wir gesucht haben. Die Sonne hat uns voll erwischt, es gab keine Wolken am Himmel und der Wind war ruhig. Eine kleine Karibuherde stand auf einer kleinen Anhöhe in der Nähe eines kleinen Sees. Perfekt! Wir näherten uns ihnen langsam, duckten uns tief und hielten oft an, wenn wir dachten, sie könnten uns sehen oder riechen. Wie die meisten Tiere in Alaska sind Karibus vorsichtig gegenüber Raubtieren und können Tiere, die sich ihnen nähern, hören, sehen und riechen, insbesondere Menschen.

Wir nahmen uns Zeit und erlegten zwei Tiere, als wir nah genug dran waren. Beide Schüsse waren sauber, und wir mussten sie nicht suchen. Mein Stiefvater fing an, sie zu säubern und die Hörner zu entfernen. Um das

Fleisch sauber und unverfälscht zu halten, hatten wir viele strapazierfähige Müllsäcke in unseren Rucksäcken dabei, also packten wir das Fleisch in die Säcke und trugen es zu einem kleinen See in der Nähe.

„Ist dieser See zu klein, um dort zu landen?", fragte ich.

„Nein, kein Problem", antwortete er, während ich weiter packte und das Fleisch zum See trug.

Ich weiß nicht, wie lange es gedauert hat, aber er musste zurück zum Camp laufen, das Zelt zusammenrollen und die ganze Ausrüstung wieder ins Flugzeug packen. Er hatte auch ein paar 5-Gallonen-Kanister mit Flugbenzin an Bord, die er in die Treibstofftanks leerte.

Als ich losging, um die restlichen Karibus zu holen, hörte ich das Dröhnen seines 185 beim Start. Innerhalb weniger Minuten sah ich ihn über mir fliegen und auf dem kleinen See landen, während ich die letzte Ladung Fleisch holte. Nachdem er gelandet war, luden wir das Fleisch ins Flugzeug. Damals galt die Regel, dass wir zuerst das Fleisch herausbringen mussten und die Hörner als Letztes transportiert werden durften. Das war eine gute Regel, denn wenn man zuerst die Hörner herausgenommen hätte, hätte man das Fleisch zurücklassen können, was darauf hingedeutet hätte, dass man die Tiere wegen ihrer Trophäen gewildert hatte.

Wir luden die Hörner ins Flugzeug und flogen zurück durch den Lake Clark Pass nach Anchorage, unserem Zuhause. Was für ein paar tolle Tage – es hat so viel Spaß gemacht! Das war eine von vielen schönen Erinnerungen, aber diese Reise auf der Suche nach Dirty Harry würde nicht in diese Kategorie fallen, angefangen beim Flug selbst.

Da der Wind weiter zunahm, reichten die Wolken nun bis zur Hälfte der Berggipfel. Kurz vor der nächsten Kurve reduzierte er ohne Vorwarnung die Leistung und senkte die Klappen. Sobald das Flugzeug langsamer wurde, passte er die Leistung an und hielt seine Hand am Gashebel. Er erklärte schnell, warum er das tat, und bereitete eine Kehrtwende vor. Die Wolkendecke war niedriger, als wir um die Ecke schauten, aber sie war gerade so weit offen, dass wir unter den Wolken fliegen konnten. Während der Kurve senkte er die Nase und flog uns unter die Wolkendecke. Es war ein verdammt holpriger Flug.

Oh Mann, dachte ich. *Wir müssen eine 180-Grad-Wende machen.*

Zum Glück waren die Wolken noch hoch genug über dem Boden, um einen ausreichenden Sicherheitsabstand zu haben. Wir flogen nach Sichtflugregeln (VFR) und konnten nicht in die Wolken fliegen, anders als kommerzielle Flüge, die nach Instrumentenflugregeln (IFR) fliegen. Obwohl er in diesem Fall ein erfahrener IFR-Pilot war, flogen wir bis zum Ende unseres Ziels nach VFR.

Ich konnte mich nicht mit angenehmen Gedanken ablenken, um mich von dem Geschehen abzulenken, da ich mich darauf konzentrierte, nach Hindernissen und anderen Flugzeugen Ausschau zu halten. Hinzu kam, dass wir umso mehr Turbulenzen aushalten mussten, je weiter wir in den Pass hineinflogen. Zu meiner Erleichterung hatten wir schließlich den Pass hinter uns gelassen und flogen in Richtung Lake Iliamna, einem Meilenstein unserer Reise, was bedeutete, dass wir mehr als die Hälfte der Strecke hinter uns hatten.

Als wir auf der linken Seite des Sees vorbeiflogen, konnte ich eine Welle nach der anderen mit großen weißen Schaumkronen sehen. Es wehte ein heftiger Wind, und wir wurden hin und her geschleudert. Der Schultergurt, der meinen Oberkörper festhielt, rieb meine verletzte Schulter immer wieder am Sitz. Ich fragte mich immer wieder, wie viel Blut aus meiner Schulter floss, da ich wusste, dass sich noch viel Kies in der offenen Wunde befand. Ab und zu fand jemand ein Stück Kies und holte es heraus, aber meistens war es ziemlich schlimm. Jemand musste mich nach der Landung verarzten. *Gott, ich hoffte, dass wir bald landen würden.*

Einige Zeit verging, und wir flogen über die karge Tundra-Ebene, ohne dass ein Baum zu sehen war. Als ich auf die kleinen Seen schaute, sah ich, wie Wasser aus ihnen herausspritzte und mehrere Meter weit auf die Tundra spritzte. Das hatte ich noch nie aus der Luft gesehen und es machte mir ziemlich Angst. Ich weiß nicht, wie stark der Wind wehte, aber stell dir vor, wie Wasser durch die Kraft des Windes aus einem See gespritzt wird. Es ähnelte den Bildern, die man in den Nachrichten während eines Hurrikans sieht.

Mein Gott, wann landen wir endlich? fragte ich mich erneut.

Endlich waren wir in Funkreichweite der Lodge, und mein Stiefvater sagte, dass wir zur Landung ansetzen würden und nach der Landung Hilfe mit dem Flugzeug bräuchten. Er reduzierte die Leistung, senkte aber während unseres Anflugs gegen den Wind die Klappen nicht, was bedeutete, dass wir uns auf der linken Seite, parallel zur Landebahn, etwa eine Viertelmeile entfernt befanden.

Das war der schnellste Anflug, den ich je erlebt habe. Wir bewegten uns mit hoher Geschwindigkeit über den Boden. Trotzdem drehte er ohne Klappen nach links, senkrecht zur Landebahn, um den Endanflug einzuleiten, während er gegen die starken Böen und Turbulenzen ankämpfte. Er drehte erneut nach links für den kurzen Endanflug und legte dann die Klappen um 20 Grad aus. Ich erinnere mich noch genau, dass es sich beim Einleiten des Endanflugs anfühlte, als würden wir gegen eine Wand prallen. Als ich nach unten schaute, schien es, als würden wir fast stillstehen und über dem Boden schweben.

Die Landebahn ist eigentlich keine richtige Landebahn. Es ist nur ein sandiger Bereich abseits der Tundra, nicht mehr als eine kleine Sandfläche, auf der man landen kann. Als wir uns immer mehr dem Boden näherten, konnte ich mehrere Leute rechts und links vom Flugzeug stehen sehen, während wir quasi über der Landebahn schwebten. Als wir auf etwa fünf Fuß über dem Landeplatz waren, griff er nach dem Klappengriff und zog ihn zurück, um die Klappen voll auszufahren.

Plötzlich stieg das Flugzeug schnell in die Luft. Ich weiß nicht, wie viele Meter wir an Höhe gewonnen haben, aber es war ziemlich hoch. Mein Stiefvater gab ruhig mehr Gas und um unseren Sinkflug zu kontrollieren, drosselte er die Motorleistung, um unsere Sinkgeschwindigkeit zu regulieren, während er die Höhenruder steuerte. Die Nase des Flugzeugs war hoch angehoben, als wir über der Landebahn schwebten. Er drosselte den Motor weiter, um eine sichere Landung zu gewährleisten.

Als wir den Boden berührten, rollten wir nicht mehr als einen Meter weiter. Er zog die Leistung zurück, und ich sah zwei Männer auf jeder Seite des Flugzeugs, die sich an den Streben und den Flügelspitzenseilen festhielten. Sie hielten sich fest, weil der Wind allein das Flugzeug wie einen Drachen in die Luft heben konnte. Er stellte die Leistung sofort ab, und alle lächelten und lachten, während sie das Flugzeug zu den Verankerungen führten.

KAPITEL 14

Bär ohne Fell

„Uus du, wann ich entlassen werde?", fragte ich die Krankenschwester, die hereinkam, um nach mir zu sehen.

Sie schaute mich an und meinte dann: „Es gibt ein Problem mit deiner Versicherung. Du schuldest dem Krankenhaus über 12.500 Dollar, und die Versicherung will nicht zahlen. Wir können dich erst entlassen, wenn das alles bezahlt ist."

„Wovon redest du denn?", rief ich mit der letzten Kraft, die mir noch blieb. „Ich habe eine Kfz-Versicherung."

„Sie müssen sich mit Ihrer Versicherung in Verbindung setzen, bevor wir Sie entlassen können", beharrte sie.

Ich konnte sie nicht mehr ansehen, starrte geradeaus und fing an zu weinen. Das kann doch nicht dein Ernst sein. Was ist das für ein Leben? Ich war so angewidert. Wie kann jemand so etwas sagen?

Ich schaute nach unten und sah meine Füße unter der Decke. Ich konnte meinen Kopf nur mit meiner unverletzten rechten Hand drehen. Als ich meinen Blick nach links wandte, sah ich, dass meine linke Hand bandagiert und geschient war. Ich konnte meine Finger überhaupt nicht bewegen.

ALS WIR aus dem Flugzeug STIEGEN, um Dirty Harry zu suchen, war es mega windig. Das war eine öde Gegend, wo der Wind so stark wehte, dass Sandkörner die Farbe von Geräten und Flugzeugen abblättern konnten. Es regnete leicht, aber wegen der Windgeschwindigkeit kam es mir vor, als würde es stärker regnen. Aus der Luft hatte ich keine Bäume gesehen. Der größte Teil der Gegend war von Tundra bedeckt, mit vereinzelten Sandflächen. Es sah sumpfig aus, aber ich war mir nicht sicher. Ich konnte es kaum erwarten, mich hinzulegen, als wir zur Lodge fuhren. Ich hatte starke Schmerzen, meine Schulter tat wahnsinnig weh und mein unterer Rücken war auch nicht viel besser.

Wie viel Blut habe ich verloren? fragte ich mich. *Wir sind weit weg von der Zivilisation. Wenn sich hier draußen jemand verletzt, dauert es lange, bis man eine Stadt mit medizinischen Einrichtungen erreicht.*

Als wir an der Jagdhütte ankamen, war ich überrascht, dass sie viel größer war, als ich gedacht hatte, wenn man die Lage und die Schwierigkeiten beim Zugang zu diesem Gebiet bedenkt. Trotz ihres verwitterten Aussehens war das rustikale Gebäude in recht gutem Zustand, nur an wenigen Stellen gab es Anzeichen von Verfall. Ich fragte mich, wie der Besitzer diesen Ort bauen konnte, wenn man bedenkt, dass alle Materialien mit kleinen Flugzeugen wie unserem eingeflogen worden sein mussten.

Als wir drinnen waren, stellte ich erfreut fest, dass es warm war. Alle waren freundlich und gut gelaunt und erzählten Geschichten von ihren Jagdausflügen. Ich freute mich für sie. Ich kannte einen der Herren aus Mexiko und war froh, ihn zu sehen, aber die anderen waren mir alle unbekannt. Schließlich wurden wir zu unserem Zimmer geführt. Ich suchte mir schnell das Bett und legte mich auf den Bauch, um nicht die Laken vollzublutzen. Das war alles, was ich tun konnte, so frustrierend und peinlich es auch war.

Leider musste mein Stiefvater meine Wunde reinigen. Ich hab ihm erklärt, dass er den Verband erst in Wasserstoffperoxid einweichen muss, bevor er ihn abnimmt, weil die Gaze voll Blut war und an der offenen Wunde kleben bleiben würde. Als er die blutgetränkte Gaze langsam abgezogen hat, konnte ich hören und spüren, wie sie sich von der offenen Wunde löste. Der Schmerz war echt schlimm. Ich wollte mich vor meinem Stiefvater nicht blamieren, also biss ich einfach die Zähne zusammen und ertrug es. Außerdem war ich so verdammt müde, dass ich mich sowieso nicht bewegen konnte. Nachdem er mich versorgt hatte, schlief ich ein.

Soweit ich mich erinnern kann, hat mein Stiefvater nie lange geschlafen, also waren wir am nächsten Morgen früh auf den Beinen. Einige Leute machten sich bereit, um zu ihrer Jagd zu fliegen. Sie packten ihre Ausrüstung zusammen, und ein Pilot flog sie zu dem Ort, an dem ein Bär gesichtet worden war. Dort verbrachten sie die Nacht mit ihren Führern und begannen am nächsten Tag mit der Jagd.

Sie benutzten Super Cubs. Die Super Cub ist ein kleines zweisitziges Flugzeug und gilt aufgrund ihres leichten Designs, ihrer hohen Belastbarkeit, ihrer kurzen Start- und Landeeigenschaften, ihrer Manövrierfähigkeit, ihrer langsamen Flugeigenschaften und ihres geringen Treibstoffverbrauchs als eines der besten Buschflugzeuge Alaskas. Sie können fast überall in Alaska eingesetzt werden, im Winter wie im Sommer, da sie mit Schwimmern, Rädern und Skiern ausgestattet werden können.

Die Super Cubs waren in der Nähe des Flugplatzes/Sandfeldes festgebunden und mit großen Ballonreifen ausgestattet, die wie große, hüpfende Bälle aussahen. Sie sahen größer aus als die 185er-Reifen meines Stiefvaters, aber Super Cubs sind viel kleinere Flugzeuge. Da die Super Cubs zweisitzig sind und weniger Ladung transportieren können, machen die Piloten oft mehrere Flüge, um die Guides und die Ausrüstung zu ihrem Jagdort zu bringen.

Bevor wir frühstückten, musste mein Stiefvater meine offene Wunde erneut mit ähnlichen Techniken und Wasserstoffperoxid reinigen und dann neue Mullbinden anlegen. Nach dem Frühstück gingen wir nach draußen. Ich bemerkte, dass es bewölkt war, aber der Wind hatte deutlich nachgelassen und es regnete nicht. Ich wusste nicht, was los war, bis ich Leute auf dem Schießstand in der Nähe der Landebahn sah. Dort übten die Leute das Schießen, stellten sicher, dass die Gewehre richtig funktionierten, und justierten ihre Zielfernrohre. Ich vermute, dass die Führer auch ihre Kunden beobachteten, um zu sehen, wie sie in Bärengebiet schossen. Ich meine, sie machten sich auf den Weg, um einem wilden Tier gegenüberzutreten, das ohne große Anstrengung einen Menschen töten kann.

Mein Stiefvater hatte ein leistungsstarkes .458-Gewehr mit offener Visierung, das er als Ersatzgewehr benutzte, mit 550-Grain-Geschossen, um Bären aus nächster Nähe zu erlegen. Er verließ sich hauptsächlich auf sein .300 Winchester Magnum-Gewehr mit Zielfernrohr, das eher ein Sportgewehr für größere Entfernungen ist, mit dem man Bären erlegen kann. Obwohl ich das leistungsstarke .458-Gewehr als Ersatz bevorzugte, mochte ich das .300 Magnum wirklich sehr. Es ist ein wirklich wunderschönes Gewehr.

Das sind hochleistungsfähige Gewehre, die man beim Schießen fest an die Schulter drücken muss. Manchmal, wenn ich mit dem .300 übte, hatte ich nach dem Schuss blaue Flecken an der Schulter von dem starken Rückstoß. Als mein Stiefvater sich zum Üben bereit machte, dachte ich: *Oh, super. Das ist die perfekte Gelegenheit für ihn, um sicherzustellen, dass die Visiere und Zielfernrohre beider Gewehre richtig eingestellt sind.*

Zuerst schoss er mit der .458 auf die Ziele. Die Visierung war für dieses Gewehr eingestellt, als er sein Ziel traf. Er gab zwei oder drei Schüsse ab und fühlte sich dann sicher mit dem Gewehr. Dieses Gewehr ist so laut und kraftvoll, dass jeder Schuss durch den Körper hallt. Er schien Spaß zu haben, ebenso wie alle anderen. Nachdem er mit seinem Gewehr geschossen hatte, drehte er sich zu mir um und reichte mir die .300 Winchester Magnum.

„In meinem Zustand kann ich nicht schießen", sagte ich ihm. „Das kann ich nicht, auf keinen Fall."

„Doch, das kannst du. Mach es einfach."

„Was redest du da? Ich kann das wegen meiner Verletzung nicht."
„Du kannst das", sagte er immer wieder.

Zu diesem Zeitpunkt war ich mir nicht sicher, ob ich mit ihm auf die Jagd gehen sollte, um ihn vor seinen Freunden nicht in Verlegenheit zu bringen. Ich nahm das Gewehr und drückte es so fest ich konnte an meine rechte Schulter. Zufällig befand sich die offene Wunde von „ " auf der Rückseite meiner rechten Schulter. Ich hatte Angst, mir nach dem Schuss mit diesem Gewehr die Schulter zu brechen. Ich trug eine übergroße braune Carhartt-Jacke, die dick und gepolstert war, aber ich glaubte nicht, dass diese Polsterung ausreichen würde, um meine Schulter zu schützen.

Ich richtete das Gewehr auf das Ziel und schoss. Bumm! Ich verfehlte das Ziel.

Meine Schulter tat höllisch weh.

„Du hast das Ziel verfehlt", sagte er, als ich mich zu ihm umdrehte.

„Ich weiß. Ich kann das nicht."

„Doch, das kannst du", beharrte er erneut.

Ich richtete alles aus und hielt es so fest wie möglich an meiner Schulter. Ich drückte den Abzug und traf das Ziel. Als ich ihm sagte, dass ich fertig sei, nahm er das Gewehr, schoss noch ein paar Mal und nahm einige Einstellungen am Zielfernrohr vor. Er schien sehr zufrieden zu sein, nachdem das Zielfernrohr eingestellt worden swar. Ich erinnere mich nicht, etwas gesagt zu haben. Ich ging einfach zurück in die Hütte und legte mich auf das Bett.

Später am Nachmittag kam mein Stiefvater ins Zimmer und sagte mir, ich solle mich fertig machen. Sie hatten Dirty Harry gefunden, also mussten wir sofort los. Benommen, ohne wirklich zu verstehen, was los war, und immer noch unter Schmerzen vom Schießen, stand ich langsam auf und packte meine Sachen zusammen.

Wie soll ich das schaffen? Wie soll ich da rausgehen und in einem kleinen Zelt auf unebenem Gelände schlafen, mit meinen Verletzungen?

Ich wurde immer nervöser, vor allem, als ich merkte, dass es regnete. *Oh toll, das wird ja klatschnass und kalt.* Mir wurde gesagt, ich solle meine Watstiefel anziehen, also tat ich das, zusammen mit meiner Regenhose und meiner Regenjacke. Draußen angekommen, ging ich in Richtung 185.

„Was machst du da?", fragte mich mein Stiefvater.

„Ich bin hier, um beim Beladen des Flugzeugs zu helfen."

„Nein, das nehmen wir nicht, wir fliegen mit der Super Cub", sagte er mit einem Lächeln. „Ich fahre schon mal vor, um das Lager aufzubauen. Der Pilot bringt die Vorräte, und du fliegst mit ihm mit."

Als ich ihm dabei zusah, wie er die Ausrüstung in die Super Cub lud, bemerkte ich, dass der Wind zugenommen hatte. Es war bei weitem nicht so windig wie gestern, aber es war immer noch windig genug für die Super Cubs. Er und der Pilot stiegen in das Flugzeug und hoben ab. Super Cubs mit ihren Hochauftriebsflügeln können etwas mehr als 800 Pfund tragen, starten in etwa 400 Fuß und landen in weniger als 300 Fuß, selbst wenn sie innerhalb ihrer Bruttogewichtsgrenze von 1.500 Pfund oder mehr operieren. Diese außergewöhnliche Fähigkeit ermöglicht es erfahrenen Piloten, kürzere und unwegsamere Strecken leichter zu bewältigen als die meisten anderen Flugzeuge.

Niemand hatte mir gesagt, wohin sie fliegen würden und wie lange sie brauchen würden, um zurückzukommen, also ging ich zurück zur Lodge und setzte mich in den Wartebereich. Ich wartete eine ganze Weile, bevor mir mitgeteilt wurde, dass der Pilot zur Landung ansetzen würde. Ich zog meine Regenbekleidung, einschließlich der Hüftwathosen, wieder an und ging nach draußen, um zu warten. Die Sonne begann unterzugehen, und bei der Wolkendecke würde es nicht lange dauern, bis es dunkel wurde. Als der Pilot landete, stellte er den Motor ab und winkte mich herbei. Er hatte es eilig, weiterzufliegen, weil die Nacht hereinbrach. Wir luden die restlichen notwendigen Vorräte in das Flugzeug und hoben sofort ab.

Eines wusste ich: Unser Camp konnte nicht allzu weit von der Lodge entfernt sein, da der Pilot nachts nicht fliegen durfte. Während wir weiterflogen, kam mir die Landschaft bekannt vor: relativ flache, öde Tundra mit einigen kleinen Sanddünen. Dennoch kam mir die Tundra irgendwie anders vor. Sie sah aus wie ein Sumpf. Besser gesagt, sie schien überflutet zu sein.

Da ich immer noch keine Ahnung hatte, wo unser Ziel lag und wie lange es dauern würde, lenkte ich mich ab und hielt Ausschau nach Wildtieren – Karibus, Elchen, Bären. Zu meiner Überraschung sah ich keine Anzeichen von Leben. Das verwirrte mich. Ich hätte gedacht, dass ich inzwischen irgendein Tier gesehen hätte, aber es war nichts zu sehen. Als ich aus dem rechten Fenster der Super Cub schaute, sah ich ein Zelt und meinen Stiefvater, der direkt vor uns im Lagerbereich herumlief. Wir flogen über das Lager hinweg, und der Pilot verlangsamte das Flugzeug, drehte nach links ab und flog eine Kurve zurück. Während der Pilot sich auf den Endanflug vorbereitete, schaute ich weiter hinaus und fragte mich, wo zum Teufel wir landen würden. Das ganze Gebiet war überflutet, bis auf eine kleine Stelle, wo das Camp war, das auf einer winzigen Anhöhe lag, wenn man das überhaupt so nennen kann. Es war eher wie eine kleine Erhebung. Sie war nicht länger als 300 bis 400 Fuß und vielleicht 30 Fuß breit.

Wir würden mitten in einem Tundra-Sumpf campen, und es regnete. Das Gute war, dass der Wind in unsere Richtung wehte, was die Landung erleichterte. Als wir herunterkamen, konnte ich sehen, wie das Sumpfwasser schnell aus der Tundra kam. Die großen Ballonräder setzten etwa zehn Fuß hinter der Wasserlinie auf und hüpften ziemlich stark, bis wir etwa dreißig Fuß vom anderen Rand der Wasserlinie zum Stehen kamen. Der Pilot drehte das Flugzeug um 180 Grad und rollte zu dem Zelt, das in der Mitte stand. Das war das erste Mal, dass ich auf etwas gelandet bin, das man wohl als Tundra-Insel bezeichnen könnte.

Als wir ausstiegen und das Flugzeug entluden, war der Pilot etwas besorgt, weil er am nächsten Tag zurückkommen und uns abholen musste, wenn wir den Bären erlegt hatten. Wenn es weiter regnen würde, könnte das Lager überflutet werden und er hätte keinen Platz zum Landen.

„Na toll", dachte ich. „Ein möglicherweise überflutetes Zelt für die Nacht, ein kaputter Körper und jetzt geht es auch noch auf die Jagd nach einem Tier mit Zähnen. Was könnte da schon schiefgehen?"

Warum war ich in meinem schwer verletzten Zustand dort draußen? Ich weiß nicht, was ich mir dabei gedacht habe, jemanden beeindrucken oder was? Ich meine, wie habe ich mich dazu überreden lassen? Natürlich wollte ich Dirty Harry jagen. Wir hatten schon lange über diesen Bären gesprochen, aber nicht so, nicht im Entferntesten.

Nachdem wir unsere Ausrüstung abgeladen hatten, unterhielt sich der Pilot noch ein paar Minuten mit uns, während ich mich weiter umschaute. Wir waren echt mitten im Nirgendwo, kein Baum weit und breit, nur Wasser und hügelige Tundra um uns herum. Er hatte es eilig, also startete er das Flugzeug und flog es bis ans Ende der sogenannten Tundra-Insel. Seine Räder berührten das Wasser, als er eine 180-Grad-Wende zurück zu uns machte, um zu starten. Ich konnte sehen, dass er die Bremsen festhielt, als er anfing, Gas zu geben, denn das Flugzeug bewegte sich nicht und hinter ihm spritzte Wasser hoch. Sobald der Motor seine volle Leistung erreicht hatte, ließ er die Bremsen los. Etwa 150 Fuß bevor sein Flugzeug das Wasser auf der anderen Seite erreichte, hob sich die Nase, und er war auf dem Weg zurück zur Lodge.

Es wurde ziemlich schnell dunkel, und ich war erschöpft. Mein Verband musste gewechselt werden. Zumindest war das Zelt trocken, und wir schliefen auf dünnen, einen Zentimeter dicken Campingmatratzen. Es ist schwer zu beschreiben, wie sich die Tundra anfühlt, aber sie ist grasbewachsen, uneben und schwammig. Kurz gesagt, es ist echt unbequem, darauf zu schlafen, weil es nicht flach ist und man sich an die Form der Tundra anpassen muss. Es ist wie eine Ansammlung kleiner Hügel, die zwischen 15 und 35 cm hoch sind. Das Laufen in der Tundra kann knifflig und schwierig sein. Es ist, gelinde gesagt, eine Herausforderung.

In dieser Nacht war ich so müde, dass ich auf den unebenen Konturen schnell einschlief. Ich wachte ein paar Mal mitten in der Nacht auf und hörte immer wieder den Regen. Ich fragte mich, ob wir überflutet werden würden. Da ich zu müde war und starke Schmerzen hatte, öffnete ich den Reißverschluss des Zeltes nicht, um nachzuschauen.

Am nächsten Morgen wachten wir bei noch mehr Regen auf. Es regnete noch stärker als am Tag zuvor, und das Wasser war über Nacht etwas angestiegen. Ich erwartete einen sehr nassen und unangenehmen Tag.

Mit unseren Watstiefeln, unserer Regenausrüstung, unseren Rucksäcken und unseren beiden Gewehren machten wir uns auf den Weg in die offene Tundra-Sumpflandschaft. Mein Stiefvater ging voran, und ich folgte ihm dicht hinterher. Es war von Anfang an anstrengend, bergauf und bergab, über die unebene Tundra zu laufen und dabei im Wasser zu planschen. An vielen Stellen, an denen wir auftraten, war das Wasser so tief, dass es fast bis zum oberen Rand der Watstiefel reichte. Das machte mich noch unruhiger.

Wir liefen weiter durch den ständigen Regen, ohne etwas zu sehen. Das Gewehr wurde schwer, und der Rucksack bereitete mir große Probleme mit meiner Schulter und meinem unteren Rücken. Endlich sahen wir etwas in der Ferne. Es war schwer zu erkennen, aber es schien ein Tier zu sein, das rannte und sprang. Schließlich wurde mir klar, dass es ein Bär war, der anscheinend spielte und Spaß hatte.

Wir mussten näher herankommen. Wir duckten uns mit unserer ganzen Ausrüstung und gingen leise und vorsichtig durch den Sumpf, um kein Wasser zu spritzen. Endlich waren wir an einer Stelle, an der mein Stiefvater durch sein Fernglas schauen konnte. Plötzlich lächelte er.

„Das ist Dirty Harry", sagte er.

Mein Herz fing an zu pochen.

Wir blieben geduckt, gingen leise weiter und näherten uns dem Bären. Der Bär rannte immer noch herum, sprang und planschte im Wasser. Als wir näher kamen, blieben wir auf einem kleinen Tundra-Hügel stehen, der nicht größer als fünf oder sechs Fuß breit war und sich knapp über der Wasserlinie befand. So konnten wir uns auf die Knie niederlassen und den Bären beobachten.

Der ständige Nieselregen machte es schwierig zu bestimmen, aus welcher Richtung der Wind wehte. Mein Stiefvater griff in seine Tasche und holte eine Schachtel Streichhölzer heraus. Er zündete eines der Streichhölzer an, blies es dann aus und beobachtete den Rauch, der die Richtung des Windes anzeigte, der in unsere Richtung wehte. Das bedeutete, dass wir uns in Windrichtung hinter dem Bären befanden. Ich hatte ihn noch nie zuvor so etwas tun sehen.

„Denk daran, was ich dir gesagt habe", sagte er mit leiser Stimme. „Bären können Tiere in Windrichtung riechen. Das wird schwierig, also müssen wir langsamer und leiser gehen."

Völlig ungeschützt duckten wir uns in Richtung des Bären; wir machten ein paar Schritte und blieben dann stehen. Wir machten noch ein paar Schritte und blieben wieder stehen. Das ging etwa zehn Minuten lang so weiter. Schließlich waren wir nah genug, um einen Schuss abzugeben. Wir waren etwa zwanzig Meter vom Bären entfernt, der immer noch herumlief und uns keine Beachtung schenkte. Es sah wirklich so aus, als würde er spielen. Obwohl der Bär riesig war, war es etwas schwieriger, ein sich bewegendes Ziel zu treffen. Ich duckte mich und hielt das Ziel leise im Visier.

Plötzlich drehte der Bär seinen ganzen Körper zu uns und stellte sich auf seine Hinterbeine. Er war genauso riesig, wie die Leute gesagt hatten. Trotzdem geriet ich nicht in Panik, wahrscheinlich zum Teil, weil ich zu starke Schmerzen hatte, um mir Sorgen zu machen, vom Bären angegriffen zu werden, und zum Teil, weil ich mit meinem Stiefvater, einem erfahrenen Jäger, unterwegs war, der wusste, was er tat. Er hatte das Ersatzgewehr .458 dabei, was mich sehr beruhigte. Obwohl ich die .300 Magnum benutzte, wollte ich trotzdem die Reserve, nur für den Fall.

Der Bär duckte sich wieder, ging los, stellte sich erneut auf seine Hinterbeine und starrte uns an. Wir blieben völlig regungslos. Aus meiner Zeit in Kiana wusste ich, dass Bären nicht sehr weit sehen können und keine Farben erkennen, also nahm ich an, dass wir für ihn wie zwei verschwommene Büsche aussahen. *Der Bär weiß also nicht, was wir sind*, dachte ich. *Außerdem sind wir im Windschatten.*

Der Bär starrte uns an, ließ dann plötzlich seine Vorderpfoten auf den Boden fallen, spritzte Wasser auf und rannte davon. Mein Stiefvater schüttelte den Kopf.

„Verdammt. Der Bär hat uns gerochen", wiederholte er immer wieder, während er weiter den Kopf schüttelte. „Er hat uns im Wind gerochen."

Später fand ich heraus, dass Bären tatsächlich Farben sehen können. Sie haben ein ausgezeichnetes Sehvermögen und können ziemlich gut sehen. Wenn das stimmt, was ich glaube, dann ist es ziemlich beeindruckend, dass wir es geschafft haben, dem Bären so nahe zu kommen, obwohl wir völlig ungeschützt waren.

Als der Bär aus unserem Blickfeld verschwunden war, drehten wir uns um und stapften zurück zum Lager. Der Weg war lang und anstrengend. Wegen meiner Schmerzen und meiner Erschöpfung blieb ich immer wieder zurück. Ich konzentrierte mich auf jeden einzelnen Schritt, schaute schließlich auf und sah, dass mein Stiefvater stehen geblieben war. Ich dachte, er würde auf mich warten. Ich ging langsam auf ihn zu, und als ich näher kam, ging er in die Hocke. „Siehst du es?", fragte er.

„Ja, ich sehe es. Es ist ein großes Karibu."

Es war das größte Karibu, das ich je gesehen hatte. Die Hörner waren ziemlich groß, aber der Körper war riesig.

„Mach dich bereit", sagte er. „Du wirst es bekommen."

„Okay, wenn du willst, dass ich es versuche, werde ich es tun."

Eigentlich wollte ich das Karibu gar nicht erlegen. Ich wollte es nur tun, weil er mich darum gebeten hatte. Aber der Körper war so beeindruckend groß, dass ich ihn präparieren wollte. Ich ging auf ein Knie nieder und richtete das Gewehr , auf das Karibu, das etwa 25 Meter vor uns stand. Ich zielte und schoss. Das Karibu ging sofort zu Boden.

„Wow, das muss ich dir lassen", sagte mein Stiefvater. „Du bist ein verdammt guter Schütze."

Mein Stiefvater ging sofort zum Karibu und säuberte es so schnell wie möglich. Das war nicht einfach, weil der Körper so groß war und zur Hälfte im Wasser lag. Ich half ihm, das Tier hin und her zu rollen, um das ganze Fleisch zu entfernen. Es war eine mühsame und zeitaufwändige Aufgabe, die durch den Sumpf noch erschwert wurde. „Ich gehe zurück zum Camp, um den Piloten anzurufen, damit er uns abholt", sagte mein Stiefvater, nachdem er das Fleisch verstaut hatte. Er starrte mich an. „Es ist dein Karibu. Du hast es geschossen, also packst du das Fleisch ein." Dann schnallte er sich seinen Rucksack auf den Rücken und machte sich auf den Weg zurück zum Camp.

Was? dachte ich mir. *Was zum Teufel? Was ist hier los? Habe ich etwas getan, was ihn verärgert hat? Wovon redet er überhaupt? Ich kann kaum laufen, geschweige denn mein Gewehr tragen.* Da ich nicht wusste, was ich tun sollte, starrte ich ihn nur an, als er weg ging.

Ich konnte das Lager nicht sehen und wusste daher nicht, wo wir waren. Ich wusste nur, dass es langsam dunkel wurde und es in Strömen regnete. Da wir uns im Revier von Bären befanden, hatte ich Angst, alleine dort zu bleiben, also schnappte ich mir sofort meinen Rucksack, hängte ihn mir über die linke Schulter und versuchte, ihm zu folgen, bevor er außer Sichtweite war.

Ich weiß nicht mehr, wie lange ich gebraucht habe, um zum Camp zu kommen, oder wie ich all das Fleisch und die Hörner transportiert habe. Ich erinnere mich nur noch daran, dass ich immer wieder in tiefe Löcher getreten bin, die meine Watstiefel fast mit Wasser gefüllt hätten, und dass ich mehrmals fast gestürzt wäre.

Als ich das letzte Fleisch hereinbrachte, sah ich, dass das Flugzeug bereits gelandet war. Mein Vater sagte mir, dass er mit einem Teil des Fleisches zur Lodge zurückkehren würde. Da es langsam dunkel wurde, beluden sie das Flugzeug schnell und hoben ab. Während des Starts bemerkte ich, dass die kleine sogenannte Tundra-Insel, auf der wir uns aufgehalten hatten, fast vollständig vom Wasser bedeckt war.

Oh Scheiße, dachte ich. *Wie komme ich hier raus? Ich meine, wie soll der Pilot landen? Es ist überflutet und es gibt nicht genug Platz zum Landen. Ich bin allein, ohne Zelt und mit Karibufleisch. Nach einer Weile hörte ich endlich das Flugzeug zurückkommen.*

Der Pilot drosselte die Leistung und begann seinen Endanflug. Ich ging zur Mitte des Hügels und stand im Wasser, das mir knapp über die Fußspitzen reichte. Als er landete, schleiften die Haupträder durch das Wasser. Das Flugzeug wurde langsamer, als die Räder die trockene Fläche erreichten, und kam zum Stillstand, wobei die Ballonreifen zwei bis drei Zentimeter tief im Wasser standen. Er drehte schnell um, steuerte das Flugzeug auf mich zu und stellte den Motor ab. Dann luden wir die wenigen übrig gebliebenen Fleischstücke, mein Gewehr und mich ins Flugzeug.

„Wird alles gut gehen?", fragte ich.

Er startete das Flugzeug und fuhr es so weit wie möglich ins Wasser, ohne mit dem Propeller aufzusetzen. Dann gab er Vollgas, und Wasser spritzte überall aus dem Propeller. Als wir uns der Spitze der Erhebung näherten, waren wir immer noch am Boden. Als wir die Wasseroberfläche auf der anderen Seite der Erhebung erreichten, hob sich plötzlich die Nase, und wir flogen.

Nun, das war ein Abenteuer, dachte ich. *Ich kann es kaum erwarten, zurückzukommen und mich hinzulegen.*

Gegen vier Uhr kamen wir wieder in der Lodge an. Ich war in ziemlich schlechter Verfassung. Meine Schulter schmerzte ständig, und ich brauchte

Hilfe, um meinen Verband zu wechseln. Das Blut hatte den Verband durchtränkt und meine Jacke innen und außen befleckt. Ich war so müde, erschöpft und hatte solche Schmerzen, dass ich mich nach dem Waschen nur noch ins Bett legen wollte. Ich ging in die Küche, um einen Schluck Wasser zu trinken. Als ich mich umdrehte, begann der mexikanische Herr hinter mir, mich in gebrochenem Englisch anzusprechen. Er sagte mir, dass sie meine Tat zu schätzen wüssten und dass er mir dafür danken wolle, dass ich ihm meine Karibuhaut gegeben hatte. Ich stand da und starrte ihn einen Moment lang an.

„Oh, gern geschehen", sagte ich schließlich.

Dann erzählte er mir, dass er vor ein paar Tagen ein Karibu geschossen hatte und dass die Hörner sehr groß waren, aber der Körper klein. Er hatte mein Karibu gesehen und mochte es, weil die Körpergröße seinen Vorstellungen entsprach, also fragte er meinen Stiefvater, ob er die Haut haben könne. Er erklärte weiter, dass seine Hörner und meine Karibuhaut präpariert und dann in seiner Bar und seinem Restaurant in Mexiko ausgestellt werden würden, einem Ort, den ich kannte, weil ich ihn in der Vergangenheit schon ein paar Mal besucht hatte.

Was sollte ich tun? Ich musste natürlich Ja sagen, aber ich wollte dieses Karibu. Ich musste das verdammte Ding trotz meiner Verletzung einpacken, und jetzt nahm es jemand anderes mit. Ich war nicht sehr glücklich darüber. Erschöpft wollte ich mich nur noch hinlegen.

Am nächsten Morgen, gegen zehn Uhr, beluden wir den 185. Ich konnte es kaum erwarten, endlich loszufahren. Ich hatte keinen Hunger oder so, ich hatte nur starke Schmerzen und wollte mich zu Hause medizinisch versorgen lassen. Als wir abhoben und zurückflogen, musste ich immer daran denken, wie ich dieses verdammte Karibu mit meiner verletzten Schulter zurück zum Camp getragen hatte.

Es war bewölkt und der Wind war deutlich schwächer als in den letzten zwei Tagen, sodass der Flug zumindest gut verlief. Nach einer ganzen Weile konnten wir endlich den Iliamna-See sehen, als wir uns dem Lake

Clark Pass näherten. Als ich nach unten schaute, sah ich überall Schnee und Eis. Der Flughafen Iliamna lag direkt vor uns. Mein Stiefvater drosselte die Leistung und begann, sich der asphaltierten Landebahn zu nähern. Er sagte mir nicht, was er vorhatte. Das Einzige, was mir einfiel, war, dass er Treibstoff brauchte, um den Lake Clark Pass zu überqueren.

Nach der Landung rollten wir zu einem der Hangars auf der rechten Seite.

Dann stellte er den Motor ab.

„Okay, los geht's", sagte er.

Als wir aus dem Flugzeug stiegen, sah ich überall auf dem Rollfeld Baumaterialien verstreut liegen. Die Materialien kamen mir bekannt vor; es waren die Sachen, die ich am Flughafen von Anchorage beim Aufbau geholfen hatte. Als ich aufblickte, sah ich Brian. Ich hoffte, dass bei ihm alles gut lief. Als ich zur Toilette ging, sah ich, dass sie sich unterhielten. So gerne ich ihn auch begrüßt hätte, tat ich es doch nicht, weil ich hoffte, dass wir bald nach Hause fliegen würden. Manchmal konnten diese Treffen Stunden dauern. Als ich zum Flugzeug zurückkam, rief Brian mich zu sich und fing an, mit mir zu reden. Dann stiegen wir alle in den Truck und fuhren vom Flughafen weg. Ich fragte mich immer wieder, wann wir endlich losfliegen würden. Ich hatte keine Ahnung, dass andere Pläne für mich bereitstanden.

KAPITEL 15

Newhalen

Krankenschwester kam rein. „Die Versicherung ist am Telefon", sagte sie.

„Welche Versicherung? Wovon redest du?"

„Sie wollen mit dir sprechen. Ich muss dich auf den Flur bringen."

Das kann doch wohl nicht dein Ernst sein, dachte ich.

Ich hatte starke Schmerzen, einen brennenden Katheter in mir und meine Blase schrie vor Schmerz. Trotzdem hob sie mich in einen Rollstuhl und schob mich hinaus.

Als ich ans Telefon ging, sprach ich mit dem Versicherungsvertreter in den USA und fragte ihn, was los sei. Er sagte mir, dass sie aufgrund der Richtlinien der Insurance Corporation of British Columbia (ICBC) die Rechnung nicht bezahlen dürften, weil der Unfall in der kanadischen Provinz British Columbia (BC) und nicht in den USA passiert war. Wäre das in den USA passiert, etwa 158 Meilen von der Grenze entfernt, wäre das kein

Problem gewesen. Die Versicherung hätte eingegriffen und sich um alles gekümmert.

„Ich verstehe nicht, was hier los ist", sagte ich ihm. „Ich habe drei Versicherungen: meine private Versicherung, also euch, meine Kfz-Versicherung und die Versicherung meines Vaters für den Lkw."

„Ja, das verstehen wir alles", sagte er. „Aber das Problem ist, dass, da es in BC, Kanada, passiert ist, die staatliche Versicherungsgesellschaft ICBC für alle Schäden aufkommen muss, egal wer schuld ist. Sobald sie bezahlt haben, wird unsere Versicherungsgesellschaft ihnen die Kosten erstatten." „Ja, aber sie werden mich nicht aus dem Krankenhaus entlassen", erklärte ich.

„Ich verstehe, Sir. Es tut mir so leid, aber wir können nichts tun."

„Was soll ich denn jetzt machen?", fragte ich.

„Ich weiß nicht, was du tun wirst. Du musst mit dem ICBC-Versicherungssachverständigen in Kanada sprechen."

Geschwächt und völlig verzweifelt legte ich auf und ging zurück ins Zimmer. Ich dachte, ich hätte in den Dörfern schon die Hölle durchgemacht. Jetzt musste ich mich zusätzlich zu meinen körperlichen Verletzungen und meiner seelischen Belastung mit einer weiteren Hölle auseinandersetzen. Ich hatte immer wieder Flashbacks von der dunklen Straße und dem Lkw, der mich angefahren hatte.

DIE STRAẞE, auf der WIR FUHREN, war unbefestigt. Während mein Stiefvater und Brian weiter über Geschäfte und den Stand der Dinge redeten, starrte ich einfach aus dem Fenster und fragte mich, wohin wir eigentlich fuhren. Brian bog rechts auf einen holprigen Feldweg ab. Ich weiß nicht einmal, ob man das überhaupt als Weg bezeichnen kann, aber wir fuhren auf der Tundra in Spurrillen, die von alten Reifenspuren gezeichnet waren. Der kleine Lkw rutschte wegen des Eises und Schnees auf der Straße hin und her. Als ich nach vorne schaute, sah ich direkt vor uns ein langes, schmutzig-weißes Kuppelzelt aus Segeltuch, ein Single-Truss-Arch-Lagerzelt mit den Maßen 30 x 65 x 15 Fuß. Als wir näher kamen, konnte ich eine ganze Menge Sachen sehen, die drum herum lagen.

Was ist das? fragte ich mich. *Vielleicht nutzt er es als Lagerraum oder für etwas anderes.*

Der Lkw hielt vor dem Zelt an. Als wir ausstiegen, bemerkte ich, dass Leute durch eine Sperrholztür an der Vorderseite des Kuppelzeltes ein- und ausgingen. Dank einer selbstschließenden Feder machte die Tür beim Schließen ein lautes Knallen.

Obwohl es erst September war, war es kalt, kalt genug, um den Schnee gefroren, aber nass zu halten. Mit anderen Worten, es war ziemlich matschig und eisig. Ich wandte mich an Brian.

„Wo sind wir hier?", fragte ich.

„Willkommen in Newhalen", sagte er.

Als ich die Tür öffnete und ins Zelt ging, hat mich ein Typ begrüßt. „Hey, wie geht's? Willst du ein paar Kekse?" Er hat mir die provisorische Küche gezeigt, die sich auf beiden Seiten der Tür befand. Dort hatten sie Tische aufgestellt, um Lebensmittel, Besteck, Teller und Kochgeschirr unterzubringen. Als ich mich umschaute, sah ich in der Mitte des Zeltes einen Ofen, dessen Rauchabzug aus dem Zelt hinausführte. Direkt vor dem Ofen standen Tische und Stühle, die wie ein Essbereich für die Crew aussahen.

Ich ging herum und hörte das Klappern meiner Schuhe auf dem Holzboden. Das kam mir seltsam vor. Dann bemerkte ich leere Feldbetten auf beiden Seiten des Zeltes, die sich entlang des Ofens bis fast zum Anfang der Vorräte der Küche erstreckten. Als ich mich umdrehte, sah ich Brian, der Sachen trug, darunter auch meine kleine Tasche. Einige Crewmitglieder kamen ins Zelt und setzten sich an den Tisch. Brian unterhielt sich mit ihnen, dann drehte er sich zu mir um und verkündete: „Jetzt bist du der Läufer."

Läufer? Wovon redet er denn? Ich kann nicht laufen, ich kann mich kaum fortbewegen.

Was ist ein Läufer?

Er starrte mich nur an und lächelte.

„Ich verstehe nicht", sagte ich.

„Du bist der Läufer", wiederholte er, bevor ich ihn noch mal fragen konnte, was ein Läufer ist. Dann sprangen er und mein Stiefvater in den Truck und fuhren weg, ohne mir was zu sagen.

Wieder mal hatte ich keine Ahnung, was los war. Ich ging hinüber und fing an, mit dem Mann zu reden, der mir Kekse angeboten hatte. Er erzählte mir, dass er der Koch des Camps sei und dass er Probleme beim Kochen habe, weil er nicht die Lebensmittel bekomme, die er für die Crew bestellt habe.

„Was ist das hier für ein Ort?", fragte ich.

„Das ist die Camp-Hütte, in der wir wohnen."

„Was?", fragte ich, „Wir übernachten in diesem Zelt?"

„Ja", antwortete er. „Das tun wir." Dann erzählte er mir, dass der Heizofen in der Mitte des Raumes nicht richtig funktionierte. Er meinte, dass vielleicht das Öl alle sei, aber er wusste nicht, was genau das Problem war.

„Der Chef muss das sofort reparieren lassen", sagte ich.

„Ja, es ist eiskalt hier drin. Nachts wird es ziemlich kalt", meinte er.

Als mehr Leute ankamen und sich setzten, fing er an, ihnen Essen zu servieren. Ich setzte mich hin und aß, was auf dem Teller war, zusammen mit ein paar Keksen, die er gerade gebacken hatte. Normalerweise backten die Lagerköche Kekse für die Crew, um ihre Stimmung zu heben, indem sie ihnen ein bisschen Heimatgeschmack gaben. Ich sehnte mich nach zu Hause und fragte mich wieder einmal, was ich falsch gemacht hatte, um es zu verdienen, in meinem Zustand hier draußen zu sein.

Hatte ich meinen Stiefvater und Brian verärgert? Waren sie sauer auf mich, weil ich einen Autounfall hatte?

Ich versuchte immer noch, das Dirty-Harry-Fiasko zu verstehen. Ich fragte mich immer wieder: *Warum ich? Warum war ich dort draußen? Warum musste ich auf diese albtraumhafte Jagd gehen und das ganze Fleisch selbst tragen?*

Ich begann zu Gott zu beten und bat meinen leiblichen Vater, mir zu helfen. *Wie komme ich hier raus? Was soll ich tun? Vater, bitte, ich bin verletzt. Ich brauche Hilfe. Bitte hilf mir.*

Zu diesem Zeitpunkt hatte ich nur meine Jacke, Regenbekleidung, dünne Gummistiefel, Tennisschuhe, ein paar langärmelige Hemden, ein dünnes Paar Handschuhe und eine dünne Mütze dabei. Ich hatte keine Arbeitskleidung und keine richtige Winterausrüstung für diesen Ort.

Was zum Teufel soll ich jetzt machen? Ich fragte mich immer wieder: *Jesus Christus, habe ich die falsche Entscheidung getroffen und bin ich bei diesem Autounfall gestorben, bin ich jetzt in der Hölle?*

Ich erzählte dem Koch oder sonst jemandem nichts von meinem Zustand, ich behielt es für mich. Ich ging nach draußen, um die Toilette zu benutzen, und fand ein kleines, eiskaltes Plumpsklo für die Crew. Dann stellte ich fest, dass es keine Duschen gab.

Wo waschen wir uns die Hände und putzen uns die Zähne? fragte ich mich. *Wo sind die Toiletten? Wie sollen wir uns ordentlich waschen?* In meiner Sichtweite war nichts zu sehen, und im Zelt gab es auch nichts. Ich stand vor dem Zelt und schaute mich um. Wir waren fast mitten im Nirgendwo. Als ich weiter in die Ferne schaute, sah ich eine Reihe von Häusern.

Das musste das Dorf Newhalen sein. Warum schlafen wir dann in einem Zelt? dachte ich. *Das ergibt keinen Sinn. Die Stadt ist doch gleich dort drüben. Warum übernachten wir nicht in einem dieser Häuser?*

Als ich mich draußen, weit weg vom Zelt, erleichterte, sah ich, wie mehr Leute reingingen. Als ich zurückkam und um das Zelt herumging, sah ich einen 55-Gallonen-Ölfass, der horizontal auf einem Ständer lag, mit einer Leitung vom Tank ins Zelt. In Alaska war es üblich, Öltanks für die Heizung zu benutzen.

Zurück im Zelt setzte ich mich an einen der Tische und hörte den Leuten zu, wie sie sich unterhielten. Was sie über die Arbeit zu sagen hatten, war nicht besonders erfreulich. Ich fragte sie, in welchen Dörfern sie arbeiteten. Sie erzählten mir, dass sie in vier Dörfern bauten: Igiugig, Kokhanok, Newhalen und Nondalton. Die ersten drei Dörfer lagen rund um den Iliamna-See. Sie waren unzufrieden und beschwerten sich über die ersten drei Aufträge in diesen Dörfern.

Igiugig liegt etwa 44 Meilen südwestlich von Newhalen auf der anderen Seite des Sees. Das kleine Dorf hat etwa 65 Einwohner, darunter Yup'ik-Eskimos, Aleuten und Athabascan-Indianer. Der Ort ist bekannt für seine Regenbogenforellen, die über 30 Zoll groß werden. Das waren die großen Forellen, von denen ich gesprochen und geträumt hatte.

Kokhanok, zwanzig Meilen südlich von Newhalen, hat eine vielfältige indigene Bevölkerung, hauptsächlich Yup'ik-Eskimos und Dena'ina. Die durchschnittliche Einwohnerzahl liegt bei etwa 120 Menschen.

Newhalen liegt etwa vier Meilen südlich des Flughafens von Iliamna. Es liegt am Nordufer des Iliamna-Sees an der Mündung des Newhalen-Flusses. Mit einer Bevölkerung von etwa 150 Einwohnern ist es eine Mischung aus Dena'ina-, Yup'ik- und Sugpiaq-Kulturen.

Nondalton hat etwa 123 Einwohner. Der Ort liegt am Westufer des Six Mile Lake, zwischen dem Lake Clark und dem Lake Iliamna, etwa 22 Meilen nördlich von Newhalen. Die Kultur der Ureinwohner wird von den Dena'ina-Athabascan-Indianern geprägt.

Zusammen mit Lake Clark bieten diese vier Dörfer und Städte erstklassige Angelmöglichkeiten für Lachs, Forelle und Äsche sowie andere tolle Naturerlebnisse. Aber ich war definitiv nicht zum Angeln oder wegen der Natur hier.

„Was ist los? Wo liegt das Problem?", fragte ich, nachdem ich mich orientiert hatte.

Sie sagten, sie hätten Schwierigkeiten, die notwendigen Materialien für den Bau zu beschaffen. Einige der Materialien waren weit von den

Baustellen entfernt gelagert, sodass sie sie von Hand zu den Baustellen schleppen mussten. Sie beschwerten sich auch über die Unterbringungsbedingungen und den Mangel an Duschen und Toiletten.

„Hey, es ist eiskalt hier", sagte ich. „Ist der Öltank leer?" Jemand sagte mir, der Öltank sei voll, aber der Regler sei kaputt. Plötzlich gingen ein paar Mitglieder der Crew zum Ölofen, klopften auf den Regler, untersuchten ihn und versuchten herauszufinden, was los war. Dann kam jemand auf die geniale Idee, den Regler zu entfernen und die Leitung direkt an den Ofen anzuschließen, um den Ölfluss über das Außenventil zu regulieren und so die Flamme zu steuern. Also ging eine Person nach draußen und schloss das Ventil am Öltank. Dann entfernte die kleine Gruppe um den Ölofen den Regler und schloss die Leitung direkt an den Ofen an.

Während ich mich zurücklehnte und das Geschehen beobachtete, meinten einige Leute, dass das vielleicht nicht funktionieren würde, dass es eine schlechte Idee sei und dass der Ofen Feuer fangen könnte. Andere sagten: „Wir drehen das Ventil einfach zu", „Mach dir keine Sorgen " und „Das ist überhaupt kein Problem". Als alles angeschlossen war, rief jemand der Person draußen zu, sie solle das Ventil langsam aufdrehen. Dann zündete eine andere Person den Ofen an. Eine große Flammenexplosion schoss aus dem Ofen und den Schornstein hinauf. Sie schlossen die Tür und alles schien in Ordnung zu sein. Also sagten sie der Person draußen, sie solle das Ventil etwas weiter öffnen. Sobald sie das taten, begann es im Ofen zu rumoren, und das Geräusch wurde immer lauter. Plötzlich wurde der Schornstein rot, und der Ofen sprang auf dem Boden herum. „Schaltet ihn aus!", schrien einige der Arbeiter. „Schaltet ihn aus! Schließt das Ventil!"

Die Person draußen schaltete das Ventil aus, aber der Ofen hüpfte weiter auf dem Boden herum, und der Schornstein glühte immer tiefer rot. Ich konnte die intensive Hitze spüren, die von ihm ausging, selbst aus einer Entfernung von etwa fünf Metern. *Oh Mann, wir werden das Zelt verlieren.* Ich dachte, es würde zusammen mit allen anderen in Flammen aufgehen. Die Leute schrien weiter: „Schaltet es aus, schaltet es aus!" Die

Zeit schien langsamer zu vergehen, und es dauerte eine ganze Weile, bis das Öl aus der Leitung abgeflossen war. Dann dauerte es noch eine Weile, bis der Kocher abgekühlt war. Als wir endlich wussten, dass wir in Sicherheit waren, fingen alle im Zelt an zu lachen. Okay, das war also mein erster Tag in diesem Camp.

Ich ging nach draußen, um frische Luft zu schnappen, und in der Ferne sah ich Lichter auf und ab und von rechts nach links tanzen. Schließlich wurde mir klar, dass es der kleine Lastwagen war, der auf das Camp zufuhr. Als er näher kam, sah ich einige Gegenstände auf der Ladefläche, darunter eine graue Mülltonne. Zwei Personen saßen im Lastwagen. Ich war froh, meinen Chef und meinen Onkel zu sehen. Ich ging hin und sprach mit ihm. Kurz darauf kam Brian auf uns zu und sagte: „Du bist der Runner. *Was zum Teufel ist ein Runner?* Ich dachte immer wieder nach. Ihr habt diese Mülltonne und all die anderen Sachen ins Zelt gestellt." Als ich in die Ladefläche des Lastwagens schaute, entdeckte ich eine mir bekannte Reisetasche. „Hey, ist das meine Reisetasche?", rief ich aus.

Mir wurde gesagt, dass sie am Flughafen gestanden hatte. Anscheinend hatte ein Verwandter in Anchorage meine Kleidung, Winterausrüstung und Stiefel gepackt und für mich verschickt.

Oh toll, dachte ich. *Ich schätze, ich bleibe hier, um zu arbeiten. Einfach toll!*

Wir klappten die Heckklappe herunter und fingen an, die Mülltonne hochzuheben, die super schwer war.

„Meine Güte, was ist denn da drin, Onkel?", rief ich aus.

„Das ist unser Wasser für das Camp", meinte er.

Wir mussten es ins Zelt schleppen, sonst würde es über Nacht gefrieren und am nächsten Morgen unbrauchbar sein. Wir stellten es dort ab, wo der Koch es uns gesagt hatte. Dann holten wir alle anderen Sachen aus dem Lkw und brachten sie ins Lager.

Da mein Onkel gerade angekommen war, fragte ich ihn, wo er schlafen würde. Er suchte sich ein Feldbett aus, also wählte ich eines neben ihm, weil ich jeden Abend Hilfe beim Reinigen meiner Wunde brauchte. Mein Onkel war so freundlich, mir dabei zu helfen. Wir unterhielten uns über die anderen Dörfer und ihre Probleme, dann kam das Gespräch auf ihn.

„Du legst Dächer?", fragte ich.

„Ja", antwortete er niedergeschlagen. Er wollte Elektriker werden, deshalb war es sein Ziel gewesen, mit dem Elektriker zusammenzuarbeiten. Er war ziemlich deprimiert, weil er Dächer installieren musste, obwohl er für alle Dächer verantwortlich war. Er war ein begabter Mensch und meisterte alles, was er tat. Er plante alles genau und ging jede Aufgabe, die ihm übertragen wurde, methodisch an. Er war wirklich ein talentierter Mann. Ich habe nie mit ihm oder jemandem aus der Familie über die Bärenjagd gesprochen. Ich war einfach zu verzweifelt über die ganze Situation.

Bevor wir ins Bett gingen, hatte sich mein armer Onkel bereit erklärt, meine blutige Gaze zu reinigen. Er tränkte sie mit Wasserstoffperoxid und zog sie dann ab, während ich die ganze Zeit stöhnte, weil ein Teil davon riss und zerfetzte und ich hören konnte, wie es sich von meinem Rücken löste. Zusätzlich zu Blut, Eiter und allem anderen steckten noch viele Kieselsteine in der offenen Wunde, von denen einige langsam herauskamen. Manchmal versuchte ich, sie mit den Fingern herauszuziehen.

Da der Ölofen überhaupt nicht funktionierte, mussten wir in der eisigen Kälte schlafen, und natürlich wurde es im Laufe der Nacht immer kälter, bis die Temperatur im Zelt unter den Gefrierpunkt fiel. Das Bett bestand aus einem unbequemen Feldbett und einem Schlafsack. Die ganze Nacht über wälzte ich mich hin und her, zitterte und schüttelte mich, weil ich nicht warm werden konnte. Ich lag Stunde um Stunde hellwach da, bis es Zeit war aufzustehen. Schließlich hörte ich, wie andere aufstanden und husteten und röhrten, und natürlich hörte ich auch den Koch, der beim Zubereiten des Frühstücks herumhantierte.

Ich wusste nicht, wie spät es war. Ich öffnete die Augen und schaute zu dem weißen Baldachin hinauf, der mit Eissplittern bedeckt war. Auch mein Schlafsack war mit Eissplittern bedeckt. Ich konnte meinen Atem aus meinem Mund kommen sehen. Als ich meinen Schlafsack öffnete und meinen Fuß auf den Boden setzte, bemerkte ich, dass der Holzboden mit Eisflecken durchnässt war.

Oh, na toll, das wird wieder so ein Tag, dachte ich.

Ich machte mich so gut es ging für den Tag fertig. Ich putzte mir weder die Zähne noch wusch ich mir das Gesicht, weil ich nicht wusste, wo ich hingehen sollte, da mir niemand etwas gesagt hatte. Zum Glück war mein Onkel da, Gott sei Dank, sodass er meine Wunde am Morgen wieder reinigen und meinen Rücken verbinden konnte. Zum Glück war die mir geschickte Reisetasche voller warmer Kleidung, sodass ich zumindest isolierte Unterwäsche, Wintersocken, meine Bibermütze und meine Bunny Boots hatte. Die Bunny Boots wurden vom Militär für extrem kalte Wetterbedingungen entwickelt. Sie waren weiß, groß, klobig, nicht zu schwer, ziemlich bequem und hielten die Füße trocken und warm. Ich war dankbar, sie zu haben.

Nach dem Frühstück war ich mir immer noch unsicher, was ich tun sollte, also ging ich nach draußen, um frische Luft zu schnappen. Ich konnte die Sonne aufgehen sehen. Ein großer Mann mit Bart und Schnurrbart kam auf mich zu, er trug einen Kälteschutzanzug und hatte eine Taschenlampe auf dem Kopf. Er sah lustig aus, schien aber nett zu sein und bat mich, mit ihm zu kommen.

„Was machen wir denn?"

„Wir fangen mit den Fundamenten an, und du wirst mir dabei helfen."

„Wie sollen wir das machen, wenn der Boden gefroren ist?"

„Ich zeig's dir."

Er hatte eine Spitzhacke dabei, und wir machten uns auf den Weg.

„Wo ist die Baustelle?", fragte ich.

Sie war direkt vor uns. Er erzählte mir, dass er neulich schon angefangen hatte, ein paar Fundamente zu legen. Wir gingen zur Baustelle, die vom Zeltlager der Arbeiter aus zu sehen war, aber weit genug entfernt lag, dass man sich wünschte, man hätte ein Fahrzeug, besonders bei der Kälte. Der Weg zur Baustelle war eine Herausforderung, weil wir auf derselben Tundra liefen, die ich während der Jagdreise erlebt hatte. Allerdings war sie vereist, was sie rutschig und uneben machte. Mit meinem geschwächten rechten Knöchel war ich darüber natürlich nicht besonders glücklich.

Ich kannte die Art von Fundament, die auf dieser Baustelle verwendet wurde. Ich hatte es in meiner Jugend installiert, als ich während der Sommermonate nördlich des Polarkreises in Kotzebue gearbeitet hatte.

Nachdem wir die Pfähle gesetzt und alles ausgerichtet hatten, zeigte er mir, wie man im Winter Unterlegplatten installiert. Er fing an, mit der Spitzhacke in der Tundra zu graben. Zu meiner Überraschung musste nicht so viel gegraben werden, da wir die Tundra nur abkratzen mussten, um die erforderlichen 1,20 m x 1,20 m großen Unterlegplatten zu ebnen und für die Bodenleger auszurichten.

„Die werden doch im Boden versinken", sagte ich.

Er meinte, er verstehe das, aber meine Aufgabe sei es, diese Fundamente dort zu platzieren, wo sie hingehören. „Das macht mir keine Sorgen, denn es sind verstellbare Fundamente", sagte er. Dann ging er zu einem Fundament und bat mich, ihm zu helfen, es an seinen Platz zu heben.

„Das kann ich nicht", sagte ich. „Dafür bin ich nicht stark genug."

„Hilf mir einfach, es auf die Kante zu heben. Dann werde ich es an seinen Platz rollen."

Das machten wir gemeinsam mit allen Polstern und schoben sie dann mit Brecheisen hin und her, bis sie in einer geraden Linie lagen, um das Bodensystem ordnungsgemäß zu installieren. Kalt und nass arbeiteten wir den ganzen Tag bis zum Sonnenuntergang weiter.

Ich war total fertig, mir war verdammt kalt und meine Handschuhe waren vom eisigen Schnee klatschnass. Wir packten zusammen und machten uns auf den Weg zum Camp.

„Wo können wir duschen?", fragte ich meinen Kollegen auf dem Rückweg.

„Oh, wir müssen ins Fitnessstudio.“

„Was meinst du mit Turnhalle?“

„Die Turnhalle der Highschool ist der einzige Ort, an dem wir duschen dürfen.“

„Warum schlafen wir dann in diesem Zelt?“

Er meinte, die Leute vor Ort wollten unserem Chef Geld abknöpfen und verlangten eine Menge Kohle für die Unterkunft. Er hatte sich geweigert, zu zahlen, und jetzt hingen wir hier im Zelt fest.

„Oh, toll“, sagte ich.

Ich ging zu meinem Feldbett und legte mich auf den Bauch, weil die Wunde in meinem Rücken mir starke Schmerzen bereitete. Ich zog meine Stiefel aus. Meine Socken waren durchnässt, nicht wegen der nassen und eisigen Tundra, sondern weil Bunny Boots so dicht verschlossen sind, dass die Füße nicht atmen können. Deshalb werden die Socken schweißnass.

Während ich da lag, kamen weitere Crewmitglieder und begannen zu essen. Ich war so müde, dass ich nur einen kleinen Happen und einen Keks zu mir nahm. Meine Jacke war innen voller Blut, also drehte ich sie um, um sie zu trocknen. Mein Onkel kam endlich zurück und verband meine Wunde erneut. Diesmal war sie wirklich klebrig und blutig, und er brauchte eine Weile, um die Gaze zu entfernen – eine wirklich ekelhafte Arbeit. Meine Schulter roch unangenehm, und ich musste dringend duschen, aber ich war zu müde dafür.

KAPITEL 16
Auf Zehenspitzen

TIch wusste, dass es keine Krankenschwester war, weil die Person normale Klamotten trug. Als sie mich begrüßte, rollte ich mit den Augen und fing an zu blinzeln. Sie meinte, sie sei von der ICBC und ich müsse ein paar Formulare unterschreiben.

„Ich werde jetzt nichts unterschreiben", sagte ich.

„Das müssen wir aber."

„Nein, das werde ich nicht tun", wiederholte ich. „Ich habe zu starke Schmerzen, ich kann im Moment weder denken noch etwas tun."

„Was passieren wird, ist, dass deine Versicherung die Schäden nicht bezahlen wird, aber das Krankenhaus wird dich entlassen. Dann musst du später mit ihnen abrechnen."

„Ich verstehe immer noch nicht, was hier vor sich geht", sagte ich.

Sie gab mir keine weitere Erklärung. Stattdessen sagte sie: „Ich bringe dich zu einem Büro, wo du die Unterlagen unterschreiben kannst. Sobald *das Krankenhaus dich entlässt, holen wir dich hier raus. Wir besorgen dir einen Flug zurück nach Hause, und den Rest können wir später besprechen."*

Ich bin über 2.000 Meilen von Anchorage entfernt. *Ich konnte die von ihr skizzierten Vorkehrungen kaum begreifen.*

„Du hattest einen Frontalzusammenstoß mit einem Sattelzug mit Doppelanhänger", sagte sie und fügte hinzu, dass mein Schwager herfliegen würde, um mir zu helfen.

Oh mein Gott, ich muss seinen Flug bezahlen, *dachte ich.*

Ich wollte nicht, dass er sein eigenes Geld ausgibt. Er war so ein netter Kerl. Und ich wollte auf keinen Fall, dass meine Eltern ihr Geld für mich ausgeben.

Einige Zeit später kam die Krankenhausverwaltung in mein Zimmer, um zu besprechen, wie sie mich aus dem Krankenhaus entlassen würden und dass ich noch ein paar Tage dort bleiben müsste. Ich sagte ihr immer wieder, dass ich meinen Kopf nicht ohne meine Hände bewegen konnte, aber sie reagierte nicht darauf. Ich sagte ihr, dass meine Sicht verschwommen war, und wieder sagte sie nichts, nur dass sie mich bald entlassen würden und ich das Geld an das Krankenhaus zurückzahlen müsste.

Als sie gegangen war, fing ich wieder an zu weinen.

Warum? Warum passiert mir das?

Die Traurigkeit traf mich hart, als ich an meinen leiblichen Vater dachte. Ich hatte seit Jahren nicht mehr mit ihm gesprochen, obwohl ich Gott um Hilfe gebeten hatte. Aber alles, was ich bekam, war Stille. Er war weg, und ich war immer noch hier.

Wie kann das sein? Er ist tot, und ich lebe.

OBWOHL ES draußen in Newhalen stockfinster war, war es noch ziemlich früh. Ich schätzte, es war etwa acht Uhr. Brian bat mich, Wasser zu holen. Er sagte mir, ich solle zum Fitnessstudio gehen und den 55-Gallonen-

Müllcontainer füllen. Er wirkte bedrückt und schimpfte zu meiner Überraschung nicht mit mir. *Oh Mann, d ,* dachte ich mir. *Ich kann nicht mal eine Pause machen, um mich um meinen Knöchel, meinen unteren Rücken und meine Wunde zu kümmern. Herrgott, wann hört das endlich auf?*

Zum Glück hat mein Onkel beschlossen, mir zu helfen und mir zu zeigen, wo das Wasser war. Wir sind zum Fitnessstudio gefahren, wo ich einen Gartenschlauch an einem Wasserhahn gefunden habe. Ich habe ihn aufgedreht und den Eimer gefüllt, während wir auf der Ladefläche des Trucks saßen. Als wir zum Zelt zurückkamen, kamen weitere Crews von anderen Einsätzen an. Jemand hatte den Regler der Ölheizung repariert, sodass wir endlich Wärme im Zelt hatten. Allerdings ist das Heizen eines Zeltes ganz anders als das Heizen eines Hauses, vor allem wenn es draußen eiskalt ist. Die einzige Möglichkeit, sich aufzuwärmen, bestand darin, sich etwa einen Meter von der Abdeckung entfernt aufzuhalten. Da nicht genug Platz für alles vorhanden war, mussten wir unsere Feldbetten direkt an die eiskalte Abdeckung stellen. Es gab also zwar Wärme, aber es war trotzdem verdammt kalt.

Die Wetterbedingungen in der Gegend um Iliamna waren unvorhersehbar und extrem. Es schneite, regnete, vereiste und schmolz, und wir mussten ständig mit heftigen, gefährlichen Winden kämpfen. Es war absolut miserabel.

Jetzt kamen Crewmitglieder aus anderen Dörfern angeflogen, darunter auch Tim. Ich kann mich nicht erinnern, Tim in der Nacht gesehen zu haben, als ich meinen Autounfall in Pitkas Point hatte, daher bin ich mir nicht sicher, ob er einer der Kollegen war, die sich geweigert hatten, mich nach Bethel zu bringen. Er hatte vier Leute in seiner Zimmermannstruppe und einer von ihnen musste zu einem anderen Projekt wechseln, also würde ich jetzt sein Lehrling werden.

Obwohl er und Brian sich gegenseitig anschrien, fand ich Tim relativ ruhig. Aber ich hatte gehört, dass er ein hitziges Temperament hatte. So gehen manche Leute in Alaska damit um. Man muss hart wie Stahl sein, und er war hart.

Nach dem Frühstück war es Zeit, mit der Zimmermannstruppe zu arbeiten. Bis dahin waren mehrere Bodensysteme, bestehend aus Balken, Bodenbalken, Sperrholz und Laibungen, fertiggestellt worden, sodass wir mit dem Zimmern beginnen konnten. Die Zimmermannstruppe war für den Bau der Außenwände und die Installation der Dachstühle verantwortlich. Es handelte sich um identische Häuser, wie sie nördlich des Polarkreises gebaut wurden.

Meine größte Sorge war es, Tims Erwartungen zu erfüllen. Ich wusste nicht, ob er von meinen Verletzungen durch den Unfall wusste. Ich hatte ihm jedenfalls nichts davon erzählt. Wenn ich nicht mithalten konnte, würde er mich vielleicht ziemlich hart rannehmen. Ich dachte mir, ich sollte so ruhig wie möglich sein, ihn nicht mit Fragen nerven und genau das tun, was mir gesagt wurde. Hoffentlich würde das meine körperlichen Defizite bei der Arbeit ausgleichen. Wir hatten Glück, dass ein Gabelstapler zur Verfügung stand, der die Ausrüstung und Materialien in der Nähe des ersten Hauses abladen konnte, sodass wir sie zumindest nicht zur Baustelle schleppen mussten.

Jede Crew hatte ihre eigene Spezial- und Standardausrüstung. Sie wurden mit einem kleinen Generator für die Stromversorgung ausgestattet. Zu dieser Zeit benutzten wir Yamaha-Generatoren, die verdammt gut waren. Einige benutzten Honda-Generatoren, die ebenfalls sehr gut waren. Wir mussten alle unsere Werkzeuge, einschließlich der Benzinkanister und anderer Ausrüstung, von Hand zu jeder Baustelle tragen.

Unser Team benutzte einen gasbetriebenen Kompressor mit zwei Tanks, um die Nagelpistolen zu betreiben. Die Kompressoren liefen den ganzen Tag, und genau wie die Generatoren mussten sie mit Gas befüllt, gestartet, geölt, gewartet und so weiter werden. Obwohl sie vorne ein Rad zum Rollen hatten, waren sie schwerer und auf der verschneiten, unebenen, gefrorenen Tundra schwieriger zu ziehen als die Generatoren. Und du kannst dir denken, wer mit dieser Aufgabe betraut wurde.

Tim war ein Mann der Tat. Ich musste immer noch rennen, nicht gehen. Ich merkte schnell, dass Tim sich weder um die Arbeitsbedingungen noch um das Wetter scherte. Er duldete keine Probleme oder dummen Fehler; er machte einen sofort fertig.

Mir wurde beigebracht, dass ein echter Mann mindestens sechs ofengetrocknete 2x6-Balken tragen musste, die jeweils etwa 15 Pfund wogen. Das sind etwa 90 Pfund plus oder minus, je nachdem, wie nass das Holz war.

Vor meinen Verletzungen konnte ich eine solche Aufgabe bewältigen, aber mit meinen Verletzungen konnte ich keine sechs tragen; das war unmöglich. Ich konnte höchstens zwei tragen, oder drei, wenn ich mich anstrengte. Ich hatte Mühe, sie auf meiner linken Schulter zu tragen, weil ich sie vor meiner Verletzung auf meiner dominanten rechten Schulter getragen hatte. Zum Glück war die linke Schulter nicht verletzt, also schaffte ich das, aber mein unterer Rücken war noch nicht ganz fit und ich hatte immer noch Probleme mit meinem rechten Knöchel.

Ich habe mich den ganzen Tag abgemüht, mit der Crew mitzuhalten, aber ich habe nicht genug geleistet. Bis heute weiß ich nicht, warum ich nicht gefeuert wurde, weil ich nicht die Mindestanzahl von sechs Balken getragen habe. Vielleicht wusste Tim von meinen Verletzungen, aber soweit ich das an diesem Tag beurteilen konnte, hatte er kein Mitgefühl für irgendjemanden. Vielleicht hatte er das Gefühl, dass ich mich sehr bemühte. Wer weiß?

Die Giebelwände wurden als erstes an beiden Enden des Hauses gebaut. Sobald der Rahmen stand, haben wir die großen vorgefertigten Giebelbinder oben an den Wänden befestigt. Dadurch wurden die Wände um etwa vier bis vier Meter höher.

Nachdem alles festgenagelt und zusammengeheftet war, wurde Tyvek, eine synthetische Wetterbarriere, ausgerollt und an die Ständer und

Platten getackert. Nachdem das Tyvek befestigt war, wurde die Verkleidung angebracht, die die ganze Wand, einschließlich der Giebelbinder, abdeckte. Dann haben wir normalerweise die Fenster eingebaut, wenn sie verfügbar waren.

Natürlich war jede Giebelwand sehr schwer zu heben, etwa 1.200 Pfund, und dabei waren die mit Wasser getränkten oder mit Eis überzogenen Materialien noch nicht einmal mitgerechnet. Je nach Tageszeit traf Tim die sehr seltene Entscheidung, die Giebelwände unten zu lassen, und wir mussten am nächsten Morgen zurückkommen, um sie anzuheben. Wir waren nur zu viert, um diese Wände anzuheben, und ich kann Ihnen sagen, dass es eine schwere und gefährliche Arbeit war.

Die Arbeitsbedingungen wurden immer härter. Wir verloren jeden Tag etwa fünf Minuten Tageslicht, und es war jetzt Oktober. Wir hatten noch etwa zehn Stunden Tageslicht, aber der November stand vor der Tür. Es wurde dunkler, kälter, windiger und regnerischer, und all diese Faktoren machten unsere Arbeit noch anstrengender.

Dann wurde es unerwartet noch schlimmer. Ich weiß nicht, was passiert war, aber die Außentoilette war nicht mehr verfügbar, sodass wir nach draußen gehen mussten. Zu allem Überfluss war auch noch das Toilettenpapier alle. Okay, das wäre okay gewesen, wenn wir „ " gezeltet hätten, aber wir waren bei der Arbeit. Wir mussten auf der Baustelle herumstöbern, um etwas zu finden, das wir für unsere Bedürfnisse verwenden konnten. Ich fand eine Schachtel mit 16-Penny-Nägeln und benutzte Tyvek oder Teerpappe, um mich zu reinigen, und warf sie dann auf den Müllhaufen. Ich weiß nicht, was die anderen gemacht haben, und ich habe nicht gefragt.

Alle haben sich beschwert, und wir wurden langsam alle etwas exzentrisch. An diesem Abend wurde mir gesagt, dass wir das erste Haus, das wir gebaut hatten, bewohnbar machen, das Dach installieren und isolieren mussten, damit wir es alle als Lager für unsere Crew nutzen konnten. Der

Koch würde weiterhin im Zelt kochen, aber wir würden so schnell wie möglich ins Haus ziehen.

Am nächsten Morgen schickte Tim mich zu meinem Onkel, um ihm beim Dach zu helfen. Es wehte ein sehr starker Wind.

„Wie sollen wir die einzelnen Bleche auf das Dach heben?", fragte ich meinen Onkel.

Die Bleche waren etwa einen Meter breit und je nach Größe des Hauses etwa fünf Meter lang. Es ist ein leichtes Material, aber die Bleche sind lang und sperrig und können bei starkem Wind auch sehr gefährlich sein. Wenn sie nicht ausreichend am Boden oder auf dem Dach befestigt sind, kann der Wind sie wie einen Drachen in alle Richtungen herumwehen, und sie können Menschen schwer verletzen, indem sie sie treffen oder ihnen Finger, Hände oder den Kopf abtrennen.

Mein Onkel erklärte, dass wir drei Leitern auf einer Seite der Giebelwand verwenden, sie etwa einen Fuß über der Dachlinie platzieren und dann festbinden würden. Zwei weitere Leute würden auf dem Dach stehen. Sie würden Seile an der Leiter hinunterwerfen, und ich würde jedes Seil an den C-Vise-Klemmen befestigen und es dann an jedem Ende des Metalls festklemmen, um sicherzustellen, dass sie fest genug sitzen, damit sie sich nicht lösen können. Genau das hatten wir auf dem Metalldach in Pitkas Point gemacht.

Ich tat, wie er mir gesagt hatte, und schob das Metall selbst auf den Boden neben den Giebelwänden. Nachdem ich sichergestellt hatte, dass meine Aufgabe erledigt war, zogen er und sein Partner an beiden Enden des Seils, während ich mich am unteren Ende der mittleren Leiter befand. Ich musste die Leiter hochklettern und das Metall festhalten, um sicherzustellen, dass es stabil war, während sie es hochzogen. Dabei musste ich sehr vorsichtig sein, die Mitte nicht loszulassen, da der Wind manchmal wehte und es unter dem Metall einklemmen konnte. Ich hatte solche Angst, dass der Wind es mir aus den Händen reißen und es auf das Dach fliegen lassen könnte, wo es meinen Onkel oder seinen Partner verletzen würde.

Als wir oben angekommen waren, kletterten wir weiter und gingen hinter die gerade angebrachte Platte, während mein Onkel und sein Partner das Metall zum anderen Ende des Gebäudes schoben und es dabei tief an den Pfetten hielten. Sobald sie es an der richtigen Stelle hatten, schraubten sie es fest. Sie legten es nicht einfach nur auf. Mein Onkel war klug; er schraubte immer jede Platte fest, bevor er die nächste anbrachte. Auf diese Weise mussten wir nicht noch einmal zurückkommen, um die Arbeit zu beenden.

Dann kletterte ich zurück zur Leiter, stieg hinunter und wiederholte den Vorgang, bis wir mit beiden Seiten fertig waren. Als Letztes mussten wir noch die Firstkappe montieren, was nicht allzu schwer war, da sie sich ganz oben auf dem Dach befand und eine Öffnung von 15 bis 20 cm hatte. Man konnte auf dem First entlanggehen und die Füße auf die Holzbalken setzen.

Es wurde schnell dunkel, und wir konnten die Arbeit endlich abschließen, nachdem wir den Schornstein erfolgreich installiert hatten. Alle waren glücklich, denn das bedeutete, dass wir fast bereit waren, in das Haus einzuziehen. Beim Abendessen neckten mich die Jungs damit, dass wir das Ding noch in dieser Nacht isolieren mussten.

„Dein Vater will, dass es erledigt wird", meinte einer von ihnen.

„Oh, das ist doch wohl ein Scherz", sagte ich.

„Nein, du musst rausgehen und das Haus isolieren."

Nach dem Abendessen bin ich wieder zum Haus zurück. Irgendjemand, wahrscheinlich der Gabelstaplerfahrer, hatte die Säcke mit der Isolierung schon reingestellt. Also habe ich angefangen, die R-19-Isolierung alleine in die Wandhohlräume zu packen. Tatsächlich besteht die Isolierung aus Glasfaser. Glasfaser kann in die Kleidung, auf die Haut, in die Augen und in die Lunge gelangen. Zum Glück kam mein Onkel, als ich etwa drei Viertel der Wände fertig hatte, wahrscheinlich gegen Mitternacht, ins Haus, um mir bei der restlichen Arbeit zu helfen. Das war echt nett von ihm.

Die Isolierung der Decke war echt nervig, weil es damals noch keine Einblasdämmung gab, oder wenn doch, haben wir sie nicht für Decken benutzt. Wir haben zwei Dämmstoffe, R-38 und R-11, von Hand eingebaut, wodurch der Gesamt-R-Wert der Decken auf R-49 stieg. Das ist echt viel Dämmung, das steht fest. Um 3 Uhr morgens waren wir endlich fertig. Ich erinnere mich, dass ich ins Zelt zurückkehrte und mich auf den eiskalten Schlafsack legte, weil ich nicht hinein wollte. Ich hatte keine Möglichkeit zu duschen und war voller Dämmstoff. Ich wollte keine Glasfasern in meinen Schlafsack bekommen, also behielt ich meine Kleidung an und schlief einfach auf dem Feldbett. Was hätte ich sonst tun sollen?

KAPITEL 17

Keine Grenzen

K urz nach meinem Krankenhausaufenthalt hatte ich immer noch Probleme, meinen Kopf von einer Seite zur anderen zu drehen. Ich suchte viele Spezialisten in Anchorage auf. Einige Wochen später, als ich noch immer einen Gipsverband trug, bekam ich zeitweise stechende, nadelartige Schmerzen in meiner linken Hand. Ich erzählte meiner Familie davon und berichtete es dem Arzt. Es erinnerte mich daran, wie ich als Kind einen Stromschlag durch den Hubschrauber bekommen hatte, aber diesmal war es viel schmerzhafter. Niemand sagte etwas zu den Schmerzen, unter denen ich litt.

Kurz darauf fuhr mich eine mir nahestehende Person zu einem Orthopäden. Ich bat diese Person, den Raum zu verlassen, aber zu meiner Überraschung lehnte sie das ab. Ich bin hier, um sicherzustellen, dass Sie die richtige Hilfe bekommen. Zu schwach, um zu diskutieren, sagte ich nichts. Als der Arzt meinen Gipsverband entfernte, bemerkte er sofort, dass meine Hand nicht wieder funktionierte. Ich konnte sie nicht bewegen. Er starrte mich ungläubig an, rannte in den Nebenraum, kam zurück und legte mir eine Halskrause an.

„Sie müssen sofort geröntgt werden", sagte er.

Kurz darauf legte er die Röntgenbilder auf den Leuchttisch und zeigte auf das Bild meines Halses. Ich sah einen horizontalen Riss in meinen Halswirbeln in der Nähe der Stelle, auf die er zeigte.

„Was ist das?", fragte ich.

„Ich habe schlechte Nachrichten", sagte er. „Sie haben sich den Hals im Bereich C4 und C5 gebrochen."

„Ich habe den Krankenschwestern und Ärzten in Kamloops immer wieder gesagt, dass ich Probleme habe, meinen Kopf zu bewegen", sagte ich. „Sie sagten mir, mein Hals sei in Ordnung, da die Röntgenbilder aus der Unfallklinik keine Verletzung meines Halses gezeigt hätten. Aus diesem Grund haben sie mir nie eine Halskrause angelegt."

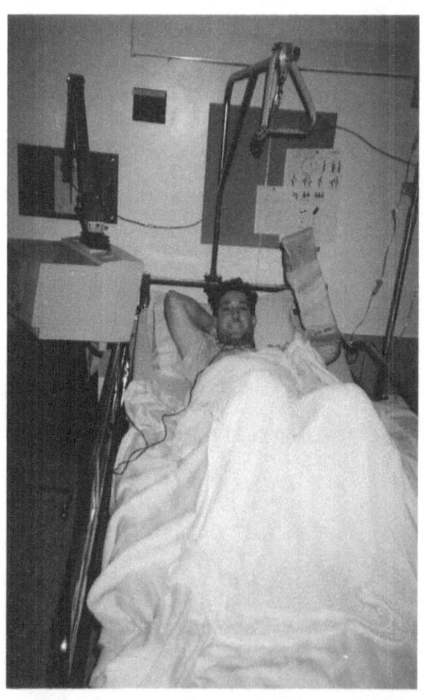

Im Bett im Kamloops Hospital ohne Halskrause.

„Ich weiß, sie haben es übersehen", sagte der Arzt. „Sie haben Glück, dass Sie nicht gelähmt sind." Beide verließen den Raum und ich saß allein da und dachte über meine missliche Lage nach. Ich dachte immer wieder: Was nun? Wie kann das sein? Wie kommt es, dass ich noch laufen kann? Die Person, die ich gebeten hatte, den Raum zu verlassen, kam von selbst zurück, sah mich streng an und sagte: „Sie sollten besser die Wahrheit sagen und nicht lügen."

„Was? Lügen, worüber?"

„Über deine Verletzungen."

„ Wovon redest du überhaupt? Du kannst doch auf den Röntgenbildern sehen, dass mein Hals gebrochen ist, und der Arzt hat gesagt, ich hätte mir die Wirbel C4 und C5 gebrochen." Mir wurde übel, und mit der letzten Kraft, die ich noch hatte, schrie ich: „Raus hier, raus hier!" Was war bloß los mit dieser Person? Ich meine, das verdammte Röntgenbild lag doch direkt vor ihrer Nase und zeigte eindeutig, dass ich mir das Genick gebrochen hatte. Und dann werde ich gefragt, ob ich meine Verletzungen vortäusche. Was für ein mieser Typ kann so viel Hass im Herzen haben? Wenn ich heute an diese Zeit zurückdenke, werde ich immer noch sauer und mir wird schlecht. Ich konnte mich in meinem geschwächten Zustand nicht mal verteidigen. Was für ein verdammter Arsch. Als hätte ich nicht schon genug Probleme.

Schließlich ging diese Person. Der Arzt kam zurück und nach einer kurzen Diskussion über meinen Hals sah er mich mit mitfühlenden Augen an und sagte: „Halte durch, gib nicht auf. Geh zurück zur Schule und fang dein Leben neu an." Er wies darauf hin, dass 33 noch relativ jung sei. Dann griff er in seine Tasche, holte einen gefalteten weißen Zettel heraus und zeigte ihn mir. Der Arzt sagte mir, dass die Person, die mich gefahren hatte, ihm einen Zettel gegeben hatte. Darauf stand: „Täuscht David seine Verletzungen vor?"

„Du wirst es schwer haben, dich zu erholen", sagte er. „Wer auch immer hinter diesem Zettel steckt, wird dir deine Genesung nicht erleichtern."

Nachdem er mich ernst angesehen hatte, flüsterte er: „Sprich mit niemandem und vertraue niemandem. Pass auf dich auf und erhole dich, ändere dein Leben und geh zur Schule, so wie ich es getan habe." Es stellte sich heraus, dass er im Handwerk gearbeitet hatte. Auch er hatte lebensverändernde Verletzungen erlitten und musste von vorne anfangen. Er hatte studiert und war schließlich Arzt geworden.

Mit dieser fiesen Person, meinen Geldsorgen und meinen Verletzungen klarzukommen, war echt hart, um es mal vorsichtig zu sagen. Ich war echt dankbar für den Rat, den mir der Arzt gegeben hat, und hab niemandem erzählt, was mit mir los war. Auf dem Heimweg hab ich dieser gemeinen Person gegenüber nichts von dem erwähnt, was der Arzt mir gesagt hatte.

Die zeitweiligen starken Schmerzen in meiner linken Hand quälten mich noch einige Jahre lang. Ein anderer Spezialist fand heraus, dass einer der im Krankenhaus eingesetzten Stifte versagt hatte und die Ursache für die Schmerzen war. Nachdem der Stift operativ entfernt worden war, hatte ich nie wieder diese starken Schmerzen. Man gab mir den entfernten Stift, den ich noch immer als Erinnerung an die Schmerzen, die ich durchgemacht hatte, aufbewahre.

AM NÄCHSTEN MORGEN wachte ich auf, weil das Zelt im Wind laut flatterte. Als ich mich im Zelt umsah, sah ich viel Wasser auf dem Sperrholzboden. *Das ist echt ätzend*, dachte ich.

Wieder einmal waren meine Kleider, die unter meinem Feldbett lagen, klatschnass. Nachdem ich durch das Wasser auf dem Boden gewatet war, fand ich in meiner Reisetasche ein trockenes Paar Socken, die ich anziehen konnte. Ich musste meine Füße über der Wasserlinie halten, um meine Socken anzuziehen. Zum Glück standen meine Gummistiefel neben meinem Bett. Sobald ich sie angezogen hatte, konnte ich mich in die Küche begeben und einen kleinen Schluck Wasser trinken, bevor ich mich draußen erleichtern musste, da wir immer noch kein funktionierendes Plumpsklo hatten.

Ich wusste, dass wir denken sollten: „Das ist keine große Sache. Es ist nur Camping." Aber es war nicht so, als würden wir dort versuchen, ein paar Tage in der Wildnis zu leben und zwei Stöcke aneinander zu reiben, um ein Lagerfeuer zu machen. Nein, wir waren nicht dort, um Wochenend-Naturforscher zu sein, wir waren dort, um zu arbeiten.

Ich versuchte mir einzureden, dass es nicht so schlimm war, wie es war, obwohl ich immer noch mit der Wunde an meiner Schulter und den Schmerzen zu kämpfen hatte, aber es wurde immer düsterer, je mehr die Tage an Licht verloren.

Ich wusste, dass wir in dieser Nacht in das neue Haus ziehen würden, das wir gerade gebaut und das mein Onkel und ich isoliert hatten, also würde es zumindest viel wärmer sein als im Zelt zu schlafen. Gleichzeitig würden wir in einem Haus voller ungeschützter Isolierung schlafen.

Das wird echt nervig, dachte ich, *wenn* wir *all diese Glasfasern in unsere Lungen einatmen.* Wir hätten Masken tragen können, wenn wir welche gehabt hätten, aber wir hatten weder Masken noch sonst viel Sicherheitsausrüstung. So war das damals eben.

Es fühlte sich an, als würde draußen ein Mini-Hurrikan toben, ganz zu schweigen von all dem Wasser und Eis auf der unebenen Tundra, wo man sich leicht den Knöchel verstauchen oder brechen konnte. *Das kann doch nicht dein Ernst sein,* dachte ich. *Außerdem müssen wir heute bei diesem Mist arbeiten. Wie lustig.*

Auch wenn der Koch sich ständig beschwerte, dass er nicht die Lebensmittel bekam, die er wollte, war das Frühstück, das er servierte, bestehend aus Pfannkuchen, Eiern und mehr, immer gut, sodass Hunger das Letzte war, worüber ich mir Sorgen machte. Mir war übel bei dem Gedanken, dass wir bei diesem Wetter rausgehen und für einen Chef arbeiten mussten, dem es egal war, was mit uns da draußen passierte.

Nach dem Frühstück machte ich mich auf den Weg zur Baustelle. Tim war normalerweise der Erste, der zur Arbeit erschien, aber zu diesem Zeitpunkt war das egal, da ich dachte, er würde seine Meinung ändern und uns den Tag frei geben. Als wir am Haus ankamen, stellten wir fest, dass der gesamte Boden mit einer etwa einen halben Zentimeter dicken Eisschicht bedeckt war, auf der Wasser stand. Wir konnten kaum auf der Terrasse stehen, ohne auszurutschen und zu fallen. Wir hatten nur normale Schneestiefel, keine Stollen oder Spikes oder ähnliches, und wir sollten an diesem Tag auf dieser Terrasse bauen. Wie sollten wir das machen?

Wie immer schrie Tim: „An die Arbeit, ihr Arschlöcher!" Ich glaube, er wurde mit diesem Hashtag im Mund geboren.

Was mich am meisten nervte, war, dass die Verkleidung weit weg vom Haus lag. Ich musste die verdammten Teile zu den Häusern tragen oder schieben. Was es noch schwieriger machte, war die Eisansammlung. Sie machte die neun Fuß langen, achtundfünfzig Pfund schweren Platten viel schwerer. Ich versuchte, mit meinem Hammer so viel Eis wie möglich abzuschlagen, aber das stellte sich als völlige Verschwendung von Zeit und Energie heraus. Ich konnte nicht zu fest zuschlagen, weil ich die fertige Oberfläche nicht beschädigen wollte, was die Platten unbrauchbar gemacht hätte.

Zuerst versuchte ich, die Verkleidung über die Tundra zum Haus zu ziehen, aber das war zu schwer für mich. Dann versuchte ich, die Platten auf meiner Schulter zu tragen, aber der Wind wehte so stark, dass der Luftdruck meinen Rücken hin und her drehte. Ich konnte sie nur auf meiner rechten Schulter tragen, direkt über der offenen Wunde. Das war nicht nur schmerzhaft, sondern ich hörte auch, wie der Verband knisterte und an mir rieb. *Das war echt ätzend.* Ich war einfach nur genervt, aber bei wem sollte ich mich beschweren? Wen sollte ich um Hilfe bitten? Tim schrie immer lauter, während der Wind immer stärker wurde. „Arbeitet, ihr Idioten, arbeitet! Los, bringt das Holz hier hoch", schrie er, während er mit seiner Nagelpistole alles zusammennagelte.

Schließlich schoben wir die Giebelbinder auf die Terrasse und befestigten sie an den Wänden. Die Fenster wurden wegen des starken Windes weggelassen. Wir legten Blöcke unter die Giebelbinder, damit wir die Wände von unten anheben konnten. Tim erinnerte uns daran, dass aus den Giebelbindern Nägel durch die Bretter ragten. *Ja, er hat recht, also müssen wir vorsichtig sein.* Jetzt waren wir bereit, beide Giebelwände anzuheben.

Tim hat uns gesagt, wo wir stehen sollen, um die Wand hochzuziehen. Er und Levi, ein Zimmermann, sollten die beiden Enden der Wand hochziehen. Das war der niedrigste und sicherste Bereich, weil sie direkt am Rand des Gebäudes standen und schnell zur Seite springen konnten, falls die Wand zurückfallen sollte. Benny, das andere Crewmitglied, und ich sollten die Mitte anheben, die der schwerste, höchste und gefährlichste Teil der Mauer war. Die schiere Höhe der Mauer würde es extrem schwierig machen, zu entkommen, wenn sie auf uns fallen würde, vor allem weil der ganze Boden mit rutschigem Eis bedeckt war.

Der starke Wind blies weiterhin direkt auf uns zu. Tim schrie: „Hebt, ihr Arschlöcher, hebt, kommt schon, hebt verdammt noch mal!", während wir auf dem Eis ausrutschten und uns abmühten, die Wand auf Kniehöhe zu heben. Der Wind drückte den Giebel immer wieder nach unten und schob uns jedes Mal, wenn wir einen kleinen Schritt nach vorne machten, wieder zurück.

„Ihr Arschlöcher, hebt! Hebt die verdammte Wand hoch! Kommt schon, ihr Idioten, hebt!", schrie er weiter. Nach einer gefühlten Ewigkeit, die wahrscheinlich nur etwa dreißig Sekunden gedauert hatte, schafften wir es endlich, die Wand bis auf Hüfthöhe zu heben.

„Okay", schrie er. „Das ist es. Weiter so!"

Wir fingen wieder an zu heben und schafften es knapp über unsere Hüften, bevor es wieder unter unsere Hüften zurückrutschte. Wir machten einen weiteren Schritt und schafften es bis zu unseren Rippen, aber wieder rutschten wir nach hinten.

Während Tim uns immer wieder anschrie, weiterzuheben, schafften wir es schließlich, sie knapp über unsere Köpfe zu heben. Wir kämpften weiter gegen den Wind und das Eis und schafften es, sie hochzubekommen. Nur Gott weiß, wie wir das verdammte Ding schließlich in die Vertikale gebracht haben. Zu diesem Zeitpunkt zitterte ich wie verrückt. Der Giebel war weit über meinem Kopf. Ich bin nur 1,78 m groß, und diese Wand war über 4 m hoch. Das war eine verdammt hohe Wand und schwer wie die Hölle.

„Stütz dich ab! Stütz dich verdammt noch mal ab, du Idiot, stütz dich ab!", schrie Tim mich weiter an.

Ich hatte Angst, die Wand loszulassen, weil ich befürchtete, dass die Jungs die Kontrolle verlieren würden. Ich drehte mich schnell um, versuchte zu sprinten, um eine Stütze zu holen, und rutschte sofort aus und fiel auf Hände und Knie. Ich versuchte aufzustehen, aber der eisige Boden hinderte mich daran, zu stehen, also kroch ich so schnell ich konnte, um aus dem Weg der Wand zu kommen und eine Stütze zu greifen.

Als ich Halt fand, konnte ich aufstehen. Als ich mich umdrehte, sah ich, dass die Jungs immer noch die Wand festhielten, aber langsam rückwärts rutschten. Tim und Levi sprangen vom Rand des Gebäudes, um nicht von der Wand getroffen zu werden. Der arme Benny versuchte, aus dem Weg zu kommen, aber er war nicht schnell genug. Der obere Teil des Giebeldachs knallte gegen Bennys rechte Schulter und hinterließ tiefe Einstichspuren von den hervorstehenden Nägeln, und Levi verletzte sich beim Sprung von der Seite des Gebäudes am Knöchel. Tim und ich kamen ohne einen Kratzer davon.

Ohne Mitgefühl oder Gnade für die armen Kerle, die verletzt worden waren,

sagte Tim wütend: „Ihr Idioten, ihr hättet euch festhalten sollen."

Tim war fest entschlossen, beide Giebelwände hochzuziehen. Er holte sofort die Bodenleger-Crew dazu, um uns beim Hochziehen zu helfen. Ich hatte Mitleid mit meinen verletzten Kollegen, denn unsere einzige Pause nach dem Vorfall bestand darin, auf Hilfe zu warten. Es waren zehn Leute nötig, um die Wände hochzuziehen. Als die Wände endlich standen und abgestützt waren, bauten wir den Rest des Hauses.

Später in dieser Nacht schliefen wir in dem Haus, das wir am Abend zuvor isoliert hatten. Sie benutzten einen Kerosinölofen, um sich zu wärmen. Zum Glück ist Kerosin viel sauberer als Dieselöl, aber wir mussten trotzdem all diese Dämpfe einatmen. Trotzdem war es besser als zu frieren, viel wärmer und besser als das Zelt, kein Zweifel.

Am nächsten Tag wachte ich nach meiner ersten warmen Nacht in einem kalten, sonnigen Morgen auf. Auch wenn wir immer noch kein Außenklosett und keine Dusche hatten, fühlte ich mich mit unseren Lebensbedingungen besser. Als ich zum Frühstück in das Zelt ging, das jetzt „Kochhütte" genannt wurde, bemerkte ich, dass Blut von meiner Schulter bis zur Außenseite meiner Jacke durchgesickert war. Nach dem Frühstück schaute ich mir die Wände an, an denen ich am Tag zuvor gearbeitet hatte, und sah Blutflecken auf mehreren der Verkleidungsbretter, die ich herübergetragen hatte. Das ganze verdammte Ding hatte mich besudelt.

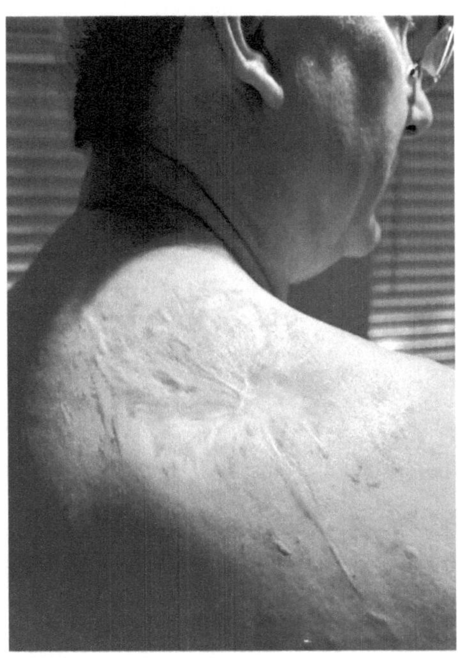

Ich starrte hinaus, beobachtete den Sonnenaufgang und dachte darüber nach, was für ein Idiot ich war, unter diesen Bedingungen zu arbeiten. Ich war so einsam, wütend und verbittert, dass ich niemanden hatte, mit dem ich reden konnte. Was sollte ich tun? Meine Kollegen hatten mit ähnlichen Arbeitsbedingungen zu kämpfen, aber keiner von ihnen hatte so lange mit schweren Verletzungen gearbeitet wie ich. Angst war das, was mich am Leben hielt, und ich wollte nicht versagen und die Leute enttäuschen. Ich dachte, ich würde denen helfen, die ich respektierte und liebte.

Ich war nicht der Einzige, der unglücklich war. Die harten Arbeitsbedingungen begannen, unsere normale Persönlichkeit zu untergraben, und schon bald bemerkte ich, dass wir uns zu neuen Charakteren verwandelten, um mit unserer Realität fertig zu werden.

Die Leute neckten sich gegenseitig und sagten viele dumme, unreife und unangemessene Dinge. Ich kann dir sagen, es wurde immer verrückter. Wir entwickelten einen makabren Humor, um mit dem bizarren Verhalten der Menschen, einschließlich meinem eigenen, fertig zu werden. Selbst wenn jemand humorvoll eine schockierende Geschichte erzählte, konnte das nicht darüber hinwegtäuschen, dass Menschen zu schrecklichen Taten fähig waren. Bis heute gibt es viele Dinge, die ich niemandem erzählt habe. Die Gedanken, die ich jetzt mit euch teile, sind nur Teile eines großen Puzzles, das unvollständig bleiben wird, weil es zu schmerzhaft ist, darüber zu sprechen.

Jahre später, im College, ließ uns mein Psychologieprofessor die Verfilmung des „Stanford-Gefängnis-Experiments" anschauen und darüber diskutieren. Ich lernte, dass eine Gruppe von Menschen, die eng zusammenarbeitet, insbesondere in Stresssituationen, aggressive und unangemessene Verhaltensmuster entwickeln kann, die ihren Grundwerten widersprechen und sie dazu veranlassen, Dinge zu tun und zu sagen, die sie außerhalb dieser Umgebung normalerweise nie tun würden. Das Experiment, das eigentlich 1–2 Wochen dauern sollte, musste am 6. Tag abgebrochen werden, weil es außer Kontrolle geriet, als die Gefangenen von ihren Mitmenschen grausam und unmenschlich misshandelt wurden.

Das Experiment zeigte, wie Dr. Zimbardo es ausdrückte, wie „normale College-Studenten schreckliche Dinge tun können".[5]

Diese Lektion gab mir ein weiteres Hilfsmittel an die Hand, um zu verstehen, was mit uns allen geschah. Ich meine, sie mussten das Psychologieexperiment „ " am sechsten Tag in einer kontrollierten Umgebung abbrechen. Können Sie sich vorstellen, wie sich einige von uns verhielten, als wir wochen- oder monatelang im Busch lebten? Was ist mit einem Kind, das ähnlichen Umständen ausgesetzt ist? Ich dachte, ich wäre der Einzige, der Probleme hatte, sich an die höfliche Gesellschaft anzupassen. Plötzlich war ich nicht mehr allein. Selbst mit diesen Informationen fiel es mir immer noch schwer, mich wieder an das Leben zu Hause zu gewöhnen.

Zu diesem Zeitpunkt hatten wir schon viele Häuser gebaut, die einer Wohnsiedlung ähnelten. Nach dem Abendessen half ich manchmal anderen Crewmitgliedern. Eines Abends half ich Yukon, ein paar Sanitärteile zu besorgen. Lachend fragte er: „Willst du sehen, wie ich die Schornsteinrohre finde?" Dann öffnete er seinen dicken Winteroverall und zog eine versteckte Pistole heraus. Als er zum Ofen ging, streckte er die Hand aus, richtete die Pistole auf die Decke und schoss durch das Dach. Ich konnte es nicht glauben. Ich dachte, so was würde der Biker-Klempner machen, nicht Yukon. Ich dachte, er wäre ein Pazifist und hätte was gegen Waffen. Wer weiß, wo die Kugel gelandet ist? Was, wenn jemand auf dem Dach gewesen wäre? Der Wahnsinn eskalierte.

Am nächsten Tag bemerkte ich Hunde, die über die Baustelle rannten, während ich die oberste Platte an die Ständer nagelte. Ich hörte das vertraute Geräusch von Schüssen. Nicht das Knallen einer Nagelpistole, sondern Gewehrschüsse. Einige Männer schrien: „Schnappt ihn euch, schnappt ihn euch! Er entkommt, er entkommt!" *Oh, na toll, was jetzt? Nicht schon wieder. Verdammt.* Knall – noch ein Schuss – dann fielen noch ein paar Schüsse, gefolgt von Winseln und hohen Quietschgeräuschen, die sich anhörten, als kämen sie von einem Hund.

Ich wusste nicht, was zum Teufel da los war. Als ich nach links schaute, sah ich einen Hund, der seine Hinterbeine hinter sich her zog und wimmerte, während zwei Typen mit Gewehren zwischen den Häusern hin und her rannten, den Hund jagten und auf ihn schossen.

„Ich nehme den hier", rief einer der Männer, als sie an uns vorbeirannten. „Hol den anderen Hund."

Dann fielen weitere Schüsse, und das Winseln des Hundes verstummte. Unsere Crew und andere schauten sich um und versuchten, die Situation einzuschätzen. Dann machten wir uns wieder an die Arbeit und ignorierten, was gerade passiert war.

An diesem Abend lachten viele Crewmitglieder über die Ereignisse des Tages.

„Was zum Teufel ist hier los?", fragte ich einen meiner Kollegen. „Warum schießen sie auf Hunde?"

„Die Stadt hat ein Kopfgeld auf die Hunde ausgesetzt."

„Warum?"

Er erzählte mir, dass viele Hunde tollwütig werden und eine Gefahr für die Einheimischen darstellen, insbesondere für Kinder. Ich wusste nicht, dass Menschen tatsächlich Hunde erschießen. Ich dachte, das gäbe es nur in Filmen. Ich hatte keine Ahnung, dass so etwas in der heutigen Zeit noch vorkommt. Ich liebe Hunde, aber ich musste diesen Vorfall verdrängen, also verwandelte ich meine mitfühlenden Gedanken über die geschlachteten Hunde in eine einfache Aussage: Solange sie mich nicht mit ihren Kugeln treffen. Ich hatte wenig bis gar kein Mitgefühl für die Hunde. Wie erbärmlich.

Was kann man da machen, entweder heulen oder lachen? Für mich war es eher Heulen, weil der Schmerz so tief ging, dass ich keinen Sinn darin erkennen konnte. Was war mit diesem Job los? Alle hatten mit dem

Wetter, Verletzungen und dem Mangel an Toiletten und Waschmöglichkeiten zu kämpfen, und das mit anzusehen war einfach ein weiterer Arbeitstag.

Am nächsten Morgen krochen wir aus dem Bett und machten uns an die Arbeit. Tim stellte einen weiteren Arbeiter ein, einen älteren Mann, der in der örtlichen Gemeinde bekannt war. Ich werde ihn Jeff nennen. Obwohl er nach einem Job gesucht hatte, bei dem er mit dem Hammer hantieren konnte, sagte Tim ihm, dass er zu diesem Zeitpunkt außer Müllabfuhr nicht viel tun könne. Er sagte ihm, dass er in etwa einer Woche mit dem Rahmenbau beginnen könne.

Jeff nahm das Angebot an, und Tim wies ihn an, sich mit dem Gabelstaplerfahrer zu treffen, um sofort mit der Arbeit zu beginnen. Jeff sagte, er würde am Montag wiederkommen.

„Wir haben sofort Arbeit für Sie", antwortete dieser.

„Ja, ich weiß, aber da heute Mittwoch ist, möchte ich keinen kleinen Scheck, also muss ich am Montag anfangen, damit meine Schecks gleich hoch sind", sagte Jeff.

„Was? Du verdienst mehr Geld, wenn du heute anfängst", sagte Tim. Jeff verließ die Baustelle, und wir sahen ihn den Rest der Woche nicht mehr.

Der Montag kam. An diesem Nachmittag sah ich in der Ferne einen Mann auf unsere Baustelle zukommen. Als er näher kam, erkannte ich sein Gesicht immer noch nicht, aber ich sah, dass er eine Kiste mit ausgestrecktem Arm hielt. *Was für ein seltsamer Anblick, dachte ich.* Ich ging zurück an die Arbeit. Jeff ging auf unsere Baustelle zu und schrie Tim an. „Hey, in diesen Kisten ist Scheiße! In diesen Kisten ist verdammte Scheiße." Er stellte die Kiste auf den Boden und öffnete sie, um Tim zu zeigen, dass sie mit Mist gefüllt war. „Ich wurde als Zimmermann eingestellt, nicht als Scheißschieber", schrie er.

Wer könnte ihm das verübeln? Ich wäre auch sauer gewesen.

Tim starrte Jeff nur an. „Ich habe nichts anderes für dich. Was soll ich denn machen? Du wirst bald Rahmen bauen, aber das ist alles, was ich im Moment für dich habe."

Jeff warf die Kiste zu Boden, stampfte davon und schüttelte angewidert den Kopf. Während des Mittagessens redeten alle über die Kiste und Jeffs Verhalten. Wir hatten Mitleid mit dem Kerl. Niemand wollte ihn oder die örtliche Gemeinde respektlos behandeln. Wir waren alle sauer, weil wir versuchten, ein schwieriges Problem mit dem Mangel an Sanitäranlagen zu lösen. Ich meine, was sollten wir denn tun? Außerdem, wer öffnet schon Kisten, die für die Müllhalde bestimmt sind?

Nach dem Fiasko mit Jeff dauerte es nicht lange, bis wir erfuhren, dass der Stammesrat beschlossen hatte, uns zu schließen, weil wir nicht in den Häusern schlafen durften, die wir bauten, und wir eine funktionierende Außentoilette auf der Baustelle haben mussten. „Die Käufer werden diese Häuser nicht kaufen, wenn ihr sie bewohnt", wurde uns gesagt. „Ihr müsst alle zurück ins Zelt ziehen."

Kurz darauf hatten wir plötzlich Toiletten auf der Baustelle. Allerdings hatten wir immer noch keine Duschen. Ich kann mich nicht wirklich daran erinnern, geduscht zu haben. Ich wusste, dass ich schlecht roch, das war klar, aber das war das geringste meiner Probleme. Jetzt mussten wir zurück in das eiskalte Zelt ziehen.

In den nächsten Wochen erlebten wir starken Wind, Schnee, Regen und alles andere, was Mutter Natur zu bieten hatte. Mein neunzehnter Geburtstag kam und ging, ohne dass jemand davon sprach, und es war fast Thanksgiving.

Ich wusste, dass wir in ein paar Tagen ein Firmen-Thanksgiving-Essen in der Iliamna Lodge haben würden und meine Familie dabei sein würde.

In der Zwischenzeit hatten wir nur noch siebeneinhalb Stunden Tageslicht. Im Winter arbeiteten wir normalerweise lange Stunden in der eisigen Dunkelheit der Nacht. Ich trug eine Gesichtsmaske, und manchmal war es so kalt, dass jedes Mal, wenn ich ausatmete, der Dampf aus meinem

Mund auf meine Augen traf und meine Wimpern beim Blinzeln zusammenfroren. Die einzige Möglichkeit, meine Augenlider im Freien zu öffnen, bestand darin, meine ungeschützten Fingerspitzen auf meine Augenlider zu drücken und das Eis zu schmelzen.

Wir mussten kreativ sein, um die Geräte und die untermotorisierten Generatoren am Laufen zu halten. Wir arbeiteten sogar mit Taschenlampen, wenn den Generatoren der Kraftstoff ausging oder sie kaputt gingen. Einmal ging einer Crew das Motoröl aus, das die Generatoren und Geräte schmiert; jemand aus dieser Crew holte Pflanzenöl aus der Kochhütte, schüttete es in den Generator und ließ ihn den ganzen Tag laufen. Ich konnte kaum glauben, dass das funktionierte. Keines der Geräte war für den Betrieb mit Pflanzenöl ausgelegt, daher weiß ich nicht, ob dieser Generator irgendwann explodiert ist.

Kurz vor Thanksgiving heulte der Wind wie ein Hurrikan und blies unsere Materialien und unseren Müll überallhin. Mein Onkel und ich mussten zusammen mit vielen anderen unser Material sichern und versuchen, so viel Müll wie möglich an einen sicheren Ort zu bringen. Was wir nicht wegbringen konnten, haben wir mit großen Sperrholzplatten gesichert. Es war echt hart, von Regen, Schnee und Graupel gepeitscht zu werden. Ich habe meinen Vater immer wieder um Hilfe gebeten und mich gefragt, warum ich noch am Leben war und er tot.

Nach dem Mittagessen gingen wir zu einem der Häuser, um lose Metalldächer zu sichern. Mein Onkel und ich wurden beauftragt, eine im starken Wind flatternde Platte zu reparieren. Als ich mich näherte, flog eine 5,5 Meter lange Platte auf mich zu. Ich versuchte auszuweichen, hob meinen linken Arm, um meinen Kopf zu schützen, und das Metall wickelte sich um meinen Körper, faltete sich in der Mitte und flog dann über mich hinweg. Ich rannte hinterher, hielt es fest, und mein Onkel kam, um mir zu helfen. Die Blechplatte war durch den Aufprall auf mich zerknittert, aber irgendwie hatte ich keine Schnittwunden oder Verletzungen davongetragen. Ich konnte kaum glauben, dass ich unverletzt davongekommen war.

Nachdem ich das restliche Metall gesichert hatte, ging ich zurück zu dem großen Gabelstapler, den wir für den Müll benutzten. Wir bauten eine Kiste und stellten sie auf die vorderen Gabeln. Jeff war jetzt und bediente den Gabelstapler. Er folgte mir, während ich den Müll aufsammelte und in die Kiste legte.

Ich habe es nie gemocht, mit Jeff zusammenzuarbeiten. Allein seine Anwesenheit war beunruhigend. Andere Crewmitglieder fühlten sich in seiner Nähe ebenso unwohl oder hatten regelrecht Angst vor ihm. Ich hatte viele Gerüchte über Jeff von Einheimischen innerhalb und außerhalb des Dorfes gehört. Angeblich waren er und seine Freundin eines Nachts mitten im Winter betrunken, als sie mit einem Quad von Nondalton nach Newhalen zurückfuhren. Sie gerieten in einen Streit mit seiner Frau, und Jeff geriet in einen betrunkenen Amoklauf. Und nun ja, am nächsten Tag fand jemand einen schwer verletzten, blutüberströmten, nackten Körper auf dem gefrorenen Weg liegen. Eine Frau war so oft von einem Quad überfahren worden, dass man die Leiche erst identifizieren konnte, als man sie nach Iliamna zurückbrachte. Das Opfer war Jeffs Frau, und der mutmaßliche Mörder war Jeff. Ob er nun schuldig war oder nicht, ich fand es unheimlich, mit diesem Mann zu arbeiten. Ich sage nicht, dass er es getan hat, aber ich wollte ihm so weit wie möglich aus dem Weg gehen.

Noch beunruhigender war, dass wir das Haus von Jeffs Freundin bauten. Ich mochte diese Frau noch nie, schon bevor ich von dem Vorfall wusste. Sie war hart und schien böse zu sein, und ich wollte nichts mit ihr zu tun haben. Ich sagte nur Hallo und entfernte mich so schnell wie möglich von ihr, weil mich ihr Tonfall und ihre Haltung abschreckten. Außerdem hatte mein Chef sie eingestellt. Was ihre Aufgabe war, konnte sich jeder selbst ausmalen.

Endlich kam die Nachricht, dass die Crew zum nächsten Einsatzort in Nondalton weiterziehen würde. Was für eine Erleichterung! Das wären die letzten Häuser, also gab es Licht am Ende des Tunnels. Sobald wir fertig wären, könnten wir nach Hause gehen. Außerdem müssten wir nicht mehr in einem eiskalten Zelt übernachten, da sie eine Halle mit Duschen und Toiletten gemietet hatten.

Zumindest würde ich meine Wunde reinigen und versuchen können, irgendwie Linderung zu finden und mich in diesem Dorf zu erholen, dachte ich. Ich hatte keine Ahnung, was mich noch erwarten würde.

KAPITEL 18

Nondalton

Einige Zeit nach meinem beunruhigenden Arztbesuch gingen ein Freund und ich ins Kino, um Lost in Space zu sehen. Ich war wegen meiner Verletzungen und dem Stress immer noch ziemlich müde und dachte, dass ich mich beim Film und mit meinem lieben Freund für eine Weile ablenken könnte.

Als er mich abholte, sagte ich nicht viel. Ich hatte einfach nicht die Energie dazu. Nach etwa einem Viertel des Films fühlte ich mich, als würde ich wegdriften. Zum ersten Mal seit den beiden Autounfällen, in die ich verwickelt gewesen war, hatte ich wieder das Gefühl, zu sterben. Ich konnte nicht sprechen.

„Geht es dir gut?", fragte mein Freund.

Als ich nicht antwortete, fragte er wiederholt und wurde dabei immer lauter.

Ich konnte weder sprechen noch mich bewegen. Ich war traurig, dass ich meinem Freund nicht antworten konnte, und fühlte mich schlecht, weil ich ihm Angst gemacht hatte, aber ich war wie gelähmt.

Er brachte mich schnell ins Krankenhaus, und ich konnte immer noch nicht sprechen. Einer meiner Verwandten kam im Krankenhaus an.

„Es ist alles in Ordnung mit ihm", hörte ich die Ärzte sagen. „Er antwortet nur nicht." Kurz darauf konnte ich wieder sprechen, aber diese Erfahrung hat mich jahrelang verfolgt.

Mir wurde klar, dass ich in dieser Nacht endlich einen Schock erlitten hatte. Mein Geist und mein Körper hatten aufgrund all der Dinge, die ich durchgemacht hatte, den Dienst quittiert. Ich hatte nicht nur mit den Versicherungsgesellschaften zu kämpfen und fand die finanziellen Schwierigkeiten überwältigend, sondern es sah auch so aus, als würde ich meine Häuser, meine Geschäfte und meinen Lebensunterhalt als Zimmermann verlieren.

All das, weil ich meinem Stiefvater einen Gefallen getan hatte. Der Lkw-Fahrer, der mich mit einem kommerziellen Doppelanhänger-Lkw gerammt hatte, war mit einer Geschwindigkeit von 55 Meilen pro Stunde in meine Fahrspur gerutscht. Ich fuhr 35 Meilen pro Stunde, was einem Aufprall mit 90 Meilen pro Stunde entspricht.

AUF DEM SEHR kurzen Flug nach Nondalton, das zwischen Bergen auf beiden Seiten liegt, fiel mir auf, dass dort viel mehr Schnee lag als in Newhalen. Das war aber nicht der einzige Unterschied. Das Dorf hatte viele Bäume und eine einzige Straße, die direkt zum Flughafen am Rande der Stadt führte. Als wir uns der Mitte der Stadt näherten, sah ich aus der Luft, dass jemand bereits mit dem Bau einiger Fundamentplatten begonnen hatte, bei deren Installation ich zuvor geholfen hatte. Außerdem sah ich fertige Bodensysteme. Allerdings kam mir etwas seltsam vor. Diese Bodensysteme schienen höher über dem Boden zu liegen. Es war kein flaches Gebiet wie in Newhalen oder den meisten anderen Orten, die wir nördlich des Polarkreises gebaut hatten. Das war anders.

Wir landeten. Brians Bruder fuhr mit einem orange-rötlichen Kubota-Traktor und einem Anhänger vor. Er lächelte und sah aus wie ein „Farmer Joe", was mich zum Kichern brachte. Er war so ein netter Kerl; es war immer eine Freude, ihn zu sehen. Ich weiß nicht, wie er es schaffte, seine gute Laune zu bewahren, aber er schien immer glücklich und gut gelaunt zu sein.

Immer wenn ich ihn sah, dachte ich an seinen Lebenstraum, Berufsfischer zu werden. Vielleicht war es das, was ihn aufrecht hielt – denn er sagte immer, er sei seinem Traum einen Dollar näher gekommen.

Wir luden das Flugzeug aus und packten alles auf den Anhänger, dann starteten wir den Dieselmotor des Kubota. Auf dem Weg zum Crewhaus fuhren wir durch die Stadt, und ich sah, dass meine Einschätzung der Höhe der Fußbodensysteme richtig war – sie waren viel höher als alles, was wir bisher gebaut hatten. Sie waren an einem steilen Hang gebaut, der von einer flachen, parallel verlaufenden Straße abfiel. Einige dieser Häuser waren so hoch, dass man unter den Basisplattformen stehen konnte und eine Leiter brauchte, um den ersten Stock zu erreichen.

Die meisten Fundamente der Häuser waren auf eine Weise unvollständig, die ich noch nie zuvor gesehen hatte. Später erfuhr ich, dass sie Verlängerungen an diagonalen Metallhalterungen anschweißen mussten, die bei einem Hersteller bestellt worden waren, sodass wir mit dem Bau dieser Häuser warten mussten. In der Zwischenzeit stützten vertikale Stangen das gesamte System, und bei vielen Stockwerken fehlten große Teile der seitlichen Metallverstrebungen, was eine besonders gefährliche Situation darstellte. Ich stellte mir vor, dass beim Bau auf einem instabilen Fundament das Gewicht der Materialien und die Bewegungen der Arbeiter die vertikalen Pfosten verbiegen, den Bodenbelag verziehen und das

Haus zum Einsturz bringen könnten, wodurch Arbeiter verletzt oder getötet würden.

Es gab zwar provisorische Verbindungsstreben aus 2x4-Balken für diese seitlichen Verstrebungen, aber die sahen nicht sehr stabil aus. Ich bemerkte, dass sich überall dickes Eis gebildet hatte und die Fundamentplatten sich offenbar den Hang hinunter verschoben hatten.

Wir bogen auf halber Strecke durch die Stadt ab und landeten im Camp. Es war ein altes Gebäude, das wie ein Gemeindezentrum aussah. Die Küche war hinten, zusammen mit Tischen, Stühlen und mehreren Feldbetten drum herum. Dieser Ort war viel schöner und gemütlicher als unser vorheriges Camp. Und zu meiner großen Erleichterung gab es fließendes Wasser und Toiletten. *Wow, jetzt hatten wir ein bisschen Komfort der Zivilisation.* Wir sollten uns Feldbetten aussuchen und unsere Sachen darunter verstauen. Bevor ich mich versah, war ich schon bei der Arbeit. Ich hatte noch nicht mal meine Zähne geputzt, das musste eben warten.

Ich musste Brians Bruder dabei helfen, Materialien mit dem Kubota zu transportieren. Er hatte 500 Pfund schwere Heizkessel ganz alleine bewegt. Ich weiß nicht, wie er das geschafft hat, aber irgendwie hatte er sie ganz alleine in den Anhänger hinein- und herausbekommen. Er war gebaut wie ein Ochse und der netteste Kollege, mit dem man arbeiten konnte. Wir transportierten tagelang Materialien, bis die anderen Crews kamen. Wir schleppten das Material den Hang hinauf und auf die unteren Teile des Decks, die etwa einen Meter hoch waren, während die höher gelegene Seite etwa zweieinhalb bis dreieinhalb Meter über dem Boden lag. Wir arbeiteten jeden Abend bis spät in die Nacht.

Jetzt konnten wir duschen, aber mein Onkel verband mir aus reiner Herzensgüte immer noch die Schulter. Ich hatte immer noch starke Schmerzen von meinen Verletzungen, aber ich begann mich besser zu fühlen, zumindest körperlich. Ich hatte immer noch Flashbacks von dem Unfall und davon, wie ich die Schotterstraße hinunterrutschte. Ich konnte den Lkw hören, wie er knirschte und die Straße hinunterrollte, und sah die Scheinwerfer vor meinem inneren Auge blitzen. Mein Verstand versuchte immer noch, den Unfall zu verarbeiten.

Das Wetter war echt mies. Es schneite, war kalt und echt ungemütlich. Viele Leute kündigten einfach so. Niemand wollte mitten im Winter an diesem abgelegenen Projekt arbeiten, umgeben von Eis, Schnee und Wind. Die Lage wurde so schlimm, dass mein Stiefvater Anzeigen in mehreren Zeitungen schalten musste, um Arbeitskräfte zu finden, auch aus den unteren 48 Staaten. Jedes Mal, wenn jemand ankam, hielt er es nicht lange aus.

Ich erinnere mich, dass bei dem Auftrag in Newhalen zwei Männer am späten Nachmittag ankamen, um die Innenwände zu bauen, was bedeutete, dass sie nicht draußen arbeiten mussten. Am nächsten Morgen stand einer der beiden auf, sah sich um und sagte: „Wir kündigen." Die beiden fuhren direkt zum Flughafen und bezahlten ihre Rückreise aus eigener Tasche.

Wir lagen natürlich hinter dem Zeitplan zurück, und die Dächer wurden nicht fertig. Mein armer Onkel schuftete sich ab und tat alles, was er konnte, um die Häuser fertigzustellen. Ich half ihm, wann immer ich konnte, neben meinen anderen Jobs.

Spät am Abend, nachdem wir endlich mit der Arbeit fertig waren und zum Camp zurückkehrten, um zu Abend zu essen, sah ich meinen Schwager und Gil, den ich schon seit meiner Kindheit kannte, als ich in Kotzebue arbeitete. Ich weiß nicht, wie alt er war, aber er sah schon bei unserer ersten Begegnung wie ein glücklicher Großvater aus. All die Jahre später sah er aus, als wäre er kein bisschen gealtert. Ich hatte ihn immer gemocht. Er war ein sehr netter Kerl und immer freundlich zu mir. Jetzt war er hier, und ich konnte es kaum glauben.

Es stellte sich heraus, dass sie an diesem Tag aus der Stadt eingeflogen waren, um uns zu helfen. Ich wusste nicht einmal, dass Gil noch arbeitete, denn das letzte, was ich gehört hatte, war, dass seine arme Tochter gestorben war. Soweit ich wusste, war sie beim Fahren einer Schneemaschine gegen einen Drahtzaun gefahren, der ihre Hand und ihren Kopf getroffen hatte. Nun, ich will nicht weiter darauf eingehen. Mein Herz fing an, schneller zu schlagen, als mir klar wurde, dass der Sarg, den mein Onkel und ich in das zweimotorige Flugzeug 402 meines Stiefvaters gelegt hatten, vielleicht sie gewesen sein könnte. Ich fühlte mich so schlecht. Auf jeden Fall war es ein schwerer Schlag, dass sie gestorben war. *Gott hab sie selig.*

Ich weiß nicht, wie er mit diesem enormen Verlust umgehen konnte. Er war ein mutiger, mitfühlender Mensch, der jemandem, der Hilfe brauchte, sogar sein letztes Hemd gegeben hätte. Als ich hörte, was mit seiner Tochter passiert war, war ich untröstlich, obwohl ich mich nicht daran erinnern konnte, sie jemals getroffen zu haben. Und doch war er immer noch derselbe fröhliche, glückliche Mensch. Ich war so froh, ihn wiederzusehen.

„Was machst du hier?", fragte ich meinen Schwager.

„Dein Vater hat mich gebeten, zu helfen", antwortete er. „Wie geht es deiner Schulter?"

Ich sagte ihm, dass sie immer noch blute, aber nicht mehr so stark, und dass viel Eiter austrete und ich immer noch Kies herausnehme, was ich auch jetzt noch tun muss, wenn sich kleine Brocken schließlich durch das Narbengewebe arbeiten. Das war echt schmerzhaft. „Wenigstens kann ich sie endlich selbst reinigen", sagte ich ihm. „Aber es ist immer noch schwer, selbst einen Verband anzulegen."

Ich fügte hinzu, dass wir wenigstens endlich in einem warmen Gebäude waren, und er meinte, er hätte gehört, dass wir viele Probleme hätten. Nach einem guten Essen und einer erholsamen Nacht standen wir am nächsten Tag früh auf und fingen an zu arbeiten.

Mein Schwager sprang ein, um meinem Onkel auf dem Dach zu helfen. Das Gute daran war, dass er ein kompetenter Bauarbeiter war, der als Vorarbeiter für einen kleinen Bauunternehmer tätig war. Er konnte alles:

Betonieren, Gerüste bauen, Trockenbau und Endarbeiten. Ich habe es immer genossen, für ihn zu arbeiten.

Er war immer so freundlich und angenehm. Ich hatte großen Respekt vor ihm und habe ihn bis heute.

Als wir die Materialien die Straße entlang transportierten, sah ich, wie sie hart auf den Dächern arbeiteten. Zu diesem Zeitpunkt hatten einige der Häuser bereits Dächer, und die Arbeit begann sich zu konkretisieren, auch wenn wir immer noch mit Personalmangel zu kämpfen hatten. Wir gaben uns große Mühe, das zu tun, was wir konnten, indem wir bis spät in den Abend hinein arbeiteten. Ich weiß nicht, wie es den anderen ging, aber ich habe viele meiner Überstunden nicht in Rechnung gestellt. Ich glaube, einige andere haben das auch so gemacht.

An einem Freitagabend aß die Crew zu Abend und unterhielt sich mit Gil und einigen Einheimischen über Kotzebue, wo er herkam. Viele tranken Alkohol. Ich weiß nicht mehr, ob ich auch getrunken habe. Ich muss wohl etwas getrunken haben, aber zum ersten Mal konnte ich mich entspannen und die Gesellschaft aller genießen. Alle anderen schienen ebenfalls eine gute Zeit zu haben.

„Hey, du kommst aus dem verdammten Kotzebue?", fragte einer der Einheimischen.

Gil lachte laut, während er seinen Whiskey trank. „Ja, ich komme aus dem verdammten Kotzebue", sagte er.

Die Einheimischen fingen an, Gil zu beleidigen. Die Sticheleien gingen eine ganze Weile hin und her, während sie sich gegenseitig aufzogen. Ich hatte von der Geschichte der großen Kriege der Ureinwohner gehört. Erst in diesem Moment wurde mir klar, dass es in einigen Ureinwohnergemeinschaften immer noch Wut und Groll gab, die bis in die Gegenwart fortbestanden. Die Sticheleien waren unerbittlich. Sowohl die Einheimischen als auch Gil lachten sich kaputt, während sie sich gegenseitig neckten, und alle schienen glücklich ins Bett zu gehen.

Am nächsten Tag musste ich meinem Schwager und meinem Onkel bei der Arbeit auf dem Dach helfen. Wir hatten nicht wirklich frei am Wochenende. Das Haus lag hoch oben auf einem Hügel. Ein paar Tage zuvor hatte der Bruder meines Chefs einige Materialien zum Haus gebracht. Die kleineren Sachen haben wir unter dem Haus gelagert, um sie vor dem Wetter zu schützen, aber die größeren Sachen, wie der Kühlschrank und der Boiler, wurden etwa einen Meter vor dem Haus abgestellt.

Ich reichte ihnen Material und alles Mögliche, während sie auf dem Dach standen und es festschraubten. Es schneite, sodass alle überall ausrutschten und hin und her rutschten. Einige Metallteile waren seit dem Vortag nicht festgeschraubt worden, also ging mein Schwager mit einem Akkuschrauber mit Stromkabel nach draußen. Ich wusste, dass ein Seil in der Nähe war, aber bevor ich mich versah, rutschte er das Dach hinunter.

„Halt dich fest!", schrie ich. „Halt dich fest, bitte halt dich fest!"

Irgendwie schaffte er kurz bevor er vom Dachrand fiel das Unmögliche: Er drehte sich während seines rasanten Abstiegs auf dem verschneiten, vereisten Dach um. Jetzt rutschte er mit dem Gesicht nach vorne auf allen vieren und als er kurz davor war, über den Rand zu stürzen, sprang er aus unserem Blickfeld. Er war mindestens fünf Meter vom oberen Rand des verschneiten Daches auf einen vereisten, verschneiten, gefrorenen Abhang gefallen.

Oh mein Gott, Jesus Christus!

Wir waren total erschrocken. *Mein Gott, ich hoffe, er ist okay.*

„Bist du okay?", riefen wir, als wir vom Dach kletterten.

Das war er. Er hatte sich an Händen, Füßen und Rücken verletzt, aber es hätte viel schlimmer kommen können. Hätte er nicht gesprungen, wäre er auf einem der darunter liegenden Gegenstände gelandet und hätte sich möglicherweise schwere Verletzungen an der Wirbelsäule zugezogen, Knochenbrüche erlitten oder sich aufgespießt. Dank seiner Schnelligkeit landete er zwischen dem Kühlschrank und dem Heizkessel. Er hatte Glück im Unglück. Durch seine bemerkenswerte Tapferkeit, seinen Mut und sein schnelles Denken rettete er sich selbst das Leben und verhinderte eine schwere Verletzung.

Oh Gott, Gott sei Dank ist er nicht schwer verletzt, dachte ich.

Er kehrte auf das Dach zurück und arbeitete weiter, obwohl es immer noch schneite. Er war einfach ein Kämpfer. Ich wusste nur von den Verletzungen, von denen er uns erzählte, aber angesichts der Höhe des Sturzes bin ich mir sicher, dass es noch mehr gab.

Mein Schwager hätte für den Rest seines Lebens behindert sein oder sterben können. Erschüttert dachte ich immer wieder: *Gott, was zum Teufel tun wir hier? Niemand will hier draußen arbeiten. Ich liebte diesen Mann und meinen Onkel. Wenn einer von ihnen verletzt worden oder gestorben wäre, hätte ich wohl den Verstand verloren.*

Ein paar Tage später kehrten wir zum Camp zurück, um uns auszuruhen, und stellten fest, dass die Einheimischen unsere Sachen zerstört hatten. Sie waren ins Camp eingedrungen, hatten die Sachen vieler Leute geklaut und den Ort verwüstet, indem sie Tische, Stühle und Feldbetten zertrümmert hatten. Es sah aus, als hätten sie mit einem Vorschlaghammer zugeschlagen. Die Kochgelegenheiten waren kaputt und unordentlich.

An diesem Abend mussten wir das Lager verlassen und eines der Häuser suchen, die bereits isoliert waren. Es war unangenehm, weil die Häuser weder Heizung noch Strom hatten. Zumindest waren in dem Haus, das wir ausgewählt hatten, Fenster eingebaut, aber eines davon war kaputt. Daher war es eiskalt. Die Feldbetten waren zerstört, wir hatten keine Matten zum Schlafen und der Boden war eiskalt. Ich legte meinen Schlafsack auf die Isolierung und benutzte ihn als Polsterung.

Als Nächstes stellten immer mehr Leute ihre Arbeit ein. Mein Schwager kündigte seinen Job. Mein Onkel blieb zwar bei der Arbeit, aber nicht auf dem Gelände. Ich weiß nicht mehr, wohin er ging, wahrscheinlich in ein anderes Dorf. Ich war nur mit ein paar Leuten dort draußen und fühlte mich verlassen, isoliert und hatte Angst um meine Sicherheit.

Ich habe meinen Stiefvater kontaktiert. „Ich will hier nicht bleiben, es sei denn, wir haben Dobermannhunde oder irgendwelche Waffen oder so was zum Schutz", habe ich ihm gesagt.

„Warte mal", sagte er. „Wir schicken noch jemanden dorthin, der dir hilft, die Dinge in Ordnung zu bringen."

„Das letzte Mal, dass ich Brian gesehen habe, ist schon Wochen her", sagte ich und konnte meine Gefühle nicht verbergen. „Ich habe ihn selten gesehen, weil er immer zu den anderen Dörfern fliegt, um das Projekt zu leiten. Was meinst du damit, dass du noch jemanden schickst?"

„Ich habe einen neuen Projektleiter eingestellt, der heute oder morgen anreisen wird. Wir werden bald Hilfe bekommen", sagte er.

Ich hielt mich zurück, weil ich keine weiteren Probleme verursachen wollte. Ich kehrte in das kalte, ungeheizte Haus zurück und schlief auf meinem Schlafsack ein, wobei ich die Isolierung weiterhin als Matratze benutzte, da es keine Feldbetten gab.

Am nächsten Tag mussten sich diejenigen, die geblieben waren, mit der neuen Realität der kommenden Tage auseinandersetzen. Es gab keine Sanitäranlagen mehr und keine Küche. Wir hatten nur noch ein paar Konserven zu essen, die wir am Tag zuvor aus dem alten Camp mitgenommen hatten. Als wir einige unserer Sachen aus dem alten Camp holen wollten, stellten wir fest, dass die Tür verschlossen war und uns der Zutritt verwehrt wurde, sodass wir nichts mehr retten konnten.

Ich hatte gehört, dass der neue Chef mit seinem Flugzeug, einer Helio Courier, wegfliegen würde. Diese berühmten Flugzeuge waren in Vietnam eingesetzt worden und angeblich so konstruiert, dass sie nicht ins Trudeln geraten konnten. Das habe ich nie geglaubt, denn alle Flugzeuge können ins Trudeln geraten. Später am Nachmittag hörte ich ein Flugzeug über uns fliegen. Da ich mich oft an Flughäfen und Start- und Landebahnen aufhalte, wusste ich allein am Geräusch, dass es sich um eine Helio handelte. Ein Blick nach oben bestätigte dies.

Oh, das muss schon der neue Chef sein. Wow, er kommt, um uns zu helfen. Das wäre super.

Wir haben ihn in dem Haus getroffen, in dem wir wohnen. Er hat lockiges Haar und sieht ein bisschen aus wie Tom Jones, der Entertainer. Wir haben ihm erzählt, was passiert ist.

„Ich werde die Angelegenheit unverzüglich klären und eine Vereinbarung ausarbeiten, damit wir das Basislager wieder nutzen können", sagte er. Er schien ein recht netter Kerl zu sein, der uns helfen wollte. Kurz nach diesem Treffen flog er nach Iliamna. Ich nehme an, er wollte sich die anderen Aufträge ansehen.

Noch am selben Tag, bevor er die Möglichkeit hatte, mit den Einheimischen neu zu verhandeln und uns wieder ins Camp zu bringen, ganz zu schweigen von der Zerstörung unseres Eigentums, kam eine Nachricht. Beim Start auf der Rollbahn des Flughafens von Iliamna stürzte er ab. So viel zu der Legende, dass diese Flugzeuge nicht ins Trudeln geraten. Uns wurde gesagt, es sei ein schrecklicher Unfall gewesen und er werde nach Anchorage geflogen. Ich hoffte, dass er in Ordnung war. Mein Gott, der arme Kerl war noch nicht mal ein paar Stunden hier und schon hatte er einen Unfall. *Was könnte bei diesem Job noch schiefgehen?*

Viele Wochen später traf ich den neuen Vorgesetzten bei ihm zu Hause. Er war ziemlich mitgenommen und hatte Gipsverbände an beiden Beinen und Füßen. Aus jedem Zeh ragten Drähte heraus. Sein Gesicht war blau und grün. Er sah überhaupt nicht gut aus, aber er konnte stundenlang telefonieren.

Nach dem Unfall des neuen Projektleiters hatten noch mehr Leute aus den anderen Dörfern gekündigt, und ein paar bekannte Arbeiter kamen nach Nondalton. Wir waren ziemlich auf uns allein gestellt. Zu diesem Zeitpunkt war es so kalt, dass der Kubota nicht richtig anspringen wollte. Die Kraftstofffilterleitung war mit Eis kristallisiert, und wir mussten Heizgeräte einsetzen, um ihn zum Laufen zu bringen.

Zusätzlich zu all meinen anderen Aufgaben half ich Yukon und dem Biker-Klempner. Diesmal mussten die Klempner Wasser und Glykol in die Heizkessel einspritzen, um die Heizungsanlage zu aktivieren. Wir hatten nur einen Schlauch vom Waschbecken im Kochlager, um 5-Gallonen-Eimer zu füllen. Sobald diese gefüllt waren, wollten wir den Kubota-Anhänger benutzen und ihn zu jedem Haus fahren. Aber wie es der Zufall so wollte, fror die Kraftstoffleitung des Kubota wieder ein, und wir konnten den Heizstrahler nicht mit Strom versorgen, um das Eis zu schmelzen. Also musste jetzt alles von Hand transportiert werden.

Da Yukon so schnell wie möglich nach Hause wollte, wurde beschlossen, dass wir einen 24-Stunden-Arbeitsmarathon machen würden. Wie es mein Glück so wollte, musste ich die 5-Gallonen-Eimer mit Wasser die ganze Nacht und den nächsten Tag lang bei Minustemperaturen von einem Ende des Dorfes zum anderen und zurück tragen. Jeder Eimer wog mit Wasser gefüllt über 35 Pfund. Die Straße war mit einer dünnen Schneeschicht bedeckt, unter der sich Eis befand. Manchmal geriet ich mit meinen Stiefeln auf eine offene Eisfläche, rutschte aus und spritzte mir eiskaltes Wasser ins Gesicht oder auf die unbedeckte Haut, was ein brennendes Gefühl verursachte. Nachdem ich ein Haus erreicht hatte, trug ich die Wassereimer die Treppe hinauf und pumpte die Mischung aus Wasser und Glykol in jeden Heizkessel. Glykol ist ein Frostschutzmittel, das verhindert, dass Wasser bei Minustemperaturen gefriert. Wir beendeten unsere 24-Stunden-Schicht und schafften die Arbeit. Yukon war müde, aber glücklich, weil er jetzt nach Hause gehen konnte.

Die Rückschläge kamen immer wieder, aber ich konnte aus Zitronen Limonade machen. Am Ende machte ich mich selbstständig. Mit neunzehn kaufte ich eine süße, kleine Zwei-Zimmer-Wohnung im zweiten Stock. Sie hatte eine Gemeinschaftsgarage, was besonders an den dunklen, kalten Wintertagen in Anchorage angenehm war. Ich verbrachte dort ein paar schöne Jahre und verkaufte sie schließlich, um mich neuen Abenteuern zu widmen und das Gelernte anzuwenden.

KAPITEL 19
Unvergessliche Lektionen

D*Während des Prozesses sagte ein großer, stämmiger Mann mit Bart und Schnurrbart aus, dass er zu dem zerknitterten Truck gekommen sei und mich bewusstlos gesehen habe. Er sah meine linke Hand aus dem vorderen Fahrerfenster hängen. Als ich in dem zerbeulten Truck saß, versuchte der Mann, mich durch Ansprechen zu wecken, aber ich reagierte nicht, selbst nachdem er mich geschüttelt hatte. Aus Verzweiflung schlug er mir ein paar Mal kräftig auf die linke Hand, aber ich blieb immer noch bewusstlos.*

Als er diese Geschichte im Zeugenstand erzählte, brach er zusammen und fing an zu weinen. Er hatte gehört, dass meine linke Hand mit Stiften rekonstruiert werden musste.

Ich sah ihn auf dem Zeugenstand weinen. Gott, er tat mir so leid. Er wusste nicht, dass meine Hand verletzt war, nachdem sie durch das Fenster geschleudert worden war und das Glas zersplittert hatte. Es war nicht seine

Schuld. Hätte ich jemanden in einer ähnlichen Situation in Not gesehen, hätte ich vielleicht dasselbe getan wie er. Er hatte keinen Grund, sich Vorwürfe zu machen. Ich weiß, dass er da war, um mir zu helfen.

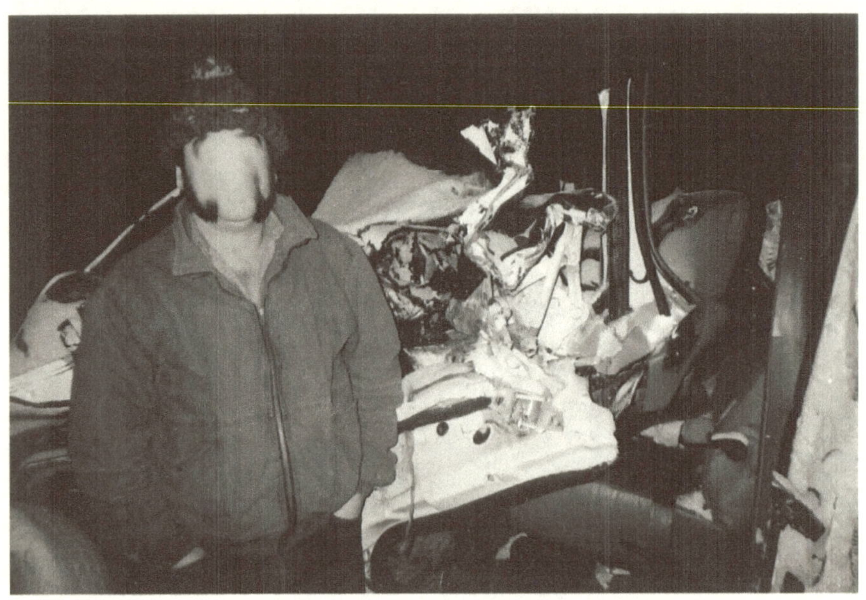

Ich hege keinen Groll gegen den Lkw-Fahrer, der mich angefahren hat. Allerdings bin ich empört über die verabscheuungswürdigen Versicherungsgesellschaften, die mich finanziell im Stich gelassen haben und sich nicht im Geringsten um mein Wohlergehen oder das anderer gekümmert haben, während sie sich um Geld gestritten haben.

Die finanziellen Schwierigkeiten und Verletzungen, mit denen ich zu kämpfen hatte, haben mich zutiefst erschüttert. Noch widerlicher war, dass das Krankenhaus mehrere Jahre lang unsere Anfrage nach den Röntgenaufnahmen meines Halses aus der Unfallklinik abgelehnt hat. Erst kurz vor oder während des Prozesses hat das Krankenhaus die Röntgenaufnahme herausgegeben. Sie zeigte, dass ich mir die Wirbel C4 und C5 verletzt hatte. Das hatten sie verschwiegen. Sie sagten nur: „Tut uns leid, dass wir einen Fehler gemacht haben", und das war's.

Finanziell behandelten sie meine Nackenverletzung nicht anders als jemanden, der sich einen Finger gebrochen hatte. Für sie war das kein Problem. Stell dir vor, du müsstest mit all dem fertig werden. Ich hätte gelähmt sein können, wenn meine linke Hand nicht wieder zu Leben erwacht wäre und mein Arzt nicht sofort vermutet hätte, dass etwas nicht stimmte – reines Glück. Mein Arzt hat mich davor bewahrt, im Rollstuhl zu landen, und niemand wurde dafür zur Verantwortung gezogen.

Ich hatte es schwer, mich von diesem Unfall zu erholen, und natürlich musste ich jahrelang meine Arztrechnungen bezahlen, was mich mein Haus, meinen Job und meine vermieteten Häuser gekostet hat. Von meiner Familie habe ich kaum oder gar keine Hilfe bekommen.

Zum Glück hatte ich zu diesem Zeitpunkt bereits meine eigene Familie gegründet, die auf Liebe basierte.

NACHDEM WIR aus Newhalen und Nondalton ZURÜCKGEKOMMEN WAREN, meinte mein Stiefvater, er sei nicht sauer auf die Leute, die gekündigt hatten, und würde sie wieder einstellen, wenn sie einen Job wollten. Obwohl ich loyal geblieben war und nicht gekündigt hatte, wurde ich ganz anders behandelt als die anderen Arbeiter. Es war nie mehr wie vorher zwischen uns. Wir haben nie über meinen Autounfall und die Schwierigkeiten gesprochen, die ich in den Dörfern durchgemacht hatte. Es war ein Tabuthema, obwohl ich bis heute mit dem zu kämpfen habe, was bei diesen Jobs passiert ist, zusammen mit den Gewalttaten, mit denen ich als Kind konfrontiert war.

Während ich mich von meinem zweiten Autounfall in Mexiko erholte, verspürte ich den starken Drang, die Grabstätte meines leiblichen Vaters zu finden. Ich hatte das Bedürfnis, ihm zu sagen, dass ich ihn liebte, und mich dafür zu entschuldigen, dass ich ihm Schaden zugefügt hatte. Als ich wieder gesund genug war, machte ich mich auf den Weg nach Los

Angeles, um sein Grab zu suchen. Es dauerte eine Weile, aber schließlich fand ich ihn. Bevor man die Grabstätte betreten durfte, musste man sich in ein Logbuch eintragen. Seltsamerweise sah ich über meiner Unterschrift einen anderen Namen. Wer war diese Person? Als ich mich seinem Grab näherte, fiel mir eine kleine, schöne Gedenktafel auf. Nach meinem Besuch kehrte ich zum Büro zurück und fragte den Friedhofswärter nach der Unterschrift.

„Diese Person hat die Plakette gekauft", sagte er.

In diesem Moment wurde mir klar, wer das war. Mir war immer erzählt worden, dass ich einen weiteren Bruder hatte, der älter war als ich. Ich weiß nicht, wie viel älter er war, aber mir wurde sein Name genannt, und man betonte, dass er absolut umwerfend aussah. Er sah umwerfend aus, wie ein Filmstar. Mir wurde auch erzählt, dass er meine Stiefschwester und andere Leute sehr beschützt hat und dass er wie ein Falke auf sie aufgepasst hat. Leider hab ich keine Erinnerung an ihn. Ich erinnere mich nur an meinen hübschen kleinen zweijährigen Bruder. Aber ich war gerührt, dass unser älterer Bruder eine Gedenktafel für unseren Vater hat anfertigen lassen.

Oh, mein lieber Bruder, vielen Dank für die Liebe, die du Dad entgegengebracht hast, dachte ich. *Gott segne meinen Bruder, meine beiden Brüder.*

Auch wenn ich mich nach dem Besuch bei meinem Vater etwas besser fühlte, litt ich immer noch unter enormen Schuldgefühlen. Ich weiß, dass es logisch keinen Sinn ergab, dass ein vierjähriger Junge, der seinen Vater liebte, ihn getötet haben könnte. Natürlich ergab das keinen Sinn. Das wusste ich, aber mein Verstand ließ mich nicht von dieser Last los.

Es war Zeit, Los Angeles zu verlassen, aber etwas nagte weiter an mir. Und das war die Art und Weise, wie mein Vater gestorben war. Also beschloss ich, genug Mut aufzubringen, um meine leibliche Mutter, mit der ich wieder Kontakt aufgenommen hatte, zu fragen, was mit ihm passiert war.

Als ich ihr am Telefon erzählte, was mir gesagt worden war, fing sie an zu weinen.

„So ist es nicht gewesen", sagte sie und erzählte mir, dass er mit seinem Motorrad an einer Tankstelle war und ein Auto ihn überfahren und dann einfach weggefahren ist. „Ein Unfall mit Fahrerflucht", meinte sie. „Die Person, die deinen Vater getötet hat, wurde nie gefunden. Der Fall ist immer noch offen."

„Nein, das stimmt nicht. Das kann nicht sein",

„Ich habe immer gewusst, dass mein Vorname Lee war, bevor sie ihn in David geändert haben, aber ich habe erfahren, dass der zweite Vorname meines Vaters Lee war", sagte ich ihr.

„Es war, als hätte jemand versucht, seine Geschichte auszulöschen", sagte sie. Sie war jahrelang deprimiert und wütend darüber.

Nach unserem Gespräch rief ich sofort meine Großmutter an, die zu diesem Zeitpunkt glücklicherweise noch lebte, und stellte ihr dieselbe Frage. Ohne zu zögern erzählte sie mir dieselbe Geschichte.

Meine Großmutter versuchte mich zu beruhigen, aber der Schmerz über das, was ich gerade erfahren hatte, war unbeschreiblich. *Gott hab sie selig.*

Ich weinte und weinte lange Zeit. *Warum sollte mir jemand erzählen, dass er sich umgebracht hat, und mich glauben lassen, dass ich ihn umgebracht habe?* Nicht nur, dass ich über seine Todes t belogen worden war, ich erfuhr auch, dass er gerade erst zweiunddreißig Jahre alt geworden war. Hatte er Schmerzen? Hat er gelitten, als er auf dem heißen Asphalt lag? *Lieber Gott im Himmel, ich hoffe, er hat nicht gelitten.*

Dann überkam mich Wut. Was für ein Mensch erzählt einem Kind so eine Lüge? Ein Familienmitglied behauptete einmal, es sei alles ein Missverständnis gewesen. Blödsinn. So etwas kann doch unmöglich falsch interpretiert werden. Aber gut, geben wir ihm den Vorteil des Zweifels. Trotzdem, wer, der bei klarem Verstand ist, würde so etwas zu einem Siebenjährigen sagen? Da wurde mir klar: Ich habe die ganze Zeit getrauert.

Jahrelang habe ich über den Schmerz nachgedacht, den die unerbittliche Grausamkeit dieser Person verursacht hat, einschließlich derjenigen, die in meinen Arzttermin hineingeplatzt ist und sich ohne jedes Recht eingemischt hat. Wer greift jemanden in seiner schwächsten Stunde an? Ich bezweifle, dass sie wussten, dass das Krankenhaus meine Röntgenbilder zurückgehalten hatte, aber wenn sie es wussten, wie können sie dann mit sich selbst leben, wenn sie wissen, dass mein Hals gebrochen war? Vielleicht ist es sinnlos, sich mit ihnen zu beschäftigen, aber für mich sind sie grausam, kalt, blutrünstig, PIKES! Der Apfel fällt nicht weit vom Stamm.

Mein Stiefvater und seine Schwester, meine leibliche Mutter, kamen aus bescheidenen Verhältnissen. Sie mussten ihr ganzes Leben lang hart arbeiten, um ihre Ziele zu erreichen. Er war mein Lehrer, der mir die Möglichkeit gab, einen Doktortitel im Leben zu erwerben. Ungeachtet unserer mangelnden Kommunikation sind seine herausragenden Leistungen und die Verbesserung des Lebens der Menschen Lektionen, die ich nie vergessen werde.

Ich habe einen langen Weg zurückgelegt, seit ich Häuser im Busch gebaut habe. Als Kind und junger Erwachsener in den Dörfern zu arbeiten, war eine Herausforderung, was noch milde ausgedrückt ist. Was ich in so jungen Jahren erlebt habe, hat mich an der Menschheit zweifeln lassen. Ich glaube, es war schwieriger, geistig gesund zu bleiben, als die brutalen körperlichen Schmerzen zu ertragen. Wie sich herausstellte, fand ich Freude auf andere Weise. Nach all dem, was passiert war, fand ich einen winzigen Spalt in den riesigen Toren des Himmels, durch den ich mich quetschen konnte und viel mehr bekam, als ich mir jemals hätte vorstellen können. Als sich mein Leben schnell zum Besseren wendete, verwandelte sich eine Welt voller Freude, Liebe und Harmonie plötzlich in einen Schlag in die Magengrube, der nie wieder heilen würde.

KAPITEL 20
Geliebter Sohn

Ihabe meine Frau Marcela in Mexiko kennengelernt, als ich versuchte, mich zu erholen. Ich war aus zwei Gründen dorthin gereist: Ich finanzierte meine Genesung selbst, und Unterkunft und medizinische Versorgung waren in Mexiko viel günstiger als in den USA, und ich dachte, das trockene und wärmere Klima würde meiner Gesundheit gut tun. Ich hatte keine Ahnung, dass ich dort den wunderbarsten Menschen der Welt finden würde. Ich verdanke ihr mein Leben, denn sie hat meinem Herzen Frieden geschenkt.

Als ich meine Frau zum ersten Mal traf, hatte ich Angst. Es war nicht ihre Schönheit, die mir Angst machte, denn ich konnte sehen, dass ihre Seele rein war und sie vor Freundlichkeit und Mitgefühl strahlte. Auch ihre akademischen Leistungen und die drei Sprachen, die sie sprach, machten mir keine Angst. Auch ihre Unabhängigkeit und ihre Entschlossenheit, für ihren Lebensunterhalt und ihren Besitz selbst aufzukommen, haben mich nicht verunsichert. Was mir Angst machte, war die Liebe auf den ersten Blick. Man sagt, Liebe auf den ersten Blick sei eher eine Jugendliebe, die nur von kurzer Dauer ist, aber tief in meinem Inneren wusste ich , dass ich für den Rest meines Lebens an diese Person gebunden sein würde. Ich wusste einfach, dass ich sie heiraten würde. Und genau das machte mir am meisten Angst.

Also hielt ich mich von ihr fern. Ich musste mich fernhalten, weil ich ihr nichts zu bieten hatte. Alles, was ich hatte, war ein kaputter Körper und ein wachsender Berg von Arztrechnungen. Hinzu kam, dass ich keine Jobaussichten, keine Möglichkeit, meinen Lebensunterhalt zu verdienen, kein Zuhause und keine Ausbildung hatte. Ich hatte weniger als nichts. Wie sollte ich mit ihr Tennis spielen oder tauchen gehen können? Oder in irgendeiner anderen Weise mit ihr mithalten? All diese Fragen gingen mir während meiner langen und schmerzhaften Genesungsphase durch den Kopf.

Als ich Marcela kennenlernte, konnte ich nur etwa einen Block weit laufen, aber ich ging jeden Tag spazieren und versuchte, immer weiter zu kommen. Die Stadt, in der sie aufgewachsen war, war klein, sodass wir uns oft über den Weg liefen. Schließlich begannen wir, uns zu treffen, und waren praktisch unzertrennlich.

Ihre Familie war fantastisch. Ihr Vater, ein großartiger Mann, war damals der Arzt der Stadt und ein Urologe, der im Laufe der Jahre vielen Menschen das Leben gerettet hatte. Ich hingegen hatte nichts zu bieten. Das Einzige, was ich ihr versprechen konnte, war, dass ich wieder zur Schule gehen würde.

„Ich werde Hilfe brauchen, um einen Associate-Abschluss oder irgendeinen anderen Abschluss zu machen", warnte ich sie.

Das war nicht meine einzige Sorge. Ich hatte unzählige schlaflose Nächte, in denen ich mir Gedanken darüber machte, ob ich mein Versprechen halten könnte, weil ich aufgrund meiner Verletzungen nicht wusste, wie mein Leben weitergehen würde. Ich wusste nicht einmal, ob ich einen Job finden würde, aber ich war bereit, es zu versuchen und in ihren Augen kein Versager zu sein.

Wie sich herausstellte, hatte Marcela einen hoch angesehenen Abschluss in Buchhaltung, was bedeutete, dass ihr unbegrenzte Möglichkeiten offenstanden. Sie mochte Buchhaltung aber nie wirklich, also verfolgte sie ihren Traum, Kindergärtnerin zu werden. Ich konnte mir nichts Besseres vorstellen. Sie musste wieder zur Schule gehen, um einen Master-Abschluss zu machen, was mir, wie ich befürchtete, zusätzlichen Druck auferlegen würde.

Gott sei Dank hatte ich Marcela in meinem Leben. Ich sage es immer wieder. Allein durch ihr Mitgefühl und ihre enorme Liebe zu allen Menschen, denen sie begegnete, hat sie mich gerettet.

Nach unserer Hochzeit hatte sie viel Geduld mit mir, da ich dauerhaft SSI-Invaliditätsleistungen bezog und unter dem Stress des abscheulichen Prozesses litt, der dort oben in Kanada aufgezeichnet ist.

Sie hat mich unterstützt, als ich meinen Associate- und Bachelor-Abschluss an der Universität von Las Vegas gemacht habe. Schließlich habe ich einen Masterabschluss erworben. Sie hat mir Liebe, Mitgefühl, Glück und Freude beigebracht. Als es dann nicht mehr besser werden konnte, hat sie mir das größte Geschenk überhaupt gemacht.

In unserem zweiten Ehejahr wurde Marcela schwanger. Ich war überglücklich, mehr als ich es in Worte fassen kann. Die Vorfreude auf unser Kind erfüllte uns mit großer Begeisterung. Als ich zum ersten Mal die dunklen Augen meines Sohnes Robert sah, die zu mir aufblickten, war es, als hätten sich die Tore des Himmels geöffnet und mich hereingelassen. Meine Knie zitterten und ich strahlte über das ganze Gesicht. Ich konnte kaum glauben, was ich sah: meinen Sohn, den schönsten Menschen auf der Welt. Wie hätte ich glücklicher sein können? Wir waren überaus gesegnet, einen Menschen wie ihn in unserem Leben zu haben.

Marcela hat während der Schwangerschaft etwas Interessantes gemacht. Sie hat nur Spanisch mit Robert gesprochen. Ich konnte natürlich nur Englisch mit ihm reden. Als er größer wurde, hat sie weiterhin nur Spanisch mit ihm gesprochen, während ich weiterhin Englisch mit ihm gesprochen habe. Er hatte das Beste aus beiden Welten: Er sprach sowohl Englisch als auch Spanisch. Das würde ihm sehr zugute kommen, und zumindest konnte er sich mit seiner Familie auf Spanisch unterhalten, wenn sie zu Besuch kam.

Das war echt cool, aber Robert hat in den ersten Jahren nur wenig oder gar nicht gesprochen. Wir haben mit einigen Experten darüber gesprochen, und sie sagten, er versuche herauszufinden, welche Sprache er sprechen solle, weshalb es eine Weile dauerte, bis er zu sprechen begann. Sobald er sich für eine Sprache entschieden hatte, sprach er sie ständig und redete ununterbrochen. Er sprach hauptsächlich Englisch, was Sinn machte, da wir nun in den USA lebten. Anfangs sprach er auch mit Mama Englisch, sodass sie ihn dazu drängen musste, Spanisch zu sprechen.

Es war eine so schöne Zeit. Wir schauten Zeichentrickfilme und machten all die Dinge, die Kleinkinder so machen, darunter auch, ihm das Schwimmen beizubringen. Ich bestand darauf, dass Robert schwimmen lernen sollte, weil ich wusste, dass die Sterblichkeitsrate in Alaska höher ist als in den meisten anderen Bundesstaaten.

Das waren tolle Tage. Ich blieb zu Hause, erholte mich weiter und kümmerte mich um Robert, bis ich schließlich wieder zur Schule ging. Marcela unterrichtete wieder Spanisch und Englisch für Kindergartenkinder. Und wir gaben Robert, der immer lachte, lächelte und fröhlich war, weiterhin die glücklichste Kindheit. Er war unser Universum, ein Bündel voller Liebe; wir waren die glücklichsten, vernarrten Eltern.

Wir hatten Grund, stolz zu sein. Als der kleine Robert etwas über zwei Jahre alt war, gingen wir mit ihm in eine Eisdiele. Er drehte sich um, schaute auf das Schild über der Tür und las, was darauf stand. Er konnte noch nicht sprechen, aber er hatte das Schild gelesen.

Wow, dieses Kind ist genial, dachte ich.

Robert war ein Bündel positiver Energie und Freude und ein extrem unabhängiges Kind. Er liebte es, wegzulaufen und Dinge alleine zu tun, so sehr, dass Marcela und ich anfingen zu denken, wir müssten ihm vielleicht eine Leine anlegen. Robert wusste es nicht, aber er half mir bei meiner Genesung, denn mit ihm Schritt zu halten war eine Form von Bewegung.

Als Robert etwa drei Jahre alt war, packte ich gerade das Auto in der Einfahrt für einen Familienurlaub. Ich schaute nach unten und sah ihn neben dem Reifen sitzen.

„Was ist los, Robert?"

Er starrte mich an. „Ich bin müde."

„Was meinst du damit, du bist müde?", fragte ich. „Ich bin einfach müde", wiederholte er.

„Okay, dann musst du dich ausruhen."

Ich war total verwirrt. Das ergab keinen Sinn. Es war Vormittag, und das war sonst nicht seine Art. Er war ein Energiebündel und immer in Bewegung. Ich beobachtete Robert eine Weile, hob ihn dann hoch, brachte ihn ins Haus und erzählte Marcela, was los war. Wir riefen sofort seinen Kinderarzt an.

„Ihm geht es gut", sagte der Arzt. „Mach dir keine Sorgen. Er braucht wahrscheinlich nur eine Vitaminspritze."

Wir sagten die Reise ab und brachten ihn zum Arzt. Er untersuchte unser Kind und sagte uns, er wolle eine Blutuntersuchung machen. Als die Ergebnisse vorlagen, wurden wir an einen anderen Arzt überwiesen. Wir wussten nicht, was los war. Dann bekamen wir die schlimme Nachricht: Unser Sohn hatte akute lymphoblastische Leukämie (ALL). Der Arzt musste uns erklären, dass es sich um eine Leukämieerkrankung im Kindesalter handelte und dass Robert wegen dieser Blutkrankheit behandelt werden musste. Der Arzt sah, wie niedergeschlagen wir waren. Er schaute uns direkt in die Augen und sagte:

„Hören Sie, Ihre Aufgabe ist es jetzt, Ihr Leben zu leben. Das ist jetzt Ihre Mission."

Unser armes Baby musste sofort mehrere Wirbelsäuleninjektionen über sich ergehen lassen und täglich eine Reihe von Tabletten einnehmen. In den nächsten Jahren mussten wir Kalender besorgen und die Liste der Tabletten und die genauen Einnahmezeiten sowie den Zeitplan für die schrecklichen Lumbalpunktionen aufschreiben. Er hat sich kein einziges Mal beschwert.

Ich war bei allen seinen Injektionen dabei. Ich konnte mir nicht vorstellen, welche Schmerzen er hatte. Es war schrecklich mitanzusehen, wie diese große Nadel in sein Rückenmark gestochen wurde, während sie Vincristin in seine Wirbelsäule injizierten. Die Ironie dabei ist, dass ich durch meine Genesung Zeit hatte, meinem Sohn zu helfen und ihn zu allen Arztterminen zu begleiten. Marcela wollte rund um die Uhr bei Robert sein, aber sie musste arbeiten. Ich hatte Mitleid mit ihr, weil sie so sehr darunter litt, von ihm getrennt zu sein, aber dennoch die Familie ernähren musste. Ich konnte nichts tun, um ihr diese schreckliche Last abzunehmen.

Robert schien sich mehr um unser Wohlergehen zu sorgen als um sein eigenes. Er schaute uns immer mit seinem großen, warmen, liebevollen Lächeln an, selbst wenn er seine Tabletten nahm und Lumbalpunktionen bekam. Er war so tapfer und sagte nie ein Wort darüber, ob er Angst hatte oder Schmerzen hatte. Ich schwöre, es gab Momente, in denen er Marcela und mich ansah und es schien, als wolle er uns trösten und nicht von uns getröstet werden. Ich konnte es kaum glauben. Er war der selbstloseste Mensch, den ich je gekannt habe – ein liebevoller Mensch, ein Berg von Güte, Freundlichkeit und Sanftmut.

Oh, wie mutig und stark du bist. Ich wünschte, ich könnte dir diesen Kelch abnehmen, mein tapferer kleiner Mann.

Als Robert krank war, haben wir von externen Organisationen überwältigend viel Mitgefühl und Liebe erfahren. Große institutionelle Wohltätigkeitsorganisationen wie die Make-A-Wish- und Candlelighters-Stiftungen haben uns bei einigen von Roberts Bedürfnissen geholfen. Und schon sehr früh erfüllte die Make-A-Wish-Stiftung Roberts Wunsch, nach Disney World in Florida zu fahren. Zufällig war er ein großer Fan von *Star Wars* und durfte sich die jährliche *Star* Wars-Parade ansehen. Und zu unserer großen Überraschung traf er privat die Synchronsprecherin, die Ahsoka, seine Lieblingsfigur, spielte. Sie schenkte ihm alle möglichen *Star* Wars-Geschenke. Er hatte eine tolle Zeit in Florida. Als Eltern hätten wir nicht glücklicher sein können, denn Disney öffnete sein Herz und gewährte uns besonderen Zugang zu allen Fahrgeschäften und Attraktionen. Robert war begeistert. Da er schon in so jungen Jahren gerne angelte, besorgten wir ihm eine kleine Angelrute, damit er im nahe gelegenen Teich, an dem wir wohnten, angeln konnte. Und was soll man sagen? Er fing tatsächlich einen großen Forellenbarsch. Nach so vielen Schwierigkeiten war es bemerkenswert, seine Freude zu spüren.

Nachdem Robert seine erste Runde von Lumbalpunktionen, die sie „Big Blast" nennen, hinter sich gebracht hatte, wurde uns gesagt, dass er eine schnelle Remission hatte, was bedeutete, dass sich die Anzahl der weißen Blutkörperchen in die richtige Richtung entwickelte. Trotzdem hatte er noch Jahre der Behandlung vor sich. Die Ärzte wollten uns nicht viel über seine potenziellen Heilungschancen sagen, falls er die Behandlungen überleben sollte. Wir wussten nicht, was uns erwarten würde, aber wir wussten, dass diese Medikamente sowohl die guten als auch die schlechten Zellen abtöten, bis hin zum Gehirn. Wir wussten also, dass er kognitive oder muskuläre Probleme bekommen würde.

Marcelas Vater, der Arzt, bestätigte, dass es in Zukunft Probleme geben würde, und er ging mit uns einige der Möglichkeiten durch. Gott sei Dank gab es Marcela. Sie hatte die Idee, Robert sofort mit dem Tennisspielen anzufangen, um seine Hand-Augen-Koordination zu verbessern, die langsam zu einem Problem wurde. Als er auf mein Drängen hin versuchte, eine kleine, etwa einen Meter hohe Leiter zu erklimmen, sah ich, dass er Probleme hatte. Auch bei der Benutzung von Werkzeugen bekam er langsam Probleme mit der Fingerfertigkeit seiner Hände. In diesem Moment wusste ich, dass er nicht als Arbeiter oder Bau der in einem ähnlichen Beruf in der Baubranche arbeiten würde. Seine Probleme waren nicht so schlimm, aber ich sah, wo er sich verletzen könnte. Und ich wollte auf keinen Fall, dass er dieses Risiko einging.

Obwohl Robert seit seiner Geburt unser Hauptaugenmerk war, verdoppelten wir unsere Bemühungen um ihn. Ich wollte Robert wie ein zerbrechliches, fein gearbeitetes Goldstück behandeln, mit großem Respekt und ohne ihm etwas zu verweigern. Ich habe ihn nicht verwöhnt, aber ich wollte sicherstellen, dass er alles machen konnte. Kurz gesagt, wir folgten den Anweisungen des Arztes. Wir lebten.

Wir nahmen Robert mit zu NASCAR-Rennen, die er liebte, weil er gerne seine NASCAR-Kappe trug und die Fernbedienung für die Ohrenschützer, um die Autorennen in Echtzeit zu hören. Ich wollte, dass er das Land sah, also reisten wir mit ihm durch die Vereinigten Staaten und besuchten in einem Sommer vierunddreißig Bundesstaaten. Wir mieteten auch einen SUV und fuhren auf derselben Reise nach Mexiko, um seine Großeltern und seine Familie zu besuchen.

So seltsam es auch klingen mag, Marcela stammte aus derselben mexikanischen Stadt wie der Mann, der mein Karibu bekommen hatte. Bevor wir heirateten, hatte ich ihr das Karibu im Restaurant gezeigt und ihr erzählt, was ich dafür empfand, was passiert war und wie das Karibu dorthin gekommen war. Jetzt wollte ich, dass Robert es sieht. Ich erzählte ihm keine Details über die Jagd oder warum mein Karibu in Mexiko war. Ich sprach selten über meine Zeit in Alaska und die Dörfer. Er wusste nur, dass es ein Ort war, an dem ich gelebt hatte.

Unsere Abenteuer führten uns nach Texas, wo wir eine riesige Schlange sahen, die die Straße überquerte. Wir drangen tief in die Höhlen ein und lernten viel über ihre Entstehung. In Florida schwammen wir im Meer, gingen nachts zum Fischen in die Bucht und fingen viele Fische, die wir präparieren ließen. Dann ging es weiter nach New York, zum Mount Rushmore und sogar zum Devil's Tower in Wyoming, der im Film „*Unheimliche Begegnung der dritten Art*" zu sehen war. Wir beendeten unsere Reise in British Columbia, um die Freunde seiner Mutter zu besuchen. Wir nahmen Robert auch mit seinem Cousin mit nach Europa. Er durfte im Genfer See schwimmen, das Kolosseum in Rom besichtigen und den Vatikan besuchen, wo er gesegnet wurde.

Zurück in den USA hab ich ihn immer mit auf Angelausflüge in verschiedene Teile des Landes genommen. Robert liebte es, Fische zu fangen und sie wieder in ihre natürliche Umgebung zurückzusetzen, was eine Familientradition war, die mir mein Stiefvater beigebracht hatte. Ab und zu, wenn wir Abendessen wollten oder einen richtig schönen Fisch gefangen hatten, haben wir eine Ausnahme gemacht. Zu Hause haben wir immer noch die Fische, die wir präpariert haben, komplett mit den Daten und Orten, an denen wir sie gefangen haben. Allerdings hat er mir nicht erlaubt, zu jagen. Ich respektierte seinen Wunsch und akzeptierte seine Haltung. Ich habe nie versucht, seine Meinung zu ändern. Die Jagd war nicht mehr Teil meines Lebens, also habe ich sie hinter mir gelassen. Ich wollte ihn nicht verärgern oder seine Sichtweise in Frage stellen; das war einfach nicht nötig. Ich war zufrieden damit, mich auf das Angeln zu konzentrieren.

Die Abenteuer häuften sich. Ich nahm mir sogar Zeit, mit ihm nach New Mexico zu fahren und unser Auto in der Waschanlage zu waschen, die in *Breaking Bad* verwendet wurde. Aber wir waren noch nie in Alaska gewesen, und Robert nervte mich seit Jahren damit.

Schließlich gab ich nach und nahm uns alle, einschließlich seines Cousins, mit dorthin. Wir besichtigten Anchorage und einige Angelgebiete, wo wir viele Dolly Varden fingen. Während dieses Angelausflugs am Kenai River warf sein Cousin seine Angel aus, und ein Adler flog herab und schnappte sich seinen Köder. Der Adler flog mit dem Köder meines Cousins herum, und er holte ihn ein. Das war so lustig und niedlich, vor allem, weil der Adler sich losriss und davonflog.

Ich mietete sogar ein Wasserflugzeug, und wir flogen zum Taper Lake, der alten Seehütte nördlich von Anchorage, etwa 35 Minuten mit dem Flugzeug entfernt, die mein Großvater und unsere Familie gebaut hatten. Leider hatte die Person, an die wir die Hütte verkauft hatten, sie wegen der Versicherungssumme niedergebrannt, aber sie konnten den alten Felsen sehen, zu dem ich früher geschwommen war, sowie die Flussmündungen und -ausläufe, zu denen ich mit dem Boot gefahren war, um zu angeln.

Wir flogen von einem Ende des Sees zum anderen und um ihn herum, was aufgrund seiner Größe einige Zeit dauerte. Sie waren total begeistert. So etwas hatten sie noch nie erlebt. Mit einem Wasserflugzeug zu fliegen, auf dem Wasser zu starten und zu landen, war auch eine neue Erfahrung. Zurück in Anchorage sahen sie zum ersten Mal ein Feuerwerk bei Tageslicht, da es im Sommer kaum dunkel wird.

Im Laufe der Jahre unternahmen Marcela und ich weiterhin verschiedene Dinge mit Robert. Während er weiter wuchs und sein eigenes Leben lebte, spielte er Tennis in der „ ” und ging anderen Aktivitäten nach. Und er verbrachte Zeit mit einem besonderen Freund, einem weiteren Engel, den er in der Grundschule kennengelernt hatte.

Sie konnten es nicht erklären, aber sie verstanden sich vom ersten Tag an und wurden beste Freunde. Wenn sie zusammen waren, waren sie wie zwei ältere Männer in einer Grundschule – so ernst, so glücklich und die ganze Zeit so verspielt. Wir konnten nicht glücklicher sein, dass Robert das gefunden hatte, was wir als eine lebenslange Freundschaft, als einen Seelenverwandten betrachteten, wenn man so will.

Natürlich kämpfte Robert zu dieser Zeit immer noch gegen die Krankheit, nahm Medikamente und unterzog sich Lumbalpunktionen, ohne sich jemals zu beschweren. Wir verlegten ihn in ein renommiertes, bekanntes Krankenhaus an der Westküste, um seine Behandlung abzuschließen, und baten diese Einrichtung, Robert nichts von seiner Krankheit zu erzählen. Wir wussten, dass es bald an der Zeit war, ihm zu sagen, was mit seinem Körper los war, aber wir behielten das noch für uns. Wir wollten Robert nicht seine Kindheit nehmen, indem wir ihm seine Krankheit offenbarten.

„Er hat das Recht, über seinen Körper Bescheid zu wissen", beharrten der Arzt und die Krankenschwester.

„Wir wissen, aber wir werden einen Psychologen hinzuziehen und ein Gruppentreffen organisieren, um eine Strategie zu entwickeln, wie wir ihm das beibringen können", sagten wir. Wir machten dem Arzt und dem Personal klar, wie wir dazu standen.

Einige Zeit verging. Eines Tages, während er behandelt wurde und ich im Wartezimmer saß, wurde ich hereingerufen. Ich sah, dass die Krankenschwester mich seltsam anstarrte. Ich bekam Angst.

„Was ist passiert?", fragte ich.

„Ich habe Robert gesagt, was er hat", sagte sie mit seltsamer Stimme.

„Wovon redest du?", rief ich aus.

„Ja, nun, er hatte das Recht zu erfahren, dass er Leukämie hat."

„Du solltest ihm nichts sagen. Das wollten wir machen."

„Er hatte das Recht, es zu erfahren."

In diesem Moment kam der Arzt herein und wiederholte mit strengem, autoritärem Blick die Aussage der Krankenschwester.

„Du hattest kein Recht, es ihm zu sagen", gab ich zurück.

Ich war entsetzt. Ich konnte nicht glauben, dass diese Organisation meinem Kind ohne unsere Erlaubnis von seiner Krankheit erzählt hatte.

Ich holte Robert und brachte ihn nach Hause. Ich musste Marcela die Nachricht überbringen, und wir waren beide erschüttert. Später am Abend sprachen wir mit Robert darüber, was er hatte und warum wir es ihm nicht früher gesagt hatten. Danach war er nicht mehr derselbe. Etwas in seinen Augen hatte sich verändert, und die Art, wie er uns ansah, war ganz anders. Manchmal sagte er uns, dass alles in Ordnung sei, aber wir wussten, dass etwas nicht stimmte.

Später, als er älter wurde, begann ihn dieses Wissen zu belasten. Obwohl er seine Behandlungen abgeschlossen hatte, hatte er Angst, dass die

Leukämie zurückkehren würde. Der arme Robert war traumatisiert. Ich bin immer noch sehr wütend auf diese Krankenschwester und den Arzt für das, was sie getan haben. Das war falsch. Robert hatte das Recht, es zu wissen, ja! Aber er hatte auch das Recht, die Nachricht von uns, seinen Eltern, zu erfahren. Glücklicherweise hat dieser Vertrauensbruch unsere Familie nicht geschädigt. Wir sind uns alle weiterhin nah geblieben.

Wir hatten einen Familienausflug geplant. Ich fragte Robert, wohin er gerne fahren würde. Die Wahl fiel zwischen Australien und Neuseeland. Wir entschieden uns für Neuseeland. Als wir gerade die Tickets kaufen wollten, sagte Marcela, die sich bei der Arbeit verletzt hatte, dass sie nicht mitkommen könne, weil es ihr schlechter gegangen sei und sie sich kaum bewegen könne.

„Ich möchte, dass ihr fahrt", sagte sie.

„Wow, du lässt Robert und mich alleine nach Neuseeland fahren?", fragte ich.

„Ja", sagte sie. „Kein Problem. Ich wünsche euch viel Spaß."

„Okay, dann los", sagte ich zu Robert. Und so konnte ich mit meinem Sohn nach Neuseeland reisen.

Es war Sommer in den USA und Winter in Neuseeland, also haben wir uns für kaltes Wetter gerüstet. Wir besuchten viele Städte, mieteten Autos, unternahmen alle möglichen Dinge und gingen an einem berühmten Ort angeln, von dem wir damals noch nicht wussten, dass er so berühmt war . Der See war riesig und voller großer Forellen. Ich engagierte einen Fliegenfischer-Guide, der sehr freundlich war. Robert und ich mussten uns früh am Morgen mit dem Guide treffen. Er wollte, dass wir um 5:30 Uhr morgens am Bootsanleger waren.

Während wir frühstückten, bekam ich eine SMS aus den USA, dass ein Arbeitskollege und guter Freund von uns an diesem Nachmittag, amerikanischer Zeit, verstorben war. Robert hatte ihn sehr gemocht. Wir haben ihn regelmäßig zu Hause oder an der Bucht besucht, und er hat Robert die Grundlagen des Segelns beigebracht. Ich sagte Robert, dass wir für ihn Fische fangen würden. Es war dunkel und kalt, als wir das Haus verließen und zur Bootsanlegestelle fuhren. Als wir ankamen, war überall Eis, sodass wir aufpassen mussten, nicht auszurutschen oder ins Wasser zu fallen. Die Temperatur betrug -2,78 Grad Celsius.

Wir waren schon ein paar Tage in der Gegend und hatten einen heftigen Sturm erlebt, der die Straßen überflutet hatte. Als wir das Ufer verließen, sah ich all die Baumstämme, die der Sturm angeschwemmt hatte, und war mir nicht sicher, ob wir etwas fangen würden. Als ich die Angel auswarf, hatte ich sofort einen Biss. Ich gab Robert die Angel, und er holte sie ein. Es war eine wunderschöne, große Forelle, wie wir sie in Alaska gefangen hatten. Das war unsere gemeinsame Forelle, die für unseren Freund. Ich bin mir sicher, dass er an diesem Tag von oben auf uns herabgelächelt hat.

Eines Abends besuchten wir ein Restaurant mit Show, das sich als ziemlich bekannt herausstellte. Der Eingang war stockdunkel, und dann hörten wir aus der Ferne Gesänge. Als die Gesänge immer lauter wurden, konnten wir kleine Lichtflammen sehen, die sich uns näherten. Als wir nach unten schauten, sahen wir Wasser. Kurz darauf kam ein Kanu, das von Einheimischen gepaddelt wurde und uns zum Essbereich für das Abendessen brachte. Das war Teil der Show, und wow, wir waren beide total fasziniert.

Dann nahmen wir zusammen mit dem Rest des Publikums an der Show teil, indem wir klatschten und mit den Ureinwohnern sangen. Kurz bevor wir aßen, ging der Gastgeber zu jedem Tisch und fragte jeden einzelnen, welche Sprache er spricht. Viele Gäste kamen aus aller Welt, und unabhängig von ihrer Sprache sprach der Gastgeber mit ihnen in ihrer Muttersprache. Das erinnerte mich an die Zeit, als ich etwa fünfzehn war und in Südafrika auf Safari war, wo ich einen Mann traf, der sieben Sprachen sprechen konnte. Als der Gastgeber an unseren Tisch kam, sagte Robert, dass er Spanisch spreche, und so unterhielt sich der Gastgeber eine ganze Weile mit Robert auf Spanisch. Oh, wie sehr wünschte ich mir, Marcela wäre dabei gewesen.

Diese unvergessliche Show gab Robert und mir einen Einblick in die Kultur der Māori, die er sehr respektierte. Er sah auch die geologische Seite Neuseelands und beobachtete mit großer Intensität die brodelnden Schlammbecken und sprühenden Geysire, die überall zu sehen waren. Robert fand einen Ort, an dem wir in natürlichen heißen Quellen schwimmen konnten. Man kann sich darauf verlassen, dass er tolle Orte zum Erkunden entdeckt.

Wir wussten gar nicht, dass „*Der Herr der Ringe*" und „*Der Hobbit*" in Neuseeland gedreht wurden, aber unsere Reise führte uns nach Wellington. Wir waren zum Mittagessen in einem Hotel und Restaurant und hörten zufällig zwei Typen an der Bar über das Filmstudio für „*Der Hobbit*" reden. Wir haben ihre Unterhaltung unhöflicherweise belauscht. Wir haben uns dabei ziemlich mies gefühlt, aber es hat sich gelohnt, denn wie sich herausstellte, war das Studio gleich um die Ecke. Wir fuhren hin, um uns die Gebäude für Spezialeffekte anzusehen.

Oh, es hat so viel Spaß gemacht, die Modelle der Filmsets und die handgefertigten Rüstungen zu sehen, die die Schauspieler trugen. Wir sahen die Pfeile und Äxte, die in den Schlachten verwendet wurden, sowie die kleinen und riesigen Kreaturen, die sie geschaffen hatten, darunter Gollum, die kleine grüne Kreatur, die den Ring liebte, den sie „Mein Schatz" nannte. Während der Führung durch das Studio lernten wir viel über das Talent und die Mühe, die in die Erstellung von Spezialeffekten fließen. Wir fragten, wo sie die Außenaufnahmen für den Film gedreht hatten und wo sich die Sets der kleinen Hobbits befanden. Als wir erfahren hatten, wo wir hin mussten, machten wir uns auf den langen Weg zu unserem Ziel und schlossen uns dann einer Gruppe für die Führung an, die einzige Möglichkeit, die Hobbits zu besuchen.

„Wer hat *Der Herr der Ringe* gelesen?", fragte der Reiseleiter, als wir alle im Bus saßen. Robert hob die Hand. Als wir aus dem Bus stiegen, fragte der Reiseleiter erneut, wer *Der Herr der Ringe* gelesen habe, und Robert hob wieder die Hand. Beide Male war er der Einzige, der dies tat.

Von klein auf hat Marcela Robert vorgelesen, und Gott sei Dank dafür, denn sie hat Roberts Interesse am Lesen geweckt. Schon in jungen Jahren hat er ständig gelesen. Trotzdem war ich überrascht, dass er „*Der Herr der Ringe*" gelesen hatte, denn es ist ein dickes Buch, das ich nie lesen würde.

Der Reiseleiter hat Robert immer wieder zu dem Buch befragt, was ihn zum Lachen gebracht hat. Dieser junge Mann hatte das Buch gelesen. Viele Leute sagen, sie hätten das Buch gelesen, aber das haben sie nicht. Sie sehen sich den Film an. Und wie Robert immer gesagt hat, unterscheidet sich der Film vom Buch.

Wir hatten das Glück, dass er alle Hobbit-Kulissen sehen konnte, darunter auch den Drehort des winzigen Hauses, in dem Sam, eine Figur aus dem Film, lebte. Wir durften in der Taverne künstliches Bier trinken und sogar den berühmten Baum sehen. Allerdings verschwand Robert irgendwann und ich musste ihn suchen. Seine Unabhängigkeit, die er schon als Kleinkind gezeigt hatte, war immer noch stark ausgeprägt. Nach langer Suche fand ich ihn endlich. Als ich mich ihm näherte, unterhielt er sich mit einem Mann mit einer Malsache. Er erzählte mir, dass der Mann an *Star Wars* mitgearbeitet hatte.

Wow, wie cool, dachte ich.

Wir stellten ihm Fragen, aber er weigerte sich, uns etwas über den *Star Wars*-Film zu erzählen, da er eine Geheimhaltungsvereinbarung unterzeichnet hatte. Das Einzige, was er sagte, war, dass es wirklich toll war.

Wir verbrachten über zwei Wochen in Neuseeland und hatten eine tolle Zeit als Vater und Sohn. Robert konnte in Neuseeland alles Mögliche sehen und unternehmen. Wie gesegnet ich doch war, seine Gesellschaft genießen zu dürfen. Gott, wir hatten so viel Spaß. Gleichzeitig waren wir enttäuscht, dass Marcela nicht mitkommen konnte, denn mit ihr wäre die Reise noch fröhlicher und vollständiger gewesen. Wir beschlossen, sie dorthin mitzunehmen.

Robert hat seine Mutter echt geliebt. Sie war die Chefin. Nichts hat mich glücklicher gemacht, als zu wissen, dass die beiden Spaß hatten, deshalb war ich total begeistert, als sie mit Robert alleine nach Mexiko gefahren ist, um die Familie zu besuchen. Alle haben Robert geliebt und sie haben sich Geschichten über ihre Abenteuer erzählt. Mutter und Sohn haben Guadalajara, Guanajuato, Michoacan und Mexiko- -Stadt besucht, wo er Fotos von Kirchen, Kathedralen und Plätzen gemacht, mit Einheimischen gesprochen und ihr einzigartiges Essen probiert hat. Er erzählte von der Geschichte, die er dort gelernt hatte. Robert liebte Geschichte seit seiner Kindheit und las ständig historische Bücher. Immer wenn wir eine historische Stätte oder eine neue Stadt besuchten, gab er einen Überblick über die Gegend. Alle in der Familie sagten immer, Robert sei wie ein wandelndes Lexikon. Er war brillant, unser Ansprechpartner für Informationen.

Er und seine Mutter besuchten eine Heißluftballon-Show und rannten dann zurück, um auf dem Dach ihrer Verwandten zu stehen und den Passagieren zuzuwinken, als diese über ihre Köpfe hinwegflogen. Sie erzählten mir, dass die Ballons so nah an ihnen waren, dass sie sie fast berühren konnten.

Dann kletterte Robert auf die Pyramiden der Sonne und des Mondes in Teotihuacan. Marcela und Robert spazierten entlang des Aquädukts in Michoacan. Sie fuhren mit der Seilbahn zur El Pipila-Statue, spazierten durch die extrem steilen und engen Gassen und nahmen an einer nächtlichen Prozession teil, die von der Estudiantina, einer Gruppe von Musikern und Tänzern, angeführt wurde.

Wie cool ist das denn?

Robert liebte diese Reise mit seiner Mutter und das Treffen mit dem Rest seiner Familie. Ihre Abenteuer übertrafen Neuseeland um Längen, weil er mit seiner Mutter zusammen sein konnte und beide in ihre Kultur eintauchten.

Obwohl wir drei uns sehr nahe standen, konnte Robert uns immer noch überraschen. Eines Abends gingen wir alle zu einer Stand-up-Show für Einheimische, als Zusatzaufgabe für seinen Englisch-Leistungskurs. Die Aufgabe bestand darin, Sängern, Komikern und Rednern zuzuhören, während der Darbietungen spontan etwas zu schreiben und es dann auf der Bühne vorzutragen. Von hinten sahen meine Frau und ich, wie Robert Worte auf eine Serviette schrieb. Er schrieb und schrieb einfach weiter. Zu diesem Zeitpunkt standen alle anderen Teilnehmer bereits auf der Bühne. Dann sahen wir, wie er dem Lehrer auf die Schulter tippte und sagte: „Ich habe etwas."

Und schon stand Robert auf der Bühne und las vor, was er gerade geschrieben hatte. Es war ein wunderschönes, großartiges und unglaubliches Gedicht, und das Publikum reagierte mit tosendem Applaus. Wir waren so stolz auf ihn. Mir schwirrte der Kopf. Ich hatte keine Ahnung, dass Robert Gedichte schreiben konnte. Keine Ahnung. Er hat uns nie etwas davon erzählt. Er hat es einfach gemacht.

Lange Zeit hatte Robert Schwierigkeiten, beim Schreiben eine These zu formulieren. Das war sein größtes Hindernis im Fach Englisch, aber sobald er eine These hatte, konnte er alles schreiben. Die Worte sprudelten nur so aus ihm heraus. Kurz vor seinem Abschluss fiel uns auf, dass er nun in der Lage war, Texte schnell zu analysieren und eine These zu entwickeln. Er war so scharfsinnig, hatte in den Englisch-Leistungskursen so viel gelernt und sich so schnell weiterentwickelt.

„Ich hatte großartige Lehrer, die mich gefördert haben", erzählte er mir immer wieder.

Zu meiner großen Erleichterung war Robert nicht legasthenisch. Selbst als er noch in der Grundschule war, konnte ich ihn immer fragen, wie man ein Wort schreibt. Er rannte dann die Treppe hinauf oder hinunter, rief mir die Schreibweise eines Wortes zu und lächelte und lachte dann. Das hat mir immer großen Spaß gemacht.

Robert wollte immer lernen und nutzte die Chance, sich Schulklubs wie dem Robotik-Team anzuschließen. Er liebte es, Zeit mit seinen neuen

Freunden zu verbringen, an den Robotern zu arbeiten und mit seinen Klassenkameraden an weltweiten Robotik-Wettbewerben teilzunehmen.

Trotz unserer anfänglichen Bedenken, wie sich seine Behandlung auf ihn auswirken würde, hatte Robert außergewöhnliche sportliche Fähigkeiten, belegte bei vielen Leichtathletikwettkämpfen den ersten Platz und lief schließlich 5-km-Läufe und sogar einen Marathon. Als Oberstufenschüler nahm er auch Golfunterricht und war Mitglied des Tennisteams seiner Highschool. Zum ersten Mal war seine Schule in der Region auf Erfolgskurs. Er spielte Doppel und gewann alles. Während der Wettkämpfe studierte er seine Gegner. Sobald er sie durchschaut hatte, nutzte er ihre Schwächen gegen sie aus. Trotzdem war er so mitfühlend, dass er manchmal Tennismatches verlor, damit sein Gegner sich über den Sieg freuen konnte.

Kurz vor den letzten Spielen und dem Schulabschluss kam plötzlich COVID-19 und die Schulen in den USA wurden geschlossen, sodass die Spiele abgebrochen werden mussten. Sie wurden nicht nur um den Meisterschaftssieg gebracht, sondern auch um alles, was junge Menschen erleben sollten. Der Abschlussball und alle anderen Aktivitäten, die Schüler vor dem Schulabschluss machen, wurden abgesagt. Robert, seine Freunde und alle Kinder, die so stark von den COVID-Lockdowns betroffen waren, taten mir so leid.

Zu dieser Zeit mussten die Schüler ihren Unterricht aus der Ferne fortsetzen, um ihre Diplome zu erhalten. Es war keine einfache Zeit, und es gab keine einheitliche Erklärung von unserer Regierung, weil sie immer noch versuchte, herauszufinden, was zum Teufel eigentlich los war. Sich isolieren zu müssen und nicht genau zu wissen, wie sich die Krankheit verbreitete, machte diese Zeit zu einer Herausforderung.

Nachdem sie ihre Klassenkameraden und Freunde während des Lockdowns eine Zeit lang nicht gesehen hatten, beschloss die Highschool, eine Abschlussfeier im Freien zu veranstalten. Die Schule nutzte das Fußballfeld, um die Schüler gemäß den Abstandsregeln aufzustellen, und die Verwaltungsangestellten riefen die Schüler nacheinander auf die Bühne, um ihnen ihre Diplome zu überreichen. Es war ein sonniger und außergewöhnlich windiger Tag. Der Wind wehte so stark, dass Roberts Abschlusshut wegflog und er ihm über das Feld hinterherlaufen musste, um ihn wiederzufinden. Am Ende bekam Robert sein Highschool-Diplom und seinen Hut zurück. Es war ein bisschen traurig für ihn, seine Freunde nur aus der Ferne zu sehen. Es gab kein Händeschütteln oder Umarmen, um sich gegenseitig zu gratulieren.

Kurz danach hat Robert auch im Tennis seinen Erfolg gehabt und ein Doppelturnier außerhalb des Bundesstaates gewonnen. Er war total begeistert von der Trophäe, die er bekommen hat, einem Glas mit zwanzig Dollar. Das hat ihm gezeigt, dass er ein Champion ist. Ich habe ihn aufgezogen, dass er jetzt, wo er zwanzig Dollar gewonnen hat, kein Amateur mehr ist, sondern ein Profi. Er hat nur gelächelt.

Robert schrieb sich an einem Community College ein, das er während des Lockdowns zwei Jahre lang online besuchte. Er wusste nicht, welchen Abschluss er wählen sollte.

Nach einem langen Gespräch mit seinem Berater hat er sich entschieden, Englisch zu studieren. In der Highschool hat er einen Test für einen fortgeschrittenen College-Kurs in Spanisch gemacht und jetzt macht er einen College-Abschluss in Englisch.

Was könnte besser sein? dachte ich. *Er wird ein vielseitiger Mensch werden.*

Die Schule war eine Herausforderung für ihn und isolierte ihn, weil er ein Einzelkind war, dessen Eltern vor seinen Augen alterten. Er hätte eigentlich die Zeit seines Lebens haben sollen. Verabredungen treffen, Spaß mit seinen Freunden haben. Leider verpasste seine Generation all diese schönen Dinge. Wir hatten großes Mitleid mit ihm und den anderen Schülern.

Zu diesem Zeitpunkt war Marcela nicht mehr die einzige Lehrerin in der Familie. Ich hatte meine Lehrbefugnis erworben. Da wir mit Schülern in ähnlichen Situationen zu tun hatten, taten sie uns genauso leid wie unser Sohn und seine Freunde.

Robert belegte während der Sommerferien zusätzliche Kurse und schloss sein Studium im Winter vor seinem 21. Geburtstag ab. In der Zwischenzeit engagierte er sich ehrenamtlich in einer Sternwarte, führte Besucher auf Englisch und Spanisch durch die Teleskope und erklärte ihnen die Sterne am Nachthimmel. Neben der Sternwarte gab's ein Naturzentrum, wo er freiwillig half, die Tiere zu versorgen. Er liebte es so sehr, Tieren zu helfen, dass er sogar extra Zeit damit verbrachte, kleinen Fröschen über die Straße zu helfen, damit sie nicht überfahren wurden. Er fing sie ein, trug sie über die Straße und ließ sie dann wieder frei.

Die Tiere schienen ihn genauso zu lieben wie er sie. Im Pferdecamp nannten sie ihn „Hollywood", weil er immer lächelte und eine Sonnenbrille trug. Sie teilten ihm ein älteres, eigensinniges Pferd namens Jack zu. Robert war der einzige Mensch, auf den Jack reagierte. Während Robert ehrenamtlich tätig war, bewarb er sich auch bei sechs Schulen. Zu meiner Überraschung wurde er von allen sechs angenommen, drei Universitäten in Kalifornien und drei staatlichen Colleges.

Gleich nach Roberts Abschluss reiste er alleine nach Mexiko und wohnte bei seiner Familie, die er wegen COVID seit einigen Jahren nicht mehr gesehen hatte. In Mexiko wurde er 21 Jahre alt, und seine Verwandten und Freunde nahmen ihn mit in seine erste Bar, um seinen Geburtstag zu feiern. Er traf seine Freunde aus Kindertagen wieder, mit denen er als kleines Kind in Mexiko zur Schule gegangen war, und sie alle erinnerten sich an ihn. Sein Cousin, der mit unserer Familie die Alaska-Reise gemacht hatte, studierte an der Uni und nahm Robert mit in seine Vorlesungen auf dem Campus. Er traf viele Professoren seines Cousins, die so nett waren, mit ihm über seine Zukunftspläne und mögliche Studienfächer zu reden. Robert hatte auch das Glück, Zeit mit seiner Großmutter, die er sehr liebte, und dem Rest seiner Familie zu verbringen.

Tragischerweise verunglückte Robert bei einem Autounfall, kurz nachdem er sich für eine Universität entschieden hatte. Er freute sich riesig darauf, im nächsten Semester sein Studium zu beginnen. Er war sich noch nicht ganz sicher, was er mit seinem Leben anfangen wollte, tendierte aber zu einer Karriere im Gesundheitswesen, wie sein Großvater. Also hatte er sich entschieden, an der Uni Spanisch zu studieren. Das hat uns echt stolz gemacht, weil er mit diesem Abschluss noch mehr Menschen helfen konnte, was sein großes Ziel war.

Mein wunderbarer Sohn, ich bin so dankbar, dass ich einen Menschen wie dich kennenlernen durfte, der so viel Herz und Mitgefühl für andere hatte. Es war mir eine Ehre, mit dir zusammen zu sein.

Ich habe Robert nicht viel beigebracht; er war es, der mir etwas beigebracht hat. Wahrscheinlich geht es allen Eltern mit ihren Kindern so. Für mich war Robert ein Engel – ein Heiliger, ein wunderbarer Mensch – und ich bete jeden Tag für ihn. Ich war Zeugin der Schönheit seiner Geburt, und als ich in seine wunderschönen Augen blickte, die man als Fenster zur Seele bezeichnet, sah ich reine, unverfälschte und bedingungslose Liebe aus seinen Augen strahlen. Er hat als kleines Kind so viel durchgemacht. Ich habe gesehen, wie er im Alter von drei Jahren großen Mut aufbrachte, als er mit Tapferkeit und Würde gegen die Grausamkeit der Leukämie kämpfte. Dass er die Leukämie in seiner Kindheit überlebt hat, war an sich schon ein Wunder, und jeder Tag, den er bei uns war, war ein weiterer Tag im Himmel auf Erden.

Ich bin dankbar, dass ich viele Wege gegangen bin, egal wie herausfordernd, anspruchsvoll oder angenehm sie waren, aber keiner war so freudig und unvergesslich wie der, den ich mit meiner wunderbaren, liebevollen Frau und meinem wunderschönen, herrlichen Sohn gegangen bin. Unter den vielen Lektionen, die sie mir beigebracht haben, war die tiefgründigste die Bedeutung von Mitgefühl, Liebe, Glück und Freude.

Robert ging voran, während wir ihm auf seinem 21-jährigen Weg folgten.

Im Laufe meines Lebens habe ich viele mutige und starke Menschen aus aller Welt getroffen, aber ich habe noch nie jemanden getroffen, der so mutig war wie Robert, denn er war der mutigste Mensch, den ich je gekannt habe. Und was mich noch mehr erstaunte, war, dass je mutiger er war, desto heiliger wurde er. Er hatte sogar Mitgefühl mit dem Teufel.

„Er tut mir leid", sagte er.

Ich meine, dem Teufel? Wer macht so etwas? Ich sage nicht, dass er den Teufel mochte, sondern es zeigt seine grenzenlose Liebe und sein Mitgefühl für alle Geschöpfe Gottes. Er richtete sein Mitgefühl auf Menschen und Tiere, und sein Wunsch, ihnen zu helfen, wurde zu einer immer größer werdenden Obsession. Sein Mut war ansteckend und übertrug sich auf seine Freunde und diejenigen, denen er half. Er hörte anderen zu und machte sie zu seiner obersten Priorität. Er wollte sich selbst hingeben und denen helfen, die sich nicht selbst helfen konnten. Oft half er anderen, ohne uns oder anderen davon zu erzählen.

Robert blieb bescheiden und ruhig und erzählte Freunden oder Fremden nie von seinen medizinischen Problemen in seiner Kindheit, seinen Reisen oder seinen Erfolgen. Ich schaue mir all seine Pokale und Medaillen für den ersten Platz an, darunter auch einen aus einem Babywettbewerb in Las Vegas, neben vielen anderen. Doch er hat sie nie erwähnt. Ich sage: Gut gemacht. Er wollte nie im Mittelpunkt stehen, sondern entschied sich stattdessen immer dafür, anderen zu zeigen, dass sie ihm wirklich am Herzen lagen.

Bei Roberts Gedenkfeier haben wir erzählt, was er in seiner kurzen Zeit hier erreicht hat. Seine Freunde waren schockiert. Viele von ihnen wünschten sich, sie hätten gewusst, dass er Leukämie überlebt hatte, und sagten, sie wären da gewesen, um ihm durch dieses Trauma zu helfen.

Deine Mutter und ich werden deine Spuren der Liebe und des Mitgefühls nie vergessen. Du hast uns so viel Freude gebracht und wurdest von allen geliebt, die dich kannten. Du warst der Beste von uns allen, und jetzt ist es Zeit für dich, Frieden zu finden und das große Universum zu erkunden. Eines Tages werden wir dich finden, dich ganz fest umarmen und dir auf diesem Weg der Liebe folgen.

Das ist mein Weg, mein Weg der Gedanken.

ANMERKUNG DES AUTORS

Dieses Buch ist meinem Sohn Robert gewidmet. Er wollte, dass ich meine Geschichte erzähle und veröffentliche, also habe ich mich entschlossen, hart daran zu arbeiten, sie der Öffentlichkeit zugänglich zu machen. Ich hoffe, ich habe ihm gerecht geworden.

Um Roberts Andenken zu ehren, geht ein Teil des Erlöses dieses Buches an die Stiftungen Make-A-Wish und Candlelighters. Aus eigener Erfahrung kann ich sagen, dass sie das Leben von Kindern und Familien verbessern, indem sie Versprechen erfüllen und ihnen das ultimative Geschenk der Liebe von jedem schenken, der seine Zeit und/oder Spenden beiträgt.

Alle Kinder mit gesundheitlichen oder anderen Problemen sollten von Menschen gesegnet werden, die gutmütig und mitfühlend sind. Auch wenn du dieses Buch nicht kaufst, bitten meine Frau und ich dich, eine kleine Spende an eine oder beide dieser Stiftungen oder eine andere Kinderhilfsorganisation deiner Wahl (achte darauf, dass sie seriös ist) zu machen oder jemandem eine kleine Geste der Freundlichkeit zu erweisen. Etwas so Einfaches wie ein Hallo oder ein Lächeln kann jemandem, der in großer Verzweiflung ist, Hoffnung geben und seine Stimmung für eine bessere Zukunft heben. Ich denke, jeder kann einen Moment seiner Zeit erübrigen.

Ich weiß nicht, ob ich religiös oder spirituell bin. Was ich dir sagen kann, ist, dass ich jemand bin, der keine Antworten auf das Warum hat. Warum ist das die schmerzhafteste und grausamste Frage, die sich Eltern stellen können? Als jemand, der an die Wissenschaft glaubt, suche ich nach Beweisen. Die Weite des Universums übersteigt das Verständnisvermögen des Menschen, und deshalb könnte es da draußen etwas geben, das größer ist als wir. Was das ist, weiß ich nicht, aber ich hoffe, es ist Liebe für uns alle. Wie ich Robert immer gesagt habe: Das Universum hat über 13 Milliarden Jahre gebraucht, um dich zu erschaffen, deshalb bist du so besonders, genau wie alle Lebewesen besonders sind. Also genieße deine Zeit in dieser schönen Welt.

Robert glaubte an Gott und fühlte sich verpflichtet, seinen Mitmenschen zu helfen, egal was es kostete. So war Robert eben. Er schaute immer zum Himmel und glaubte an die Wissenschaft und das Universum. Er sagte mir immer wieder: „Wir verwandeln uns nur in eine andere Form von Energie, wenn wir sterben." Er war ein tiefgründiger Denker und ein brillanter Mensch. Seine Freunde erzählen mir immer wieder, wie besonders Robert war und wie er den Menschen das Gefühl gab, etwas Besonderes zu sein. Deshalb sage ich dir, Robert: Du warst LIEBE und wurdest von allen geliebt. Dein Mitgefühl und deine Liebe für deine Mitmenschen und dein Wunsch, alles zu geben, was du hattest, um anderen zu helfen, waren außergewöhnlich selbstlos und werden niemals vergessen werden.

Friede sei mit dir, mein geliebter Heiliger.

GOTT SEGNE DICH,
UNSER LIEBER PRINZ.

2002–2023

Yellowstone Lake

Schwimmen mit Delfinen, Six Flags, Kalifornien

Robert, Mama, Abuelo und Abuela Mexiko

Robert und Mama
Kolosseum in Rom

Robert und ich Genfer See, Schweiz

Robert mit Mama, Papa und Cousin
Genfer See, Schweiz

Neuseeland

Austin Powers Autovermietung

Robert am Filmset von „Der Hobbit"
Neuseeland

Robert und Gollum Wētā Productions
Neuseeland

Robert und Bruno Grand Canyon

Robert mit seinem Cousin auf dem Weg zum Cabin Lake, Alaska

Robert und Mama genießen die Aussicht von der Trapper Lake Cabin, AK

Robert High School Tennis

Robert und Mama JAX SNAX Restaurant in Mexiko

Roberts Angelausflüge
Neuseeland, Alaska und Oregon

*Robert steht unter meinem Karibu im Hotel Armida, Mexiko
(Kapitel 14: Bear No Hide)*

Robert steht stolz vor dem Holunderbaum meines Stiefvaters
Park Condos, Anchorage, AK, gebaut 1978–79

Bleistiftporträt von Robert, gezeichnet von seiner Mutter

Robert-Gemälde von Abuela

ANMERKUNGEN

[1] Seite 22 **„National Geographic hat es bemerkt …"** Wilbur E. Garrett, Hrsg., „Hunters of the Lost Spirit", *National Geographic* 163, Nr. 2 (1983). https://nationalgeographicbackissues.com/product/national-geographic-february-1983/

[2] Seite 25 **„Laut Alaska Fish and Game …"** „Northern Pike", Alaska Department of Fish and Game, abgerufen am 30. November 2024, https://www.adfg.alaska.gov/index.cfm?adfg=northernpike.main

[3] Seite 37 **„Leser, die mehr erfahren möchten …"** David Lomax, „SJCC Construction Tech VDC", Vortrag, Stanford Center for Integrated Facility Engineering, 16. Mai 2019. https://docs.google.com/presentation/d/17oM8BuuAIZFuelsR_lthXijPoP 4OvWqWr_tQaSAPkUo/edit#slide=id.g5aa4a38de5_2_128

⁴ Seite 81 **„Laut der Arbeitsschutzbehörde …"** „OSHA Excavation Compliance", National Environmental Trainers, abgerufen am 14. Dezember 2024, https://www.natlenvtrainers.com/blog/article/osha-excavation-compliance#:~:text=Wusstest du, dass die Todesfälle, die mit Grabenaushub und Aushubarbeiten zusammenhängen

⁵ Seite 213 **„Jahre später im College …"** „Über das Stanford-Gefängnis-Experiment", Stanford University Libraries, abgerufen am 30. November 2024, https://exhibits.stanford.edu/spe

Helio Courier

185 Float Plane

Short SC.7 Skyvan

C-119

Aviation Traders ATL-98 Carvair

UH-34D Seahorse Helicopter

www.ingramcontent.com/pod-product-compliance
Lightning Source LLC
Chambersburg PA
CBHW031146160726
47991CB00004B/1575